Droit social

Marianne Keller

**Maître de conférences à l'Université
Panthéon - Sorbonne – (Paris I)**

Franck Petit

**Maître de conférences à l'Université
Panthéon - Sorbonne – (Paris I)**

**2e édition 2007-2008
intégrant la nouvelle numérotation
du Code du travail**

**Directeur de collection
Jean-Claude Masclet
Professeur à l'Université Paris I (Panthéon-Sorbonne)**

enseignement supérieur
FOUCHER

Dans la même collection Parcours Juridiques

Droit civil, Michèle Muller

Droit commercial, Patrice Giron

Institutions jurudictionnelles et procès, Florence Lasserre-Jeannin

Droit public général, Robert Etien

Droit social, Marianne Keller, Franck Petit

Introduction générale au droit, Franck Petit

À G. L. C.

À Anne, Estelle et Jean-Baptiste PETIT.
À Adrien WIRTH.

ISBN-978-2-216-10604-2

ommaire

Avant-propos

La nouvelle édition de ce «DROIT SOCIAL», initié par Marianne KELLER pour le CNED (Cnetre National d'Enseignement à Distance) et poursuivi avec Franck PETIT pour les Éditions Foucher, reste fidèle à deux préoccupations: mener de front l'étude du droit du travail et du droit de la protection sociale dans leurs rapports avec l'emploi et le chômage d'une part; tenter une analyse du droit positif la plus accessible possible aux étudiants, tout en l'ouvrant sur des perspectives d'évolution d'autre part.

Dans ses développements relatifs au droit du travail, ce précis prend en compte la nouvelle numérotation de la partie législative du Code du travail dont l'entrée en vigueur est différée jusqu'à la publication de la prochaine partie réglementaire (prévue au plus tard pour le 1er mars 2008).

Le 15 juin 2007,
Marianne KELLER et Franck PETIT

Présentation

Cet ouvrage est consacré au **droit social**. Le qualificatif «social» présente à la fois l'avantage d'être commode et l'inconvénient d'être impropre.
Il est commode parce qu'il permet de réunir deux corps de règles – le droit du travail et le droit de la Sécurité sociale – qui entretiennent des relations évidentes.

Le **droit du travail** s'est constitué en discipline autonome dès que le travail subordonné s'est démarqué du travail indépendant et s'est doté de règles propres. Il n'a pris son essor que du jour où, au rapport individuel qui unit une entreprise à un travailleur – lequel s'est placé, en acceptant un emploi, sous l'autorité de l'employeur en échange d'un salaire –, se sont ajoutés des rapports d'ordre collectif, illustrés par l'apparition de syndicats défendant les intérêts collectifs des travailleurs, soit par la grève, soit par la négociation collective.

Le **droit de la Sécurité sociale** ou de la **protection sociale** est né de l'idée que les risques auxquels étaient exposés les travailleurs salariés – dont le premier est l'accident du travail – ne pouvaient rester à leur charge, ni même à celle du seul employeur. Ces risques ont donc été externalisés – c'est-à-dire assumés par un tiers, étranger à l'entreprise, par exemple une caisse de Sécurité sociale – et mutualisés, leur charge étant répartie sur la collectivité. Telle fut la finalité des assurances sociales créées avant la 2e guerre mondiale, et transformées, après celle-ci, en sécurité sociale.

Par simplification, on appellera «droit social» les règles régissant les rapports de travail subordonné d'une part, et les règles s'appliquant à la protection sociale des salariés d'autre part, encore que les premières relèvent plutôt du droit privé, les secondes plutôt du droit public, du droit des assurances et du droit fiscal.
S'il doit renvoyer au seul statut de travailleur, le qualificatif «social» est cependant impropre pour différentes raisons: certains risques, tels que la maladie source d'une perte de salaire et surtout de dépenses de plus en plus considérables, se situent en dehors de la relation de travail. Ils concernent toute la population et leur financement est assuré par des prélèvements frappant tous les titulaires de revenus, le budget de la Sécurité sociale étant maintenant voté par le Parlement comme celui de l'État. Le lien avec le travail s'effiloche.
Le travail lui-même ne se résume plus dans le seul travail salarié. Le travail non salarié ou indépendant est soumis lui aussi à des règles spécifiques qui se sont multipliées et échappent au droit du travail *stricto sensu*.
Le qualificatif social au surplus est réducteur. Il suffit d'évoquer le problème du chômage, lequel ne peut être résolu qu'à l'aide de mesures «économiques», car il est lié à l'activité économique, à sa croissance, à son orientation, à ses nouvelles modalités, même si des mesures «sociales» en atténuent l'intensité. La locution «droit économique et social» serait donc préférable.
Il eût sans doute été plus simple d'exposer successivement le droit du travail – à partir des normes contenues dans le Code du travail qui lui est spécifiquement

consacré – et le droit de la protection sociale – en prenant appui sur le Code de la Sécurité sociale. C'eût été pourtant méconnaître la corrélation entre les deux disciplines.

Au salaire direct viennent s'ajouter des cotisations sociales calculées d'après lui, source de financement encore importante de la protection contre les risques «sociaux» – salaire dit indirect –. L'incidence de l'accident du travail, de la maladie, de la survenance d'enfants est prévue dans le Code du travail. La perte de l'emploi conduit au chômage en sorte que la rupture du contrat de travail constitue un risque majeur qui doit être indemnisé lui aussi; son traitement relève du Code du travail. L'âge de la retraite peut mettre fin au rapport de travail, en même temps qu'il ouvre droit à une pension dans le cadre d'une assurance vieillesse. Enfin les partenaires sociaux – employeurs et syndicats de salariés – négocient conjointement les conditions du travail et la protection sociale qu'ils gèrent au surplus d'un commun accord (gestion paritaire).

Si bien que le droit du travail – droit d'un marché où s'échange force de travail contre salaire – ne peut être expliqué sans référence constante au droit de la protection sociale, et *vice versa*. Il est donc légitime de les étudier conjointement.

Introduction

De création récente (I), le droit social se caractérise par la diversité de ses sources (II).

Section I - Évolution historique

1. De l'organisation des métiers à l'institution d'un marché du travail – Sous l'ancien régime, on travaillait dans le cadre de corporations, sorte d'associations qui monopolisaient l'activité de leurs membres et fixaient le «tarif» des prestations. Turgot et les économistes des Lumières en estimaient la suppression souhaitable.

Ce fut la Constituante en 1791 qui proclama la «liberté du travail», origine à la fois de la liberté d'entreprendre, de la liberté de recruter la main-d'œuvre disponible et pour le travailleur libre, d'offrir sa force de travail à celui qui la lui demandait. Le marché était parfois localisé: la force de travail était «louée» le jour de foire – souvent à la journée – ou en place de Grève. Plus qu'un marché unique, il y avait bien plutôt une série de marchés – agriculture, services, mines. Les travailleurs libres étaient nombreux, leur concurrence faisant inexorablement baisser les salaires.

L'échange travail contre salaire s'inscrivait dans ce que le Code civil de 1804 appela – et appelle toujours – le contrat de louage de services (art. 1780), contrat qui faisait la loi des parties (art. 1134).

Lorsque l'État intervint – son inspiration étant restée libérale –, ce fut sur des points limités et avec une finalité particulière: on institua en 1810 un livret ouvrier pour des raisons de police; on décréta en 1841 l'interdiction du travail des enfants pour satisfaire aux exigences de l'armée; le repos dominical fut accordé pour des motifs religieux; le congé des «femmes en couches» fut octroyé pour des raisons de santé publique.

Ce droit libéral était aussi individualiste. Tombant sous la qualification pénale de «coalition», toute action collective était prohibée; elle ne pouvait qu'être clandestine

La «question sociale» préoccupait vivement les penseurs confrontés au spectacle de la misère.

2. L'affrontement sur le marché du capital et du travail – Du côté du capital, on observe déjà, à la fois le phénomène de concentration - à travers la constitution de sociétés de capitaux puissantes dans les mines, la métallurgie, le textile - et celui des ententes en vue de régulariser la concurrence entre entreprises.

Aussi de leur côté, les travailleurs s'efforcèrent-ils à se coaliser en vue d'éviter la baisse des salaires et le chômage. L'évolution vers le suffrage universel et le régime parlementaire conduisit au vote de la loi de 1864 dépénalisant dans certaines limites la coalition, ce qui permit l'organisation de grèves; puis au vote de la loi de 1884 reconnaissant la liberté syndicale (en la plaçant en même temps sous surveillance). Grèves et syndicats permettaient de peser sur les

salaires et, à un moindre degré et dans certaines professions seulement – celles des dockers, du livre et de la presse –, sur l'emploi.
Cependant, à côté de branches fortement syndicalisées, et où les premières conventions collectives de travail voient le jour, subsistent des activités qui utilisent une main-d'œuvre peu qualifiée et faiblement organisée. Les salaires y sont bas, d'autant que les paysans appauvris arrivent dans les villes; les entreprises font venir des immigrés, d'origine italienne ou polonaise, ou recourent au travail des femmes, notamment pendant la guerre 1914-1918.

3. L'État, garant de l'ordre républicain – À la fin du XIXe siècle et au début du XXe, on assiste à l'apparition de nouvelles organisations politiques et à la naissance de confédérations syndicales; la CGT est créée en 1895. Pour prévenir les conflits nombreux, l'État se fait plus interventionniste: une inspection du travail voit le jour; la journée du travail est limitée à huit heures; des conseils de prud'hommes sont créés en vue de concilier les différends. En instituant une responsabilité sans faute, la grande loi du 2 avril 1898 sur la réparation forfaitaire des accidents du travail entraîne un bouleversement des concepts juridiques; mais l'État échoue en 1910 à mettre en place un régime de retraites ouvrières.
Après la première guerre mondiale, on revient jusqu'en 1935 à un libéralisme dur: bas salaires et chômage en sont le fruit. En compensation se trouvent consacrées ou créées les caisses d'allocations familiales (1932), puis les assurances sociales (1930-1935) qui démarrent avec difficulté.
Finalement le Front Populaire ne fut qu'un bref entracte: les lois spectaculaires de 1936 et 1937 sur la semaine de 40 heures, les congés payés, les conventions collectives, l'arbitrage obligatoire, aboutissent à la dure répression de la grève générale de 1938, suivie de peu par la deuxième guerre mondiale.

4. Encadrement de l'économie et néo-corporatisme – À la suite de la grande dépression de 1929-1930 avaient fait leur apparition dans le monde entier l'idée d'économie dirigée et son corollaire: la collaboration du travail et du capital. Le marché est mis en veilleuse et devient, pendant l'Occupation, «noir». Les libertés collectives sont supprimées. C'est en France le fait du gouvernement de Vichy et, en 1941, de sa charte du travail imitée des mesures prises par les régimes autoritaires. On sonne le glas du syndicalisme libre et la grève est prohibée. L'économie est planifiée et dirigée par des «comités d'organisation» qui ne sont que des ententes patronales légalement obligatoires. Les prix et les salaires sont bloqués (cet état de choses est temporairement maintenu à la Libération à raison de la pénurie et des besoins de la reconstruction).

5. Libération – Une rupture se produit cependant. La liberté syndicale est rétablie. La constitution de 1946 au surplus qualifie la grève de «droit» et l'énonce comme l'un des nouveaux droits sociaux particulièrement nécessaires à notre temps. Dans cette ligne d'importantes réformes réclamées par le mouvement syndical reconstitué voient le jour: on assiste à la création des comités d'entreprise. La vague de nationalisations – Renault, EDF, grandes banques – s'accompagne pour le personnel travaillant dans le «secteur public» de «statuts» fort avantageux. Un système de sécurité sociale est mis en place, regroupant, dans le cadre d'un service public, la réparation des accidents du travail, la gestion des assurances sociales et le versement des allocations familiales (1945-1946).

6. Retour au marché: les 30 glorieuses – La loi du 11 novembre 1950 rétablit la libre négociation des salaires par conventions collectives. La liberté économique se rétablit progressivement, parfois lentement: le contrôle des prix n'est abandonné qu'en 1986. La politique officielle affiche l'objectif du plein-emploi et le capitalisme redevient triomphant, tandis que la partie syndicale s'affaiblit en raison de scissions successives (1947-1964). Tout au plus peut-on noter que la Ve République veut imposer une «3e voie» en instituant une participation financière des salariés aux résultats de l'entreprise (lois de 1958 et 1967), sans toutefois aboutir dans son projet de participation à la gestion. Quant à la brève flambée de mai 1968, si elle a des conséquences d'ordre culturel, elle en a peu dans l'ordre économique et social, sinon un renforcement des syndicats par la reconnaissance des sections syndicales et des délégués syndicaux d'entreprise.

7. Avènement du marché mondial, mutations technologiques et défi du chômage – Dans les années 1970 – qui subissent la dévaluation du dollar en 1971 et la hausse brutale du prix du pétrole en 1973 –, les industries vieillissantes, telles les mines et la métallurgie, se trouvent directement menacées. Lorsqu'elle ne peut pas être évitée, la fermeture des entreprises provoque un accroissement important du nombre des chômeurs mettant au premier plan la préoccupation de l'emploi. Les mutations technologiques concurrençant le travail humain aggravent le chômage et compliquent ses causes. L'équilibre financier de l'assurance chômage commence à préoccuper les partenaires sociaux. On assiste au lancement d'une grande loi sur la formation professionnelle qui aboutit en 2004.

L'État croit pouvoir faire face au défi du chômage en autorisant plus amplement l'emploi précaire (en 1979, le législateur favorise l'utilisation des contrats à durée déterminée, il avait déjà en 1972 légalisé l'activité des sociétés de travail temporaire), et en supprimant en 1986 le contrôle administratif préalable au licenciement économique. L'État lance également une politique d'allégement des charges sociales, ce qui a pour effet de priver de ressources la Sécurité sociale contrainte de limiter ses remboursements. Pour faire face au besoin de financement de la Sécurité sociale, le législateur crée la CSG (Contribution sociale généralisée). Par un mouvement inverse à celui de la précarisation de l'emploi, un régime jusque-là inexistant est créé pour le licenciement «économique» (lois de 1989 et de 1993). Le législateur ne cessera par la suite de renforcer l'obligation de reclassement pesant sur l'employeur qui projette un licenciement économique, mais les pouvoirs publics encouragent surtout les retraites anticipées [1] que par ailleurs entreprises et syndicats négocient (le plus souvent dans le cadre des plans sociaux). D'où une aggravation du déséquilibre de l'assurance vieillesse.

L'intermède des lois dites Auroux (1982), prétendant faire du salarié un citoyen dans l'entreprise, fut d'un impact réduit. Il a surtout permis de développer la négociation d'entreprise. Le droit d'expression direct et collectif sur les conditions de travail que ces lois ont mis en place n'a pas eu le succès escompté.

Devenu mondial, le marché des biens et des services est soumis à une concurrence exacerbée. Or le droit du travail reste national, comme le marché du

1. Sous forme de conventions d'allocations spéciales du fond national de l'emploi d'abord, puis de préretraite progressive.

travail lui-même. Et les syndicats peinent à s'organiser au plan international [1]. Les groupes capitalistes mondiaux profitent des différences dans le développement du droit et directement du niveau inégal des coûts salariaux. L'Europe prétendue «sociale» n'est jusqu'ici qu'un mot creux. Le rejet du projet de Constitution européenne en 2005 par les référendums français et néerlandais l'a encore manifesté.

8. Tendances récentes – Plusieurs mouvements se développement en parallèle, les uns sensibles aux thèses du libéralisme économique, les autres au contraire visant à protéger les droits et les libertés des travailleurs.

– *9. Flexibilité* – Le droit du travail est souvent présenté comme une source de rigidité, un frein à l'embauche. Il serait de nature à augmenter le coût du travail, notamment le principe de faveur selon lequel la convention collective ne peut déroger à la loi que dans un sens favorable au salarié [2]
C'est pourquoi le législateur a favorisé, dès 1982, la conclusion d'accords dérogatoires, permettant, à travers des techniques d'aménagement du temps de travail, de faire travailler les salariés plus longtemps pendant les périodes d'activité intense, sans avoir à recourir au paiement des heures supplémentaires. En contrepartie, les salariés disposent d'heures ou de journées de repos pendant les périodes de basse activité. La loi du 19 janvier 2000 constitue le point d'orgue de ces dispositifs, en retenant un seul modèle de modulation du temps de travail – l'annualisation du temps de travail –, modèle issu d'une synthèse des trois dispositifs antérieurs (ceux de 1982, 1987, 1993).
Sont également légalisés en 2000 les conventions de forfait conclues entre un employeur et un salarié – le plus souvent de statut cadre – qui permettent au second d'obtenir une rémunération forfaitaire globale tenant compte de l'accomplissement d'un certain nombre d'heures supplémentaires déterminées à l'avance [3]. La loi du 4 mai 2004, faisant un pas de plus, a autorisé le principe de la dérogation par l'accord d'entreprise ou d'établissement à la convention de branche et à l'accord professionnel et interprofessionnel de niveau supérieur dans un sens même défavorables aux salariés, et ouvert le champ des dérogations en matière de salaires, de durée du travail et d'emploi précaire. Restent seuls exclus de la dérogation les salaires minima, les classifications, les garanties collectives (prévoyance) et la mutualisation des fonds de la formation professionnelle [art. L. 132-23 al. 3 C. trav. (art. L. 2253-3 al. 1 C. trav.)]. Hésitant devant une transformation aussi radicale du droit français de la négociation collective, la loi précise toutefois que la dérogation est laissée à la disposition des partenaires sociaux, qui peuvent la maîtriser, et même l'interdire à l'aide de clauses dites de « fermeture » (inscrites dans les conventions collectives de branches, les accords professionnels ou interprofessionnels). Les pratiques des négociateurs patronaux et syndicaux vérifieront l'importance de la transformation du droit social français que la loi autorise désormais. On assiste en effet à une modification progressive de la fonction de la convention collective : elle n'est

1. L'on ne peut à cet égard que se réjouir de la création par le congrès de Vienne fin 2006 de la nouvelle Confédération syndicale internationale (CSI), et des liens instaurés entre celle-ci et la Confédération européenne des syndicats (CES), même si la réunification organisationnelle des familles syndicales ne suffit pas à elle seule à constituer un contre-pouvoir efficace dans un monde économique unifié.
2. V.not n°668 : ordre public social
3. V. *infra* n° 38 les trois catégories de cadres.

plus un simple instrument d'amélioration de la loi, elle peut aussi servir à sa détérioration. La justification de ces différents assouplissements du droit du travail est toujours la même : inciter les entreprises à recruter en diminuant le coût du travail. Sans véritable succès jusqu'à aujourd'hui.
Puis la procédure du licenciement pour motif économique est elle-même devenue objet de flexibilité avec l'apparition d'accords de méthode (lois de 2003 et de 2005). Ces derniers fixent dans l'entreprise ou la branche, par dérogation aux dispositions des livres 3 et 4 du Code du travail, d'autres modalités d'information et de consultation du comité d'entreprise lorsque l'employeur projette de prononcer le licenciement économique d'au moins 10 salariés. La négociation a donc pour objet la procédure du licenciement et peut même, depuis la loi Borloo du 18 janvier 2005, s'étendre au contenu du plan de sauvegarde de l'emploi, sans pouvoir toutefois toucher à la définition des motifs économiques – qui reste d'ordre public –.
Enfin, le contrat « Nouvelles embauches » et le « travail à temps partagé » sont nés en 2005 de la même idée : assouplir le droit du travail pour permettre aux petites entreprises d'accueillir des salariés qu'elles n'auraient pas recrutés en raison des exigences jugées trop lourdes du droit de licenciement notamment. Le projet de « contrat unique » du Gouvernement Sarkozy exprime la même politique de flexibilité.

– 10. Extension de la place de la négociation collective – On vient de le voir, bon nombre des assouplissements du droit du travail sont mis en œuvre par la négociation collective entre les protagonistes sociaux. Un processus de modification des rapports de la loi et de la convention collective est en cours. La loi du 4 mai 2004 relative au « dialogue social » le confirme. La loi du 3 janvier 2003 portant relance de la négociation collective en matière de licenciement économique l'exprimait déjà. C'est l'idée de concertation sur les réformes avec les partenaires sociaux, chère au MEDEF, organisation dominante du patronat, mais aussi à la CFDT. « Refondation sociale » pour l'un, « Démocratie sociale » pour l'autre. Le Parlement n'aurait plus le monopole de la définition de l'intérêt général. Mais dans un contexte de crise du syndicalisme (baisse des effectifs et division syndicale), le risque est grand qu'une prétendue « autonomie collective » masque une pure « autonomie des entreprises »[1], dès lors que la négociation collective d'entreprise s'autonomise, et que la signature d'un seul syndicat représentatif même minoritaire suffit à valider un accord collectif[2]. Pour répondre à cette critique et prendre en compte le déficit de légitimité des syndicats, la loi du 4 mai 2004 a voulu généraliser le critère majoritaire (signature des syndicats majoritaires) à tous les niveaux de la négociation collective. Mais il ne faut nullement exagérer la portée de la loi nouvelle. La signature d'un syndicat représentatif peut toujours suffire à valider un accord collectif, seul le droit d'opposition des syndicats majoritaires [3] ayant été généralisé de manière à légitimer les conventions collectives. Certes, les partenaires sociaux ont la possibilité d'écarter ce dispositif fondé sur l'opposition, en subordonnant la validité des accords à une signature majoritaire. Mais dans la réalité, ce système reposant sur une « majorité d'engagement » a été très peu utilisé, les partenaires sociaux préférant s'en tenir au système de la « majorité d'opposition ».

---

1. Gérard Lyon-Caen « L'état des sources du droit du travail » Droit social 2001, p. 1031
2. Sur le notion de représentativité V. n°480 à n°492
3. V. n°614

– *11.Association des partenaires sociaux au pouvoir législatif* – Outre la modification des rapports de la loi et de la convention collective dans la mise en oeuvre du droit du travail, la volonté des gouvernements successifs depuis la fin des années soixante [1], d'associer les partenaires sociaux au pouvoir législatif se précise. Le 31 janvier 2007, reprenant une idée du Président de la République qu'il avait soutenue personnellement devant le Conseil économique et social, le Parlement a voté un dispositif de concertation permettant d'associer plus étroitement les syndicats aux réformes législatives concernant le droit du travail. Selon ce système (qui peut être écarté en cas d'urgence), il appartient au Gouvernement, avant de présenter un nouveau projet de loi, d'informer les partenaires sociaux de la réforme projetée – à l'aide d'un « document d'orientation » présentant des éléments de diagnostic, les objectifs poursuivis et les principales options – en vue d'engager sur le sujet une négociation collective. Les syndicats désireux de mener cette négociation doivent ensuite indiquer au Gouvernement le délai nécessaire à la discussion. Cette procédure de concertation étend également le domaine de consultation de la Commission nationale de la négociation collective, du Comité supérieur de l'emploi ou du Conseil national de la formation professionnelle tout au long de la vie.
Ce dispositif sera mis en œuvre à l'occasion du projet de « contrat unique ».

– *12. Développement des « procédures préalables » à un certain nombre de décisions patronales* – Dans le même temps et par un mouvement législatif contraire, des procédures d'explication et de confrontation de tous les intérêts concernés (consultation du comité d'entreprise notamment) sont renforcées. Ainsi la loi du 15 mai 2001 relative « aux nouvelles régulations économiques » augmente les compétences consultatives du comité d'entreprise et ses pouvoirs dans certaines opérations affectant le capital de l'entreprise [2].

– *13. Protection des droits de la personne* – Par ailleurs le salarié a progressivement bénéficié d'une protection accrue des droits de sa personne et de ses libertés fondamentales. Depuis 1992, le Code du travail interdit de manière générale les restrictions apportées par l'employeur aux droits des personnes et aux libertés individuelles qui ne seraient pas justifiées par la nature de la tâche à accomplir ni proportionnées au but recherché. La prohibition de toute forme de harcèlement – tant sexuel (1992) que moral (2002) –, la recherche d'une plus grande égalité entre les salariés (loi du 9 mai 2001) et la lutte contre les discriminations (lois du 16 nov. 2001 et du 17 janv. 2002) – qui a trouvé son aboutissement dans la création de la Haute Autorité de lutte contre les discriminations et pour l'égalité (HALDE) avec la loi du 30 déc. 2004 – s'inscrivent également dans ce mouvement de protection des « droits fondamentaux » du salarié, au rang desquels figure sa dignité, notion qui a fait son apparition dans la définition du harcèlement moral et qui trouve un écho en droit pénal avec le délit d'atteinte à la dignité du salarié. Une loi du 29 juillet 1998 d'orientation relative à la lutte contre les exclusions coordonne au niveau national l'ensemble des efforts déployés pour assurer le respect des droits fondamentaux dans le domaine de

---

1. C'est ainsi que les organisations patronales et syndicales ont conclu de nombreux accords nationaux interprofessionnels (ANI) préparant d'importantes réformes législatives : formation professionnelle, emploi précaire, licenciement…
2. V. *infra* n° 544, 546, 547 : compétence économique du comité d'entreprise.

l'emploi, de la formation, de la santé et du logement. Elle trouve un relais dans le plan de cohésion sociale de 2005.

14. Perspectives – Une double question est aujourd'hui posée.

1. Le droit du travail a-t-il un avenir ? Mettre le droit du travail au service de l'emploi semblait être la philosophie des lois Aubry de 1998 et 2000 sur la réduction de la durée du travail (idée de partage du travail). Multiplier les contrats de travail atypiques pour favoriser l'embauche relève de la même idée. Le chômage persistant fait douter de sa pertinence. Pour certains l'aggravation du chômage et le progrès technique annoncent la fin du travail. Pour d'autres, au contraire, le travail doit être réinstitutionnalisé. Notamment par l'instauration d'une « sécurité sociale du travail », grâce à la définition d'un « état professionnel des personnes » qui assurerait la sécurisation des parcours et transitions professionnels. Une nouvelle protection sociale assurée tout au long de la vie, lors du passage d'un emploi à un travail indépendant, d'un emploi public à un emploi privé, d'un travail à une activité humanitaire ou associative... doit être imaginée, à l'instar des pays nordiques maintenant des standards sociaux élevés.

2. La Sécurité sociale comme service public doit-elle disparaître pour laisser la place aux assurances privées – que chacun serait libre de souscrire pour le cas de maladie ou d'invalidité – et à l'épargne retraite – que chacun serait libre d'accumuler pour ses vieux jours ? La privatisation de la sécurité sociale est réclamée par certains. Est-elle proche ? On peut en douter dès lors que les citoyens exigent toujours plus de l'État en matière de santé publique. Ce qui reste à établir, c'est ce qui relèvera du prélèvement social obligatoire que certains jugent trop lourd, et ce qui ressortira à l'effort personnel.

Section II - Sources

15. Multiplicité des ordres juridiques et des sources du droit social – Le droit social relève de plusieurs «ordres» juridiques au sein desquels opèrent des autorités distinctes, susceptibles d'émettre de nombreux actes créateurs de droit, devenant sources du droit. Par métaphore, on nomme ainsi les actes générateurs de normes générales obligatoires accomplies par des autorités ayant reçu compétence pour le faire. En droit social, l'on distingue trois catégories de sources: socio-professionnelles, étatiques, internationales. Leur coordination est difficile, leur «hiérarchie» incertaine.

16. Sources socio-professionnelles: actes unilatéraux et conventionnels – Le responsable de l'entreprise est par lui-même auteur d'actes unilatéraux d'où naissent des droits et obligations:
– il prend des décisions individuelles pures et simples, par lesquelles il assure la promotion ou l'affectation des salariés;
– il édicte le règlement intérieur contenant des règles relatives à la sécurité, à l'hygiène et à la discipline;
– il peut aussi être à l'origine d'engagements unilatéraux – par exemple dans un plan de sauvegarde de l'emploi (plan social) – dont on rapprochera les usages de l'entreprise (usage de verser une prime ou gratification annuelle). Même si, depuis longtemps, ces actes élémentaires de droit sont encadrés par le droit de l'État qui les réglemente, ils demeurent concrètement importants. Les grands

groupes de sociétés ont également tendance à élaborer des règles applicables à tout leur personnel – du moins à leurs cadres permanents – indépendamment du lieu où ils exercent leur activité [1].

Infiniment plus complexe est le cas de l'accord ou de la convention collective. L'employeur ne décide plus seul, mais dialogue avec les représentants des travailleurs et signe éventuellement une convention collective. Négociée au niveau de l'entreprise, d'une branche d'activité, ou au plan national interprofessionnel cette convention n'est pas seulement créatrice d'obligations pour les parties signataires – auquel cas elle ne serait pas source du Droit –, mais elle fixe le taux des salaires et réglemente les conditions de travail produisant ses effets à l'égard de ces tiers que sont les salariés. Le statut collectif des salariés en découle. Et le procédé technique est employé aussi dans le domaine de la protection sociale (conventions nationales créant les régimes de retraite complémentaire, conventions de prévoyance). La convention collective a été encore utilisée pour établir les rapports des caisses maladie avec les médecins et autres praticiens de santé.

Néanmoins en France, cette fixation de normes par lc patronat et les syndicats n'a jamais été autonome. Le droit étatique détermine de près les conditions et les effets de cette négociation professionnelle. Il servait au surplus jusqu'ici de plancher minimum auquel les interlocuteurs professionnels ne pouvaient qu'ajouter sans rien retrancher, en vertu du principe dit de faveur ou de l'ordre public social. Une évolution s'est faite nettement sentir avec la loi du 4 mai 2004, qui a multiplié les hypothèses de négociation dérogatoire introduites dès 1982.

La négociation collective a par ailleurs tendance à se développer au-dessus des frontières, tant au niveau européen qu'au niveau mondial.

17. Sources étatiques – L'État conserve en France un rôle prédominant dans la production des sources du droit objectif; la Constitution, la loi, le règlement sont les sources premières du droit social, complétées par la jurisprudence.

1. Constitution: cette dernière consacre, dans son préambule, des principes aussi essentiels que le droit au travail, la non-discrimination, la liberté syndicale et le droit de grève, mais aussi la liberté d'entreprendre (inscrite dans la déclaration des droits de l'homme et du citoyen) et son corollaire, le libre choix des collaborateurs par le chef d'entreprise. La Sécurité sociale y trouve également ses fondements, par exemple à travers le droit à la santé et le droit d'obtenir de la collectivité des moyens convenables d'existence.

2. Loi: source indiscutablement principale du droit du travail [2], la loi trouve sa place dans un code, le Code du travail, (1973), qui, retouché à chaque réforme législative, vient de faire l'objet d'une nouvelle numérotation à droit constant (ordonnance du 13 mars 2007). En droit de la Sécurité sociale, la loi fixe la nature des prélèvements sociaux, l'étendue des prestations (remboursements); et c'est le Parlement qui vote annuellement le budget de la Sécurité sociale.

---

1. En droit positif, la nature juridique des chartes d'entreprise est discutée; certains leur donnent l'autorité d'un usage; d'autres affirment leur qualification d'acte réglementaire de droit privé et leur appliquent le régime du règlement intérieur.

2. Exception doit être faite pour l'indemnisation du chômage. Le Code du travail fixe certes les principes, mais la détermination des recettes et dépenses est confiée aux partenaires sociaux qui agissent par voie de convention collective.

3. Règlement: dans les relations du travail subordonné, le règlement, notamment sous sa forme de décret et d'arrêté, occupe une place importante (partie réglementaire du Code du travail, montant du SMIC, extension d'une convention collective, etc.). Il est vrai également qu'une part non négligeable du fonctionnement de la Sécurité sociale relève du pouvoir réglementaire. Lois et décrets sont rassemblés de façon permanente dans des codes (Code du travail, Code de la Sécurité sociale, Code de la mutualité, Code de l'aide sociale et des familles).

4. Jurisprudence: un point désormais acquis est le rôle plus visible que naguère des tribunaux. La jurisprudence est source croissante du droit. La chambre sociale de la Cour de cassation comble sans complexe les lacunes du droit du travail, la 2e chambre civile celles du droit de la Sécurité sociale. Comme le droit social est assorti de sanctions pénales, la chambre criminelle de la même cour est également appelée à intervenir. La validité des règlements du pouvoir exécutif étant contrôlée par le Conseil d'État – juge administratif suprême –, la jurisprudence administrative ne peut être ignorée, principalement en matière de Sécurité sociale.

18. Sources internationales – Leur développement est sans doute le plus remarquable des phénomènes de ces dernières années. L'article 55 de la Constitution française plaçant la convention internationale au-dessus de la loi interne, sa ratification entraîne la pénétration en droit interne de règles élaborées ailleurs. Il en est spécialement ainsi pour trois systèmes de normes supra-étatiques:

1. celui du Conseil de l'Europe, auteur de la Convention Européenne des Droits de l'Homme (CEDH), interprétée par suite du recours ouvert aux individus devant la Cour Européenne des Droits de l'Homme qui a son siège à Strasbourg (après épuisement des voies de recours interne). Les États membres s'engagent à tirer les conséquences des arrêts de la Cour européenne des droits de l'homme, et cette dernière peut en outre accorder aux particuliers victimes d'une violation de la CEDH une «satisfaction équitable» (généralement des dommages-intérêts à la charge de l'État défendeur). Par ailleurs, les juges nationaux peuvent écarter un texte interne pour non-conformité à la CEDH.

Ce type de contentieux ne concerne le droit social de façon directe qu'exceptionnellement: l'art. 4 prohibe le travail forcé, l'art. 11 vise la liberté syndicale, l'art. 6 concerne un autre principe – le droit à un procès équitable – qui intéresse directement le fonctionnement des conseils de prud'hommes. Mais l'article 8 de la Convention qui reconnaît à toute personne le droit au «respect de sa vie privée et familiale, de son domicile et de sa correspondance» est de plus en plus souvent visé par la Chambre sociale de la Cour de cassation: c'est notamment ce principe qui a fondé la décision de reconnaître au salarié un droit au secret de ses messages électroniques lorsqu'ils ont un caractère personnel; c'est également lui qui a permis de faire échec à la volonté de certains employeurs d'imposer un domicile à leurs salariés.

2. Celui surtout des traités instituant la communauté économique, intégrée ensuite dans l'Union européenne. Les traités de Rome (1957), de l'Acte unique (1986), de Maastricht (1992), d'Amsterdam (1998), de Nice (2000) contiennent des normes concernant le droit social, telles la libre circulation des personnes, la liberté d'établissement des entreprises, l'égalité des sexes. Ils confient au surplus aux organes dirigeants de l'Union – Conseil des ministres, Commission européenne, Parlement européen – compétence pour édicter des

normes dites dérivées. Parmi celles-ci figurent le règlement, lequel modifie directement et immédiatement les lois internes, et surtout la directive, laquelle s'imposant dans ses fins doit être transposée par chaque État. Le droit social évolue souvent sous l'influence de directives – sur le licenciement collectif, le transfert, l'insolvabilité des entreprises, l'égalité professionnelle des sexes, le comité d'entreprise européen, le contrat à durée déterminée. Le droit communautaire s'applique dans une large mesure directement dans l'ordre juridique des États-membres et les juges nationaux tranchent les litiges dont les particuliers les saisissent, dans le respect de sa primauté immédiate sur la loi nationale, mais les directives étant plus ou moins ponctuellement et exactement transposées, il en résulte un contentieux assez abondant qui relève de la compétence de la Cour de Justice des Communautés Européennes (CJCE) dont le siège est au Luxembourg. Cette dernière est saisie en matière sociale essentiellement par des recours en manquement introduits par la commission contre les États en cas de transposition incorrecte d'une directive, par exemple. La CJCE est aussi sollicitée par la voie des recours en interprétation des dispositions d'un traité ou d'actes de droit dérivé, que lui adressent à titre préjudiciel les juridictions nationales. La jurisprudence élaborée par cette cour est une source croissante du droit social : en témoignent les multiples arrêts interprétatifs sur la sécurité sociale des travailleurs qui se déplacent, ou sur le sort des emplois au cas de transfert d'entreprises (cession, fusion…). L'arrêt rendu par la CJCE le 18 janvier 2007 sur question préjudicielle du Conseil d'État, saisi d'un recours en annulation de l'ordonnance n° 2005-892 qui excluait les moins de 26 ans du calcul du seuil des effectifs, démontre la prééminence du droit communautaire : la cour n'a pas hésité à faire constater la non-conformité du texte français aux directives européennes de 1998 et 2002 sur l'information et la consultation des représentants du personnel.

3. Enfin celui de l'Organisation Internationale du Travail (OIT), qui représente, en la matière, l'institution la plus ancienne (1919) et la plus universelle. La Conférence internationale du travail – qui réunit les gouvernements, les représentants du patronat et ceux des syndicats – élabore des conventions internationales ouvertes à la ratification. Parmi les nombreuses conventions ratifiées par la France figurent celles qui ont interdit le travail forcé ou celui des enfants, la convention sur la norme minimale de Sécurité sociale, la convention sur la liberté d'organisation et de négociation. Mais les règles qui y figurent sont souvent celles du plus petit commun dénominateur, beaucoup d'États renâclent à les ratifier et le contrôle de leur application est confié au Bureau International du Travail (BIT) qui est composé de fonctionnaires internationaux (siégeant à Genève) non pas de juges. Toutefois les litiges survenus dès la création par l'ordonnance du 2 août 2005 du contrat nouvelles embauches (CNE) témoignent de ce que les conventions de l'OIT redeviennent source principale du droit lorsque la loi nationale régresse. Ainsi de l'ordonnance de 2005 dispensant les employeurs des règles du droit commun du licenciement à l'occasion de la rupture d'un CNE de moins de deux ans, en contradiction avec la convention 158 de l'OIT imposant au bénéfice des salariés une procédure contradictoire préalable et une motivation valable du licenciement. La convention 158 excluant toutefois de cette double exigence les licenciements de salariés n'ayant pas l'ancienneté requise – à condition que la durée de cette exclusion soit raisonnable – le débat juridique s'est porté sur le caractère raisonnable ou non de l'exclusion de deux ans

prévue par l'ordonnance de 2005 [1]. Le Conseil d'État, saisi du contrôle de légalité de l'ordonnance, a considéré ce délai comme raisonnable, tandis que plusieurs conseils de prud'hommes, saisis de la régularité de la rupture du CNE, ont statué en sens opposé. Un contentieux croisé s'en est suivi, qui constitue un véritable cas d'école des effets pervers de la dualité des ordres de juridictions en France. Le gouvernement a instrumentalisé cette divergence en maintenant le débat juridictionnel sur un terrain procédural, aux fins de reporter la solution au fond après l'élection présidentielle. Le dépôt d'un déclinatoire de compétence, puis l'élévation du conflit par le préfet de l'Essonne à l'encontre de l'arrêt de la Cour d'appel de Paris affirmant la compétence du juge judiciaire pour exercer le contrôle de la conformité de toute norme à la convention internationale, contrôle distinct selon elle de celui de légalité de l'acte administratif, renvoyaient en effet le CNE aux portes du Tribunal des conflits. Ce dernier ayant tranché en faveur de la compétence judiciaire, le débat au fond a repris devant la cour d'appel de Paris, qui a jugé l'ordonnance de 2005 incompatible avec la convention 158, l'exclusion de deux ans constituant un moyen disproportionné pour parvenir à l'objectif légitime d'encourager les recrutements pérennes au détriment du recours au travail précaire. Il faut maintenant attendre l'arrêt de la chambre sociale de la Cour de cassation pour voir se clore ce contentieux dont le mérite est de rappeler de façon tout à fait générale que le législateur national ne saurait impunément ignorer les sources internationales du droit produisant des effets directs dans l'ordre juridique interne.

4. Probablement plus décisive encore pour l'avenir de la situation sociale dans le monde est la mission confiée à l'Organisation Mondiale du Commerce (OMC ex GATT). D'inspiration résolument libérale, les négociations sur les normes tarifaires et douanières qui s'y déroulent peuvent à l'avenir compromettre la protection sociale et bien des avantages acquis. Mais c'est une institution du droit du commerce international, non pas de droit social. L'ordre juridique international est commercial et non social. Certains syndicats internationaux préconisent d'assortir les négociations de l'OMC d'une « clause sociale » permettant de subordonner l'exercice de la liberté du commerce au respect des normes fondamentales de l'OIT. L'exemple du travail des enfants, interdit chez nous mais pouvant avoir une fonction économique et éducative dans les pays en voie de développement, est significatif des difficultés.

19. Instruments de travail du juriste de droit social – Concrètement, celui qui doit traiter un problème relevant du droit social se reportera aux deux codes (Code du travail, Code de la Sécurité sociale). Le contrat de travail étant soumis au droit commun des contrats, il ne négligera pas l'apport du Code civil. Mais la marge de manœuvre du législateur est aujourd'hui réduite de trois façons.

1. Le Conseil d'État (CE 19 oct. 2005) rejette le recours en annulation de l'ordonnance introduit par la CGT et d'autres syndicats. Le conseil de prud'hommes de Longjumeau (28 avril 2006) reçoit la demande en indemnisation à la suite de la rupture d'un CNE conformément au droit commun du licenciement. Le préfet de l'Essonne dépose, le 20 octobre 2006, un déclinatoire de compétence, l'ordonnance non ratifiée ayant seulement valeur réglementaire. La cour d'appel de Paris (20 oct. 2006) rejette par arrêt avant dire droit le déclinatoire et se déclare, suivant les conclusions de l'avocat général, compétente pour apprécier la conventionnalité de l'ordonnance. Le préfet prend le 31 octobre 2006 un arrêté de conflit, que le Tribunal des conflits rejette le 19 mars 2007, sur le fondement de la ratification implicite de l'ordonnance par trois lois ultérieures. La cour d'appel de Paris, par arrêt au fond du 6 juillet 2007, juge que l'ordonnance contrevient sur plusieurs points à la convention 158.

1. Une première contrainte résulte du poids du droit constitutionnel; une loi peut être invalidée ou validée sous réserve d'interprétation, dictée par le juge constitutionnel; ce fut le cas de la loi du 12 novembre 1996 – relative notamment à la technique du mandatement dans la négociation collective – qui ne peut être comprise qu'à la lumière des réserves exprimées dans la décision du 6 novembre 1996: soucieux de garantir le contrôle du salarié mandaté par son organisation syndicale mandante, le Conseil constitutionnel avait exigé que la détermination par l'accord de branche des conditions d'exercice du mandat de négociation devait nécessairement «comporter les modalités de désignation du salarié, la fixation précise par le mandant des termes de la négociation ainsi que les obligations d'information pesant sur le mandataire, et les conditions dans lesquelles s'exerce la possibilité pour le mandant de mettre fin à tout moment au mandat».

2. Une seconde contrainte trouve son origine dans le droit conventionnel – issu des conventions internationales – ou dans le droit communautaire, dont on sait qu'il est à l'origine d'un ordre juridique intégré à notre ordre juridique interne.

3. Une dernière contrainte est liée à l'omniprésence des partenaires sociaux. Ils contribuent très souvent à préparer le travail législatif – tel fut le cas de l'Accord National Interprofessionnel du 20 septembre 2003 qui servit de matière pour réformer, par la loi du 4 mai 2004, le droit de la formation professionnelle. Les partenaires sociaux mettent par ailleurs en œuvre la loi, laquelle n'est plus toujours pour eux de caractère impératif, mais simplement dispositive [1]. La consultation de la convention collective applicable est indispensable à la solution de toute difficulté juridique.

20. Annonce de plan – Une première partie sera consacrée à l'étude des techniques menant à l'emploi et des principes les gouvernant **(Partie I).** Y seront principalement abordés les différents contrats de travail, dans leurs rapports avec l'emploi (règles de formation, d'adaptation aux évolutions de l'emploi et aux restructurations, de rupture des contrats de travail).
Seront ensuite étudiées les conditions du travail **(Partie II)** (que déterminent à la fois les contrats de travail et la réglementation – loi, règlement, convention collective, règlement intérieur, etc. – applicable en vertu de ces contrats de travail.)
Partant du constat de l'inégalité des parties dans la négociation individuelle des conditions d'emploi, de travail et de rémunération, le droit reconnaît aux salariés des entreprises et à leurs représentants, des possibilités d'action collective rétabliraont une certaine égalité **(Partie III)**.

21. à 29. - Réservés

---

1. V. *supra* n° 9 et *infra* n° 666 à 669.

Emploi

PARTIE 1

30. Travail et emploi – *Il n'est pas facile de distinguer «l'emploi» et «le travail». On occupe un emploi pour exécuter un travail. Cependant il est possible de faire une différence entre occuper un emploi de comptable et faire un travail de comptable: le travail de comptable peut s'exercer à titre indépendant, le droit du travail étant alors inapplicable. Mais si le même travail s'exerce dans le cadre d'un emploi, il y a travail salarié ou subordonné. Ainsi l'emploi est-il le poste de travail occupé par un salarié. La situation globale de l'emploi dépend quant à elle des besoins des entreprises, donc du développement de l'activité économique; mais elle est partiellement liée aussi à la politique de l'État à travers un certain nombre d'instruments tels des aides, des incitations fiscales, une politique éducative et de formation. Le droit de l'emploi se présente ainsi comme l'ensemble des mesures générales ou spécifiques qui, financées, contrôlées ou organisées par l'État, sont mises au service de la recherche, de la création, de l'adaptation, du partage, de la sauvegarde de l'emploi… et de sa disparition lorsqu'il est jugé obsolète (V. Franck Petit, Droit de l'emploi, Étude juridique des politiques d'emploi, Monchrestien 2005). Selon l'Organisation Internationale du Travail (OIT), le droit de l'emploi est: «l'ensemble des règles destinées à assurer aux entreprises la main-d'œuvre dont elles ont besoin, et à chaque personne active, un emploi à sa convenance, productif et librement choisi». Le droit de l'emploi encadre le droit du travail. Il n'est pas question d'étudier l'ensemble du droit de l'emploi; ne seront abordés que les différents contrats de travail, autant dans leurs conditions de formation que dans leurs conditions d'exécution et de rupture. Cette première partie sera consacrée à l'identification des employeurs (chapitre préliminaire) ; elle permettra ensuite d'exposer les règles relatives au recrutement (Titre I) : l'accès à l'emploi nécessitera la conclusion d'un contrat de travail et entraînera une affiliation au régime général de la Sécurité sociale. Une fois conclu, le contrat de travail est amené à évoluer: il peut faire l'objet d'une modification; en cas de changement d'employeur, le contrat sera transféré auprès d'un nouvel employeur (Titre II). Enfin le salarié est susceptible de perdre son emploi notamment à la suite d'un licenciement pour motif personnel ou économique (Titre III).*

Chapitre préliminaire
L'employeur

Section I - Différents types d'employeurs
Section II - Pouvoirs et responsabilités de l'employeur
Section III - Structures de l'entreprise et identification de l'employeur

TITRE I – Recrutement

chapitre 1 Contrat de travail

Section I - Critère du contrat de travail
Section II - Embauchage
Section III - Choix du modèle de contrat
Section IV - Obligations des parties au contrat de travail

chapitre 2 Affiliation à la Sécurité sociale

Section I - Critère d'affiliation au régime général des salariés : le contrat de travail
Section II - Critère de l'affiliation aux régimes des non salariés : la profession

TITRE II – Modification et transfert des contrats de travail

chapitre 1 Modification du contrat

Section I - Distinction entre la modification du contrat et le changement des conditions de travail
Section II - Opposition des deux régimes juridiques

chapitre 2 Maintien des contrats de travail en cas de transfert de l'entreprise

Section I - Transfert d'entreprise
Section II - Maintien des contrats de travail

TITRE III – Perte de l'emploi

Chapitre préliminaire
Différents modes de rupture du contrat de travail

Section III - Diversité des modes de rupture
Section IV - Cessation du contrat en raison de l'âge du salarié

hapitre **1** **Licenciement pour motif personnel**

Section I - Régularité du licenciement
Section II - Motivation du licenciement
Section III - Illicéité de certains licenciements
Section IV - Sanctions du licenciement irrégulier, injustifié, illicite

hapitre **2** **Licenciement pour motif économique**

Section I - Définition du licenciement économique
Section II - Réalité et sérieux de la cause économique
Section III - Procédure du licenciement économique
Section IV - Mesures d'accompagnement
Section V - Gestion prévisionnelle des emplois et des compétences. Revitalisation des bassins d'emploi

hapitre **3** **Droits du salarié licencié**

Section I - Obligations de l'employeur
Section II - Droits auprès de l'ASSEDIC

hapitre **4** **Règlement des différends du travail et de la Sécurité sociale**

Section I - Conseil de prud'hommes (CPH)
Section II - Tribunaux des affaires de Sécurité sociale (TASS)

Chapitre préliminaire

L'Employeur

Pour qu'il y ait emploi, il est nécessaire qu'existe un besoin de main-d'œuvre pour faire fructifier un capital préexistant : il est donc nécessaire qu'il y ait un employeur, lequel se confond en général avec le chef ou responsable d'une entreprise. Il n'est pas d'étude possible de l'emploi sans examen des types multiples d'employeurs (section I), cette multiplicité ayant des incidences sur la relation de travail. Seront ensuite successivement abordés les pouvoirs et responsabilités de l'employeur (section II) et la question du renouvellement incessant des structures des entreprises, rendant de plus en plus difficile l'identification de l'employeur (section III).

Section I - Différents types d'employeurs

La distinction majeure oppose la propriété publique (§ 1) à la propriété privée (§ 2), l'entreprise publique à l'entreprise privée.

§ 1. *Capital public*

L'État peut être directement employeur (A) ; les personnes morales de droit public qui le composent – notamment les établissements publics – peuvent l'être également (B).

A. L'État est l'employeur

31. Distinction – L'État lui-même peut être employeur. Il emploie directement deux catégories de personnes : des fonctionnaires et des agents « contractuels » de droit public qui échappent au statut de la fonction publique.

1. Les fonctionnaires (de la fonction publique d'État, de la fonction publique territoriale, de la fonction publique hospitalière) sont soumis à un statut légal et réglementaire. Ils ne sont pas liés à l'État par un contrat. On considère en France qu'ils échappent au droit du travail *stricto sensu*. Néanmoins on observe une osmose entre le droit du travail et le droit de la fonction publique. Ainsi après une longue période de prohibition, les fonctionnaires se sont vus reconnaître la liberté syndicale, le droit de grève et le niveau de leurs rémunérations n'est plus fixé unilatéralement par les pouvoirs publics, encore que, dépendant du budget de l'État, leur négociation soit malaisée.

2. En vue de rendre plus flexible la gestion des services publics, l'État recrute aussi des agents non-fonctionnaires. À la différence des fonctionnaires, ces agents sont unis à leur employeur par un contrat. Mais ce contrat relève du droit public et non du droit du travail. Ces agents « contractuels » n'ont pas cessé de se multiplier, alors que leur situation juridique s'obscurcit. Relevant du droit public ils sont donc justiciables des tribunaux administratifs [1]. Mais la teneur des règles qui leur sont applicables est incertaine. Ils sont exclus du statut de la fonction publique comme du Code du travail. Seuls leur sont applicables les principes généraux du droit du travail que le Conseil d'État découvre au fil des espèces. Sont considérés comme tels la prohibition des amendes et des sanctions pécuniaires, le droit au SMIC, le droit des femmes enceintes de conserver leur emploi, etc.

3. Mais de nombreuses lois particulières autorisent certaines personnes morales de droit public à avoir recours à des contrats aidés ainsi dénommés en raison des aides publiques qui participent à leur financement. Ces contrats qui permettent de faciliter l'accès à l'emploi des personnes connaissant des difficultés d'insertion ou de réinsertion, relèvent du droit privé donc du Code du travail. Tels les contrats d'accompagnement dans l'emploi et les contrats d'avenir issus de la loi du 18 janvier 2005 [2]. Les litiges nés de leur exécution relèvent en conséquence des Conseils de Prud'hommes. L'imbroglio est total car il n'existe aucun critère praticable entre ces contrats de droit privé et les contrats de droit public.

B. L'État n'est pas l'employeur

32. Personnels des établissements publics industriels et commerciaux (EPIC) – L'État peut n'être pas lui-même employeur. Il en est ainsi dans les EPIC par exemple à la SNCF ou à la Caisse des dépôts et consignations. Cependant le personnel employé par ces EPIC est dans une situation ambiguë. Il est régi sur le plan individuel par un contrat de travail ordinaire de droit privé et, à ce titre, relève

1. V. Tribunal des conflits, 25 mars 1996, Berkani.
2. V. *infra* Les contrats aidés n° 112 et n° 113.

normalement en cas de litige du conseil de prud'hommes, comme tout salarié d'une entreprise privée. Mais sur le plan collectif il est placé, comme un fonctionnaire, en situation réglementaire, les personnels des principaux EPIC bénéficient d'un statut qui revêt la forme d'un décret. Les litiges portant sur la validité ou sur la conformité du statut au Code du travail sont de la compétence de la juridiction administrative.

33. Personnels des sociétés nationalisées – L'État n'est pas non plus employeur direct lorsque ce sont des sociétés, dont il détient seulement tout ou partie du capital – Renault, Air France, Aérospatiale, EDF… –, qui utilisent la main-d'œuvre. Le personnel est alors dans une situation en tous points identique à celle des salariés du secteur privé.
La période actuelle s'oppose à celle où le capital public était massivement engagé dans les activités économiques (nationalisations en 1945-1946 ou en 1981-1982). Par la politique inverse dite de privatisation, la propriété du secteur public est cédée aujourd'hui à des actionnaires privés (France Telecom, EDF…). Toutefois la situation du personnel ne suit pas nécessairement le changement affectant le titulaire de la propriété de l'entreprise, les statuts régissant les personnels étant maintenus provisoirement. L'attachement au statut et aux droits issus d'un régime spécial de Sécurité sociale et de retraite constituent un frein important aux privatisations.

§ 2. *Capital privé*

La figure primitive de l'employeur privé est celle d'une personne physique, qui peut employer un ou plusieurs salariés : tel est le cas d'un particulier embauchant du personnel de maison ou d'un artisan embauchant un ouvrier. Mais cette situation n'est plus que marginale du point de vue quantitatif. L'employeur privé est le plus souvent une personne morale. Il importe alors de distinguer le secteur privé à but lucratif (A) du secteur privé à but non lucratif (B).

A. Secteur privé à but lucratif

34. Employeur et chef d'entreprise – Dans le secteur privé à but lucratif, l'employeur est une entreprise sociétale, de forme variable en fonction de sa taille ; pour une PME, la forme de la société à responsabilité limitée est répandue ; une entreprise de plus grande taille sera constituée sous forme de SA ou de SAS (Société Anonyme ou Société par Actions Simplifiée). Les propriétaires sont alors les actionnaires ; le chef d'entreprise, qui exerce les attributions de l'employeur, est celui que les organes de la société ont désigné pour la diriger (par exemple le PDG). Le terme d'employeur est alors équivoque : l'employeur est la société ; ce qui permet de dire que l'employeur – dont les intérêts sont alors opposés à ceux des salariés – représente les actionnaires propriétaires ; mais l'employeur, plus concrètement, est la personne physique qui, au nom de ces actionnaires, dirige la société ; c'est avec elle que les représentants des salariés ont à dialoguer. On la désigne le plus souvent dans le Code du travail comme le chef d'entreprise.
La société peut être cotée en bourse, faisant appel à l'épargne publique, alors qu'une partie plus ou moins considérable de son capital est détenue par une seule personne – physique ou morale – qui la contrôle. On dit alors qu'il y a un actionnaire majoritaire et des actionnaires minoritaires ; parmi ces actionnaires minoritaires figurent parfois le propre personnel de la société dont les intérêts comme salariés et les intérêts comme actionnaires ne se superposent pas.

B. Secteur privé à but non lucratif

35. Autres employeurs privés – Il s'en faut que l'emploi soit l'exclusivité du secteur privé à but lucratif (agriculture, industrie, services). Les associations, mutuelles, syndicats, comités d'entreprise et autres organisations à but non lucratif emploient également un personnel, dont la situation juridique est identique à celle des salariés des entreprises industrielles et commerciales.

Section II - Pouvoirs et responsabilités de l'employeur

Qui est titulaire du pouvoir ? (§ 1). Quelle est l'étendue du pouvoir de l'employeur ? (§ 2). Quelle responsabilité y est attachée ? (§ 3).

§ 1. *Titulaires du pouvoir dans l'entreprise*

L'entreprise, quelle que soit sa nature, est hiérarchisée. Chaque site ou lieu de travail est placé sous l'autorité d'une personne – le chef d'établissement – qui n'a de pouvoir que par délégation ; il importe donc de remonter la chaîne hiérarchique. Celle-ci fait apparaître du point de vue juridique deux catégories de dirigeants, les cadres (A) et les mandataires sociaux (B).

A. Cadres

36. Délégataires de l'autorité patronale – Les dirigeants que rencontrent directement les salariés ne sont que des directeurs ou des responsables des ressources humaines. Eux-mêmes sont des salariés. Mais ils sont délégataires de l'autorité patronale, ce qui implique la faculté de donner des ordres à leurs subordonnés. On les appelle « cadres ».

37. Notion équivoque – Dans le langage courant, on distingue entre les cadres supérieurs, moyens ou intermédiaires, voire subalternes, mais ces désignations manquent de précision. Du point de vue juridique, la locution « cadre » est loin de répondre à une définition unique et simple. Dans le domaine de la convention collective de retraite et de prévoyance des cadres, prévaut une conception très large, qui englobe les agents de maîtrise, assimilés cadres. Chaque convention collective de branche a au surplus sa particularité, le cadre y étant défini par son niveau de rémunération (on y trouve en général une « annexe cadres »). Du point de vue de la justice du travail, les cadres – définis comme exerçant par délégation de l'employeur un pouvoir de commandement – se répartissent entre conseillers prud'hommes employeurs ou salariés, sans grande logique.

38. Catégories – De nouvelles distinctions sont apparues lors de l'adoption par la loi Aubry II d'un régime de la durée du travail propre aux cadres (loi du 19 janvier 2000). Le législateur détermine à cet égard trois catégories de cadres :
– les cadres dirigeants « auxquels sont confiées des responsabilités dont l'importance implique une grande indépendance dans l'organisation de leur emploi du temps, qui sont habilités à prendre des décisions de façon largement autonome et qui perçoivent une rémunération se situant dans les niveaux les plus élevés des systèmes de rémunération pratiqués dans l'entreprise ou leur

établissement » [art. L. 212-15-1 (L. 3111-2 C. trav.)]. Ces cadres que l'on reconnaît par la combinaison de 3 critères cumulatifs – importance des responsabilités, autonomie de décision, rémunérations élevées – échappent à une partie importante de la législation sur le temps de travail [1] : pour eux pas d'horaire limité, pas d'heures supplémentaires. Mais ils conservent le bénéfice des autres dispositions sur le temps de travail du titre II du livre II du C. trav. (congés annuels, repos des femmes en couches ou allaitant leurs enfants, congés non rémunérés, congés pour événements familiaux, compte épargne temps - art. L. 3141-1 et s. C. trav.).

– Les cadres intégrés qui, ayant la qualité de cadres au sens des conventions collectives de branche et du 1er alinéa de l'art. 4 de la convention collective nationale de retraite et de prévoyance des cadres du 14 mars 1947, sont conduits par la « nature de leurs fonctions » à « suivre l'horaire collectif au sein de l'atelier, du service et de l'équipe auquel ils sont intégrés » [art. L. 212-15-2 (L. 3121-39 C. trav.)]. Rentrent dans cette catégorie les cadres « encadrants » (chefs de service, de chantier...), ceux qui dirigent un groupe de salariés et sont appelés, à ce titre, à suivre l'horaire collectif de ceux qu'ils encadrent. Ces cadres sont soumis à l'ensemble des dispositions relatives à la durée du travail ; ils effectuent le cas échéant des heures supplémentaires dont le paiement peut être « forfaitisé » dans le cadre d'une convention de forfait d'heures supplémentaires établie sur une base hebdomadaire, mensuelle ou annuelle.

– Les cadres autonomes qui, ayant la qualité de cadres au sens des conventions collectives de branche et du 1er alinéa de l'art. 4 de la convention collective nationale de retraite et de prévoyance des cadres du 14 mars 1947, ne relèvent ni de la catégorie des cadres dirigeants, ni de celle des cadres intégrés [art. L. 212-15-3 (L. 3121-38 C. trav.)]. Rentrent dans cette catégorie les cadres dont la durée du temps de travail ne peut être prédéterminée. La loi permet à leur égard le recours à des forfaits d'heures supplémentaires hebdomadaires, mensuels ou annuels. Toutefois, le forfait annuel n'est licite que si une convention ou un accord collectif l'autorise. S'il est question d'un forfait annuel en jours, la convention ou l'accord collectif prévoyant sa conclusion doit définir notamment le nombre de jours travaillés - maximum 218 jours dans l'année - et les catégories de salariés concernés « au regard de leur autonomie dans l'organisation de leur emploi du temps ».

La jurisprudence estime que, même dirigeant, un cadre jouit de sa liberté d'expression et, par conséquent, peut critiquer telle ou telle orientation de gestion (Cass. soc. 14 déc. 1999).

B. Mandataires sociaux

39. Détenteurs du pouvoir originaire – Les mandataires sociaux se situent au-dessus des cadres. Ils ne sont pas salariés, mais exercent le pouvoir originaire dans l'entreprise dans le cadre d'un mandat confié par le conseil d'administration, lequel émane des actionnaires. Comme tout mandataire, ils sont révocables et, en principe, n'ont pas droit aux indemnités prévues par le droit du

1. Dispositions du titre I – art. L. 211-1 à L. 213-10 C. trav. – et des chapitres préliminaires, I et II du titre II du livre II du C. trav. – art. L. 220-1 à L. 222-9 C. trav. (devenus titre II - art. L. 3121-1 à L. 3134-15 C. trav. - et titre III du Livre I de la 3e partie du C. trav. - art. L. 3141-1 et s. C. trav.).

travail en cas de rupture du contrat. Dans la SA, c'est le PDG qui exerce le pouvoir délégué par le conseil d'administration ; dans la SARL, il est attribué au gérant majoritaire.

Pour consolider leur situation, il arrive que certains mandataires sociaux soient aussi titulaires d'un contrat de travail. Ce cumul est strictement réglementé dans la SA. En toute hypothèse, le cumul d'un mandat et d'un contrat de travail doit correspondre à deux fonctions distinctes. Révoqué comme mandataire, la même personne pourra alors faire valoir ses droits comme salarié licencié.

§ 2. *Étendue des pouvoirs*

Les pouvoirs de l'employeur sont au nombre de trois : le pouvoir de gestion (A), le pouvoir réglementaire (B) et le pouvoir disciplinaire (C). Parce qu'il dispose de ces trois pouvoirs, l'employeur devra, dans la conduite de son entreprise, assurer la sécurité de ses salariés, sauf à engager sa responsabilité civile, voire pénale (D).

A. Pouvoir de gestion

Le pouvoir essentiel des dirigeants est le pouvoir de gestion traditionnellement fondé par le droit de propriété ou la liberté d'entreprendre. Il relève principalement du domaine du droit des affaires, mais parce que bien des décisions de gestion – fermeture d'un site, investissement à l'étranger… – ont à terme des effets sur la situation des personnels, et parce que certains actes de gestion – le recrutement, l'affectation, la mutation, l'augmentation d'un salaire… – intéressent immédiatement et directement les salariés, le droit du travail les entoure de garanties légales.

40. Respect des droits de la personne – En tout état de cause, les prérogatives des dirigeants ne peuvent s'exercer que dans le respect des droits de la personne et des libertés individuelles : selon l'art. L. 120-2 (art. L. 1121-1 C. trav.), une restriction quelconque à ces droits et libertés ne se justifie que par la nature de la tâche à accomplir et doit être proportionnée au but recherché. Sur ce point, la jurisprudence a été conduite à distinguer ce qui relève de l'activité professionnelle – domaine où le pouvoir de l'employeur peut s'exercer – de ce qui a trait à la vie personnelle – domaine que le pouvoir de l'employeur ne peut en principe atteindre. Même dans le cadre d'un rapport de subordination, la liberté reste première, la restriction à celle-ci n'est que seconde.

41. Protection de la "vie personnelle" – Il n'en est pas moins vrai que la technologie moderne permet – avec ses caméras, ses cartes à puce, son contrôle des courriers électroniques et de l'utilisation de l'Internet – un contrôle très sophistiqué du comportement des travailleurs. Concernant les moyens de surveillance, la jurisprudence insiste sur la nécessité de prévenir les salariés de leur utilisation : la preuve recueillie à l'aide d'un mode de surveillance clandestin sera considérée comme déloyale et ne pourra être retenue par le juge. Se fondant même sur le droit au respect de l'intimité de la vie privée, la Cour de cassation interdit à l'employeur de prendre connaissance des messages personnels émis par le salarié et reçus par lui grâce à un outil informatique mis à sa disposition pour son travail [1]. Reste posé le problème de l'utilisation par le salarié à des fins personnelles de l'outil informatique professionnel : comment le contrôle patronal peut-il s'exercer ? Les NTIC – Nouvelles techniques de l'information et de la communication – rendent plus subtile la limite existant entre la vie professionnelle et la vie privée, qui, autrefois, coïncidait avec le départ du lieu de travail et la fin du temps de travail. Il y a désormais une sphère de vie privée au travail, et une sphère de vie professionnelle à domicile – télétravail, obligations professionnelles à domicile pour les cadres. C'est pourquoi la Cour de cassation a développé l'idée qu'il convenait de protéger, même sur les lieux du travail, ce qu'elle dénomme la « vie personnelle » du salarié. Le législateur lui-même a été sensible à cette nécessité de protéger les droits de la personne et les libertés fondamentales du salarié sur les lieux du travail : il a confié dès 1992 au délégué du personnel le soin de veiller aux atteintes éventuelles aux libertés personnelles, de les dénoncer et, à défaut de solution trouvée avec l'employeur, de saisir le conseil de Prud'hommes qui statue en la forme des référés afin d'y mette un terme [art. L. 422-1-1 (art. L. 2313-2 C. trav.)].

B. Pouvoir réglementaire

42. Domaine du règlement intérieur – Il est obligatoire d'édicter un règlement intérieur dans tout établissement de travail où sont réunis au moins 20 salariés. Ce document écrit est cantonné exclusivement à quatre séries de mesures. D'une part les mesures concernant l'hygiène et la sécurité, y compris les dispositions que doit prendre un salarié pour assurer sa propre sécurité. D'autre part les règles permanentes relatives à la discipline, notamment l'échelle des sanctions que peut prendre l'employeur.

Il énonce également les dispositions relatives aux droits de la défense et rappelle celles relatives au harcèlement moral et sexuel.

Toute clause étrangère à ces domaines ne saurait licitement figurer dans le règlement, notamment une clause sur l'utilisation des NTIC. Au surplus, le règlement intérieur ne s'impose aux membres du personnel que s'il est lui-même conforme aux lois et règlements, ainsi qu'aux conventions et accords collectifs applicables. Conformément à l'orientation générale figurant à l'art. L. 120-2 (art. 1121-1 C. trav.) et reprise à l'art. L. 122-35 (art. L. 1321-3, 2 °C. trav.), il ne peut apporter aux droits des personnes et aux libertés individuelles et collectives de restrictions qui ne seraient pas justifiées par la tâche à accomplir ni proportionnées au but recherché ; il a ainsi été jugé qu'un règlement intérieur ne pouvait imposer un contrôle d'alcoolémie qu'aux salariés occupés à l'exécution de certains travaux ou à la conduite de certaines machines [1]. Avant son entrée en vigueur, le règlement intérieur est soumis à l'avis du comité d'entreprise ou, à défaut, des délégués du personnel, ainsi qu'à celui du CHSCT ; il est ensuite communiqué à l'inspecteur du travail, puis publié par voie d'affichage. Il est inopposable au personnel si l'une de ces conditions n'est pas respectée.

43. Contrôles administratif et judiciaire – Le contenu du règlement intérieur est soumis au contrôle de l'inspecteur du travail qui peut en exiger la modification ou le retrait. Un recours hiérarchique peut être porté devant le directeur

1. Arrêt Nikon du 2 octobre 2001.
1. V. auparavant arrêt Corona du CE, 1er fév. 1980 ; v. également CE 8 juil. 1988.

régional du travail et de l'emploi. Dans les deux cas, on est en présence d'une décision administrative dont le juge administratif peut être amené à apprécier la régularité dans le cadre d'un contentieux administratif. Il n'en est pas moins vrai que le règlement intérieur est un acte juridique de droit privé ; à l'occasion d'un procès prud'homal – ou à titre principal devant le tribunal de grande instance – le juge judiciaire peut être conduit à connaître d'une contestation s'y rapportant et à écarter une clause illégale (Cass. soc. 16 déc. 1992) ; il en va ainsi pour toute clause à l'égard de laquelle l'inspecteur du travail ne s'est pas prononcé.

C. Pouvoir disciplinaire

44. Fondements – Le pouvoir disciplinaire s'est longtemps exercé dans l'entreprise en marge de la loi. Autrefois fondé sur l'idée qu'il était « inhérent à la qualité de chef d'entreprise », le pouvoir de maintenir la discipline est aujourd'hui fortement encadré par la loi, qui définit la sanction disciplinaire, impose une procédure et un contrôle judiciaire rigoureux de l'exercice par l'employeur du pouvoir disciplinaire [art. L. 122-40 et s. (art. L. 1331-1 et s C. trav.)]. Au pouvoir disciplinaire s'est substitué un droit disciplinaire.

45. Absence de définition légale de la faute disciplinaire – À la différence de ce qui existe en droit pénal, la faute disciplinaire n'est pas légalement définie. Elle est, dit la loi, un « agissement du salarié considéré par lui (l'employeur) comme fautif ». C'est au juge de dire, *a posteriori*, si le fait sanctionné par l'employeur était réellement fautif. Le législateur se défaussant, s'en remet à l'employeur de définir la faute sous le contrôle des tribunaux.

46. Définition de la sanction – La notion de sanction est mieux caractérisée : il s'agit d'une mesure, autre que les observations verbales, de nature à affecter, immédiatement ou non, la présence du salarié dans l'entreprise (licenciement), sa fonction, sa carrière, sa rémunération. L'employeur ne peut pas prononcer d'autres sanctions que celles qui sont prévues par le règlement intérieur ; on y détermine le plus souvent, dans un ordre ascendant, l'avertissement, le blâme, la mise à pied disciplinaire – le salaire étant retenu pendant toute sa durée –, la mutation, la rétrogradation et le licenciement. Les mesures constitutives d'une modification du contrat de travail, telles que la mutation ou la rétrogradation, sont également justiciables du régime jurisprudentiel de la modification du contrat de travail [1]. Il existe par ailleurs différents degrés dans le licenciement disciplinaire : la faute grave sera privative de l'indemnité de licenciement et de l'indemnité compensatrice de préavis ; la faute lourde entraînera suppression de l'indemnité de licenciement, de l'indemnité compensatrice de préavis et de l'indemnité compensatrice de congés payés.

47. Sanctions prohibées – L'amende ou la sanction pécuniaire qui se traduit par une retenue sur le salaire est prohibée, ce qui – il faut l'admettre – est peu compatible avec la régularité de la mise à pied. Cette prohibition suscite encore des litiges ; d'abord parce qu'elle est parfois inscrite dans divers statuts du personnel dans le secteur public, ensuite parce que diverses retenues sur salaire

1. Voir *infra* Titre II chap. 1, n° 170 et s.

accompagnent la grève. Le Conseil d'État voit dans l'interdiction des amendes un principe général du droit du travail. En second lieu, aucune sanction ne peut être prononcée si elle revêt un caractère discriminatoire – art. L. 122-45 (art. L. 1132-1 C. trav.) –, par exemple si elle déguise une mesure antisyndicale ou si sa raison véritable est d'ordre religieux ou politique. Cependant la sanction n'est pas nécessairement la même pour les auteurs d'une même faute, l'employeur ayant la possibilité d'individualiser les sanctions.

48. Procédure disciplinaire – Le salarié doit être informé par écrit des griefs retenus contre lui, sauf s'il ne s'agit que d'un avertissement. Il doit être convoqué pour un entretien au cours duquel il peut être assisté par un collègue appartenant à l'entreprise et doit pouvoir s'expliquer sur les faits qui lui sont reprochés. Bien qu'elle n'ait pas une nature judiciaire, on applique à cette procédure le principe du contradictoire et le respect des droits de la défense. La sanction nécessairement motivée ne peut intervenir qu'après un jour franc suivant la date de l'entretien, et au plus tard dans le mois qui suit. En outre, les poursuites disciplinaires sont impossibles si plus de deux mois se sont écoulés à compter du jour où l'employeur a eu connaissance des faits.

49. Contrôle judiciaire – Le salarié sanctionné peut saisir le conseil de prud'hommes. Celui-ci apprécie la régularité de la procédure ; il vérifie l'existence des faits reprochés et recherche s'ils sont de nature à justifier une sanction. Mais le juge ne peut qu'annuler la sanction, non pas en réduire l'importance, par exemple en la modifiant. L'annulation vient sanctionner soit l'irrégularité de la procédure, soit le caractère injustifié de la sanction, soit sa disproportion eu égard à la faute commise. Cependant, la législation soustrait le licenciement disciplinaire, c'est-à-dire la sanction la plus lourde, au pouvoir d'annulation du juge. Ce n'est qu'exceptionnellement, si le licenciement pour faute est discriminatoire, que le juge prononcera sa nullité « de plein droit » aux termes de l'art. L. 122-45 (art. L. 1132-1 C. trav.).

D. Contrepartie du pouvoir : la responsabilité de l'employeur en matière de sécurité des salariés

50. Position du problème – Parce qu'il a le pouvoir de donner des ordres et des directives à ses salariés, le chef d'entreprise a aussi l'obligation d'assurer leur sécurité au travail, ceci sans préjudice de l'obligation pour chaque salarié de veiller sur sa propre sécurité [art. L 230-3 (art. L. 4122-1 C. trav.)]. Si l'employeur est titulaire de *pouvoirs,* c'est pour lui permettre de faire régner l'ordre et la sécurité : il s'ensuit que pèsera sur lui – pour le cas où il ne respecterait pas son obligation générale de sécurité – une responsabilité pénale. Sur qui pèse-t-elle exactement ? Quelles sont les infractions identifiables ? Comment le responsable peut-il s'exonérer ? Qu'en est-il de la responsabilité civile ?

51. Identification du responsable – Le responsable est le chef d'entreprise, personne physique, c'est-à-dire le PDG (ou le gérant) investi légalement ou statutairement du pouvoir. Il s'agit d'une responsabilité personnelle, et non du fait d'autrui, car il est tenu personnellement d'assurer la sécurité du personnel sous ses ordres. Le Code pénal ayant prévu une responsabilité pénale des personnes morales, la société employeur peut dorénavant aussi être déclarée responsable, sans que cette responsabilité se substitue à celle du chef d'entreprise. Ainsi elle sera condamnée au paiement d'une amende ; elle peut aussi être tenue d'adopter telle ou telle mesure de sécurité – éventuellement coûteuse – à titre de sanction.

52. Typologie des infractions – En matière de sécurité, les infractions sont de deux sortes très différentes : il y a infraction en cas de violation des dispositions légales et réglementaires multiples figurant au Code du travail qui, sur les lieux de travail, sont destinées à garantir préventivement l'hygiène et la sécurité ; il y a infraction également en cas d'accident de travail sur le fondement des textes figurant au Code pénal – coups et blessures involontaires, homicide involontaire… –. Il est donc fréquent qu'il y ait cumul d'infractions, mais seule la peine la plus élevée est, sauf exception, prononcée.

53. Exonérations – Le chef d'entreprise ne peut s'exonérer que d'une seule façon. Ne pouvant être omniprésent, il a la faculté de déléguer ses pouvoirs à des chefs de chantier ou à des chefs d'établissement. Si cette délégation, qui doit être expresse, investit un cadre précisément désigné et lui attribue des pouvoirs effectifs et suffisants pour garantir le respect des normes en matière de sécurité, elle a un effet exonératoire pour le chef d'entreprise. La délégation peut se prolonger par une subdélégation : ce qui signifie que le délégué peut lui-même déléguer ses pouvoirs à une tierce personne. La jurisprudence de la chambre criminelle est très stricte et veille aux conditions de validité de la délégation. La preuve est à charge du chef d'entreprise.

54. Responsabilité civile – À l'égard des salariés, elle obéit à des règles spécifiques de réparation de l'accident du travail et de la maladie professionnelle. La réparation est forfaitaire et à la charge de la Sécurité sociale. On ne revient à la responsabilité civile de l'employeur lui-même qu'en cas de faute « inexcusable ». Cette dernière était rarement retenue, sa définition étant devenue (depuis 1941) trop rigide. Les arrêts de l'Assemblée Plénière de la Cour de cassation rendus le 28 fév. 2002 à l'occasion de maladies professionnelles provoquées par l'amiante font maintenant peser sur l'employeur une obligation de sécurité de résultat ; sa responsabilité est contractuelle, la réparation versée doit couvrir l'intégralité du préjudice, cessant d'être purement forfaitaire. Cette solution a été ensuite confirmée en matière d'accident du travail.
À l'égard des tiers, l'employeur a la qualité de commettant au sens de l'article 1384 du Code civil. Si l'un des salariés placés sous ses ordres cause un dommage à un tiers, il en assume les conséquences civiles. Il peut donc être condamné au paiement de dommages-intérêts, quitte sous certaines conditions à exercer un recours contre le préposé fautif dans l'hypothèse d'une faute lourde.

Section III - Structures de l'entreprise et identification de l'employeur

55. Diversité d'employeurs – L'entreprise moderne comporte des structures juridiques si complexes et si changeantes – en raison d'un double processus de concentration des capitaux et d'externalisation des emplois –, qu'un salarié ignore souvent qui est son véritable employeur. L'employeur au sens administratif – celui qui remet le bulletin de paie –, ne coïncide pas avec l'employeur au sens économique – celui qui accumule les pertes et les profits –, ni avec l'employeur au sens juridique – celui qui exerce l'autorité.

56. *Entreprise à établissements multiples* – Il y a d'abord lieu de tenir compte de l'entreprise à établissements multiples : ces établissements peuvent être de simples dépendances ; dans ce cas, l'entreprise demeure l'employeur ; mais lorsque les établissements disposent d'une autonomie juridique, comme c'est le cas dans un réseau de franchisés, l'employeur sera le chef d'établissement.

57. *Entreprises sous-traitantes* – Les salariés peuvent également être rattachés à des entreprises sous-traitantes, travaillant pour un donneur d'ordre ; les emplois ont pu ainsi être externalisés ; les salariés du sous-traitant subissent les fluctuations de l'activité du donneur d'ordre. L'employeur juridique reste cependant le sous-traitant.

58. *Groupe de sociétés* – Le groupe est un mode de structuration que le droit du travail a progressivement adopté : on va y implanter un comité de groupe ou, si le groupe a une dimension communautaire, un comité d'entreprise européen [1]. L'article L. 321-1 al. 3 (art. L. 1233-4 C. trav.) dispose également que le licenciement d'un salarié ne peut intervenir que lorsque tous les efforts de formation et d'adaptation ont été réalisés et que le reclassement de l'intéressé ne peut être réalisé dans le cadre de l'entreprise ou, le cas échéant, « dans les entreprises du groupe auquel l'entreprise appartient ». Quoi qu'il en soit, l'employeur est normalement la filiale au sein de laquelle le salarié est affecté ; mais des mutations, des détachements – fréquents pour les cadres – font souvent de la société mère ou du groupe pris dans son ensemble, l'employeur réel. C'est pourquoi la jurisprudence considère qu'un salarié passant d'une filiale à l'autre au sein d'un même groupe dispose d'une ancienneté continue pour faire valoir son droit à participer aux élections professionnelles. L'article L. 122-14-8 (art. L. 1231-5 C. trav.) organise même une obligation particulière de reclassement à la charge de la société mère lorsqu'elle a mis son salarié à la disposition d'une filiale étrangère : lorsque ce salarié est licencié par la filiale étrangère, la société mère doit assurer son rapatriement et lui procurer un nouvel emploi compatible avec l'importance de ses précédentes fonctions au sein de la société mère ; si la société mère entend néanmoins le congédier, le temps passé par le salarié au service de la filiale est pris en compte pour le calcul du délai-congé et de l'indemnité de licenciement.

59. *Délocalisation* – Nombreux sont les groupes qui, aujourd'hui, ont une dimension internationale. Leur implantation dans un pays donné ou la délocalisation de leurs entreprises s'accompagne souvent de la fermeture d'un site dans le pays d'origine. Il n'y a pas en général transfert de main-d'œuvre, mais substitution d'une main-d'œuvre peu onéreuse à celle d'un autre pays à salaires trop élevés. L'employeur change. Une délocalisation vers l'Inde et la Chine ayant été décidée dans le cadre d'un groupe international, une société mère

---

1. V. *infra* La représentation du personnel n° 524.

finlandaise a été récemment qualifiée d'employeur conjoint des salariés de sa filiale française irrégulièrement licenciés par celle-ci (alors que leur départ volontaire avait été précédemment négocié), et condamnée à leur verser d'importants dommages et intérêts [1]

60. Entreprises liées par contrat – Des liens nouveaux apparaissent également au sein de réseaux d'entreprises contractuellement liées : l'employeur sera alors recherché à l'aide du critère de subordination.

61. Notions voisines – On le voit, la notion « d'entreprise », telle qu'elle était traditionnellement utilisée, n'est pas toujours opérationnelle pour désigner l'employeur ; aussi les tribunaux préfèrent-ils parler « d'unité économique et sociale » lorsqu'il est question de mettre en place une représentation du personnel. Est également évoquée la notion « d'entité économique autonome » lorsqu'il est question d'appliquer la règle de maintien des contrats de travail – prévue à l'article L. 122-12 (art. L. 1224-1 C. trav.) – dans l'hypothèse d'une restructuration d'entreprise.

62. à 69. - Réservés

1. Soc. 19.6.2007.

TITRE I – Recrutement

70. Droit au travail et liberté du travail – *Deux principes juridiques dominent l'ensemble de ces matières : le droit au travail et la liberté du travail. Le droit au travail – ou droit à l'emploi – figure dans le Préambule de la Constitution, mais il ne correspond pas au droit d'exiger des pouvoirs publics la fourniture d'un emploi. Tout au plus son existence leur impose-t-elle une action positive destinée à faciliter l'accès au travail du plus grand nombre possible de personnes. Notre système juridique reste fondé sur la liberté du travail qui est d'abord la liberté d'entreprendre – laquelle inclut la liberté pour l'entrepreneur de conclure ou non un contrat de travail, de choisir ses collaborateurs – et pour le travailleur la liberté de changer d'emploi ou de se mettre à son compte.*
L'accès à l'emploi passe par la conclusion d'un contrat spécial – le contrat de travail (chapitre I) – que le législateur désigne de manière désuète dans le Code civil comme un contrat de « louage de service ». Dès le début d'exécution de son contrat, le salarié est affilié au régime général de la Sécurité sociale (Chapitre II).

apitre **1**

Contrat de travail

Section I - Critère du contrat de travail

§ 1. *Critère traditionnel*

§ 2. *Difficultés de qualification*

Section II - Embauchage

§ 1. *Placement*

§ 2. *Sélection des candidats*

§ 3. *Conclusion du contrat de travail*

§ 4. *Période d'essai*

Section III - Choix du modèle de contrat

§ 1. *Les contrats de travail à durée indéterminée ou à durée déterminée*

§ 2. *Les contrats de travail dits à « temps choisi » : temps partiel et travail intermittent*

§ 3. *Les contrats de travail dérogeant aux règles du licenciement : contrat « Nouvelles embauches » (CNE), contrat « Première embauche » (CPE) et son remplacement*

§ 4. *Les contrats « aidés » : contrats d'insertion et de formation*

§ 5. *Les contrats conclus avec les entreprises de fourniture de main-d'œuvre : travail temporaire et travail à « temps partagé »*

Section IV - Obligations des parties au contrat de travail

§ 1. *Obligations découlant de la définition même du contrat*

§ 2. *Obligation de non-discrimination entre salariés*

Avant de s'intéresser aux conditions de l'embauchage (section II) et au choix du modèle de contrat de travail (section III), il convient de distinguer ce dernier de situations voisines à l'aide du critère – la subordination juridique – qui le caractérise (section I).

Section I - Critère du contrat de travail

71. Travail salarié et travail non salarié – Il y a plusieurs sortes de contrats de travail, mais le critère en est unique. Ce critère a une importance essentielle. Le contrat de travail conditionne l'application du droit du travail auquel le travailleur non salarié n'est pas soumis : il emporte droit au SMIC, compétence du Conseil de prud'hommes, qualité d'électeur lors de la mise en place des institutions de représentation du personnel, etc. Il est donc essentiel de pouvoir distinguer le contrat de travail de contrats voisins qui ont aussi pour objet l'accomplissement d'une prestation – contrat de mandat ou contrat d'entreprise –.
La tendance des entreprises est de rejeter de plus en plus de salariés vers le travail indépendant ou qualifié tel, alors que le mouvement ancien allait inversement dans le sens de l'attribution de la qualité de salarié à de véritables travailleurs indépendants (travailleur à domicile, VRP, journalistes...). Désormais de nombreux indépendants sont en réalité de faux indépendants, des salariés « transformés », dépendant dans leur situation économique, d'une entreprise donneur d'ordre. Ainsi dans le BTP, de l'artisan travaillant exclusivement pour une entreprise industrielle. D'où la nécessité de définir rigoureusement le travail salarié par rapport au travail indépendant, mais sa difficulté aussi car il n'y a pas de définition légale du contrat de travail. Il faut donc exposer le critère jurisprudentiel traditionnel (§ 1), tout en étant conscient que des difficultés nombreuses de délimitation subsistent ou apparaissent chaque jour (§ 2).

§ 1. *Critère traditionnel*

Le contrat de travail se définit comme la convention par laquelle une personne s'engage à mettre son activité à la disposition d'une autre en se plaçant sous sa subordination, moyennant une rémunération. De cette définition se dégagent trois éléments caractéristiques : la prestation de travail, la rémunération, le lien juridique de subordination. Cependant, seul le lien juridique de subordination permet de distinguer le contrat de travail des autres contrats ayant pour objet un travail. Il convient donc d'en donner une définition (A) et d'en rechercher les indices (B).

A. Qu'est-ce que le lien juridique de subordination ?

72. Définition – Il se caractérise selon les arrêts de la Cour de cassation par « l'exécution d'un travail sous l'autorité d'un employeur qui a le pouvoir de donner des ordres et des directives, d'en contrôler l'exécution et de sanctionner les manquements de son subordonné ». Dans le contrat d'entreprise, si le maître de l'ouvrage donne des ordres concernant le but à atteindre, l'entrepreneur reste indépendant lors de l'exécution du travail. Dans le contrat de travail, le salarié est subordonné à l'employeur aussi bien quant au but à atteindre que dans les modalités d'exécution du travail. Le contrat de travail est donc un contrat inégalitaire. Il soumet une personne à l'autorité d'une autre, contrairement à l'idée civiliste d'égalité des parties.

B. Indices du lien juridique de subordination

73. Faisceau d'indices – La jurisprudence recherche la trace du lien juridique de subordination sur trois terrains principalement. Elle s'attache d'abord au comportement des parties : ainsi c'est se comporter en employeur que de délivrer un bulletin de paye ou d'affilier à la Sécurité sociale. Elle se réfère ensuite aux conditions d'exécution du travail : le travail subordonné est accompli au lieu fixé et suivant l'horaire prescrit, avec un matériel et des matières premières fournis par l'employeur et sous son contrôle. Elle se préoccupe enfin des conditions de la rémunération et de la charge des risques de l'entreprise : ainsi la rémunération forfaitaire au temps est caractéristique du contrat de travail, alors que la rémunération au pourcentage rémunérera suivant les cas un salarié ou un indépendant. S'il ne supporte pas les risques de l'entreprise, le travailleur salarié est en contrepartie privé des profits de son activité – qui reviennent à l'employeur, à charge pour se dernier d'y prélever une partie pour financer le salaire –, alors que le travailleur indépendant assume les risques de son activité et réalise des profits (en d'autres termes, la participation aux pertes exclut nécessairement tout lien juridique de subordination).

Le contrat de travail est finalement le contrat par lequel une personne dirige le travail d'autrui, puis s'en approprie les résultats.

§ 2. *Difficultés de qualification*

74. Inadaptation du critère de subordination – Le critère de la subordination s'est révélé progressivement inadapté. Les nouvelles technologies exigent de plus en plus d'initiative de la part des salariés ; l'évidence de la subordination s'efface, à tout le moins prend-elle d'autres formes, telles la vidéosurveillance, le contrôle informatique ou le contrôle par badge. Le modèle du travailleur salarié n'est plus celui de l'Ouvrier Spécialisé qui travaille à la chaîne, surveillé par un contremaître, mais est déjà le créateur de logiciel qui n'a à rendre compte que des résultats de son travail.

À dire vrai, le critère de la subordination a toujours été inadapté pour certaines professions qui peuvent s'exercer soit à titre indépendant, soit dans le cadre d'un contrat de travail, mais exigent toujours une indépendance de jugement dans l'exécution de la prestation de travail, telles les professions de médecin, d'enseignant, d'avocat. Le critère de subordination est également inadéquat à l'égard des cadres dirigeants d'entreprise qui bénéficient d'un contrat de travail. Au surplus, il y a depuis longtemps des situations mixtes – qui peuvent relever indifféremment du travail indépendant ou du salariat –, réunies quelquefois sous le terme de parasubordination.

La frontière entre le travail indépendant et le travail salarié est donc incertaine. Pour y remédier, le Code du travail a décidé d'attribuer la qualification de salarié aux travailleurs visés dans son Livre VII [1] : sont assimilés à des salariés les travailleurs à domicile, les VRP, les journalistes… Sans cette assimilation légale, le travailleur à domicile aurait été un sous-traitant indépendant en raison du travail qu'il fournit dans ses locaux, le VRP bénéficiant d'une indemnité de clientèle, ou le journaliste protégé par une « clause de conscience » seraient toujours des travailleurs indépendants. Mieux, l'article L. 781-1 (L. 7321-1 C. trav.) traite partiellement en travailleurs subordonnés des petits commerçants

1. Devenu la partie VII : dispositions particulières à certaines professions et activités.

indépendants s'ils dépendent exclusivement d'un fournisseur et sont obligés par celui-ci de vendre à un prix imposé : il en va ainsi des pompistes de stations services. Ce sont en réalité des indépendants intégrés.

75. Requalification – Les incertitudes tendent à s'accroître actuellement du fait de la crise de l'emploi provoquant un phénomène de pluri-activité : cumul d'un travail salarié et d'un travail indépendant. Par ailleurs certaines entreprises sont tentées de rejeter vers le travail indépendant un certain nombre d'ex-salariés – livreur, transporteur – devenant sous-traitant de l'entreprise donneur d'ordre pour laquelle il travaille exclusivement, etc. Lorsque les conditions du travail indépendant ne sont pas réunies, le juge se réserve la possibilité de requalifier la situation de travail en contrat de travail. Il l'a fait, par exemple, à l'égard de faux distributeurs indépendants de journaux, de maçons qui, malgré un contrat d'entreprise, restaient placés sous la subordination du donneur d'ordre, de « conférenciers extérieurs » qui n'étaient en réalité que des enseignants travaillant sous la responsabilité d'un établissement, de chauffeurs de taxi locataires de leur voiture, à qui le donneur d'ordre imposait des directives précises dans l'exécution du travail.

76. Présomption de non-salariat – La doctrine libérale s'est inquiétée des risques que faisait peser cette perspective de requalification sur la sécurité des affaires ; la sanction de la requalification serait un frein à la création d'entreprises individuelles ; c'est pourquoi le législateur a institué dans certains cas une présomption de non-salariat : selon l'art. L. 120-3 (art. L. 8221-6 C. trav.), les personnes physiques immatriculées au registre du commerce et des sociétés, au répertoire des métiers, au registre des agents commerciaux ou auprès des unions de recouvrement des cotisations de Sécurité sociale et d'allocations familiales pour le recouvrement des cotisations d'allocations familiales, ainsi que certaines personnes physiques inscrites au registre des entreprises de transport routier de personnes et les dirigeants des personnes morales immatriculées au registre du commerce et des sociétés et leurs salariés sont « présumés » ne pas être liés avec le donneur d'ouvrage par un contrat de travail dans l'exécution de l'activité donnant lieu à cette immatriculation ». Mais l'existence d'un contrat de travail peut tout de même être établie lorsque ces personnes « fournissent directement ou par une personne interposée des prestations à un donneur d'ouvrage dans des conditions qui les placent dans un lien de subordination juridique permanente à l'égard de celui-ci ». À défaut de permanence dans la subordination, le travailleur ne pourra établir l'existence d'un contrat de travail. Or il est souvent dans une situation de pluri-activité. Il y a dissimulation d'emploi salarié s'il est établi que le donneur d'ouvrage s'est soustrait intentionnellement à l'accomplissement de l'une des formalités prévues aux art. L. 143-3 (art. L. 3243-2 C. trav.) - remise d'un bulletin de paie - et L. 320 (art. L. 1221-10 C. trav.) - déclaration nominative auprès des organismes de protection sociale.

Section II - Embauchage

Chronologiquement l'embauchage se déroule en trois étapes. Il y a d'abord la présentation ou publication d'une offre d'emploi par les entreprises. C'était autrefois le service public – l'ANPE – qui assurait seul en principe le placement, c'est-à-dire le rapprochement des offres et des demandes d'emploi. Mais la loi du 18 janvier 2005 a élargi le cercle des organismes participant au service public du placement, et admis le principe du placement privé (§ 1). Il y a ensuite une sélection des candidats par l'entreprise (§ 2). Il y a enfin signature d'un contrat de travail (§ 3). Ce dernier n'est souvent conclu définitivement que sous condition d'une période d'essai satisfaisante (§ 4).

§ 1. *Placement*

77. Services public et privé du placement – Autrefois le placement était un service public assuré par l'ANPE, en contradiction au demeurant avec le droit européen. Il était nécessairement gratuit, les bureaux de placement payants étant interdits sauf autorisation spéciale (parfois accordée dans le spectacle par exemple). Mais peu à peu, les correspondants de l'ANPE se sont multipliés (ASSEDIC, AFPA, APEC, collectivités territoriales...) pour l'aider dans sa mission de placement. Se sont également développés sur le marché de l'emploi, en marge de la loi, de nombreux organismes de droit privé aux titres divers (conseil en recrutement, cabinet d'outplacement...). Enfin, le recrutement direct par l'entreprise, par voie de presse ou informatique, avait pris le dessus. À tel point qu'il était permis de douter de l'effectivité d'un monopole du service public du placement.

Depuis la loi du 18 janvier 2005, le Code du travail s'est doté d'une définition légale du placement et a élargi le cercle des organismes concourant au service public de l'emploi (qui comprend le service du placement), en y consacrant la place des organismes de droit privé.

78. Définition du placement – L'activité de placement consiste « à fournir, à titre habituel, des services visant à rapprocher offres et demandes d'emploi, sans que la personne physique ou morale assurant cette activité ne devienne partie aux relations de travail susceptibles d'en découler » [art. L. 310-1 (art. L. 5321-1 C. trav.)].

79. Service public de l'emploi – Le placement demeure une des missions principales du service public de l'emploi, celui-ci comprenant, selon l'art. L. 311-1 al. 1 (art. L. 5311-1 C. trav.), « le placement, l'indemnisation, l'insertion, la formation et l'accompagnement des demandeurs d'emploi ». Le service public de l'emploi est animé par trois étages d'institutions, les premières étant chargées d'assurer ce service public, alors que les secondes ne font qu'y concourir et les troisièmes y participer : 1) il est d'abord assuré à titre principal par les services de l'État, l'ANPE, l'AFPA et les ASSEDIC ; 2) peuvent aussi y concourir les collectivités territoriales et leurs groupements ; 3) peuvent enfin y participer les organismes publics ou privés dont l'objet consiste en la fourniture de services relatifs au placement, à l'insertion, à la formation et à l'accompagnement des demandeurs d'emplois, de même que les entreprises d'insertion – visés à l'art. L. 322-4-16 (art. L. 5132-1 C. trav.) et liés par convention à l'État –, les entreprises de travail temporaire et les agences de placement privé (ces dernières n'étant habilitées à agir qu'après déclaration préalable à l'autorité administrative).

§ 2. *Sélection des candidats*

80. Pertinence et loyauté – Que l'entreprise recrute directement, par l'intermédiaire du service public du placement ou à travers un cabinet privé, se pose la question des pratiques d'évaluation. Les libertés publiques et civiles des candidats à l'emploi sont protégées par la loi informatique et libertés du 6 janv. 1978 et l'art. 9 du Code civil selon lequel « chacun a le droit au respect de sa vie privée ». Mais il n'est pas rare que les recruteurs aient recours à des questionnaires portant atteinte à la vie privée du candidat ou aux libertés publiques ou se fient à de pseudosciences – astrologie, morphologie, numérologie –. Depuis la loi du 31 décembre 1992, le code édicte deux principes s'imposant à tout recruteur, celui de la pertinence des informations demandées [art. L. 121-6 (art. 1221-6 C. trav.)], et celui de la loyauté de la collecte de ces informations [art. L. 121-8 (art. 1221-9 C. trav.)]. Ce qui signifie, pour l'exigence de pertinence, que les informations demandées ne peuvent être recherchées que si elles présentent un lien direct et nécessaire avec l'emploi proposé ; le principe de loyauté a pour effet d'obliger l'employeur d'informer le candidat comme le comité d'entreprise ou, à défaut les délégués du personnel, sur les méthodes de recrutement [art. L. 432-2 (art. L. 4323-32 C. trav.)].

81. Sanction des règles – Le problème est évidemment celui de la sanction de ces règles. Un certain nombre d'instruments existent. Ainsi l'article L 122-45 (art. 1132-1 C. trav.) interdisant toute discrimination (en raison de la race, du sexe, de l'activité syndicale…) notamment à l'embauche [1]. L'article L. 122-45-1 (art. 1134-2 C. trav.) donne aux syndicats un droit de substitution pour agir en justice à la place des candidats discriminés. Le comité d'entreprise a un pouvoir de contrôle sur les méthodes de recrutement, et le délégué du personnel peut demander au juge de mettre fin à toute pratique discriminatoire de recrutement [art. L. 422-1-1 (art. 2313-2 C. trav.)]. Depuis 2004 toute personne victime d'une discrimination, toute association… peuvent saisir la Halde (Haute autorité de lutte contre les discriminations et pour l'égalité). Cette dernière dispose de pouvoirs, renforcés en 2006, d'investigation, de médiation, de saisine du juge des référés, d'information du procureur de la République… Son intervention devrait constituer notamment, un instrument de lutte contre la discrimination à l'embauche que le seul recours juridictionnel ne suffit pas à garantir, en raison de la liberté (constitutionnelle) pour l'employeur de choisir ses collaborateurs.

§ 3. *Conclusion du contrat de travail*

Comme tout contrat, le contrat de travail n'est conclu qu'à partir du moment où il y a rencontre entre la volonté de l'employeur et celle du candidat à l'emploi. L'employeur qui a fait publier une offre d'emploi, par exemple dans la presse, est toujours libre de refuser tel ou tel candidat ; responsable de l'entreprise, il doit pouvoir librement choisir ses collaborateurs. En toute hypothèse, le contrat n'est valablement conclu que si certaines conditions sont réunies, tant de fond (A) que de forme (B).

1. V. *infra* Les obligations des parties au contrat de travail, n° 134 et s.

A. Conditions de fond

82. Consentement libre et éclairé – Par application du droit commun, le consentement des parties ne doit pas avoir été vicié par l'erreur, le dol ou la violence ; le contrat ne peut être valablement conclu que s'il a un objet et une cause licites. Certains travaux sans être illicites sont interdits à certaines personnes : il en va ainsi des travaux pénibles et dangereux pour les femmes et les enfants ; est également interdit l'emploi des étrangers en situation irrégulière.
Si l'une des conditions de validité du contrat fait défaut, la sanction est la nullité (non rétroactive) du contrat.

B. Conditions de forme

83. Liberté de forme – La directive européenne du 14 octobre 1991 n'impose pas la rédaction d'un contrat écrit, mais oblige l'employeur à informer complètement le salarié sur les éléments essentiels du contrat de travail. Cette directive n'a pas été transposée. Aujourd'hui, le contrat de travail à durée indéterminée peut ne pas être passé par écrit. Cependant la délivrance obligatoire d'un bulletin de paye (art. R. 143-2 C. trav.) qui contient les précisions prévues par la directive (nom et adresse de l'employeur, référence de l'organisme de Sécurité sociale, convention collective applicable, rémunération, durée du travail...) paraît mettre le droit français en conformité. L'écrit qui n'est pas exigé comme condition de validité pour le contrat à durée indéterminée est utile néanmoins comme moyen de preuve. Le salarié rencontrera les plus grandes difficultés à prouver ses droits (quant au contenu de son emploi, sa qualification, le montant de son salaire et des primes...) sans écrit. Dans la pratique, il n'est pas rare qu'une lettre d'engagement soit conclue avant l'embauchage.

84. Exigence d'un écrit – En revanche, le Code du travail exige un écrit pour la conclusion de tous les contrats dérogatoires au contrat à durée indéterminée à temps plein (contrat à durée déterminée, contrat de travail temporaire, contrat de travail à temps partiel, contrat de travail intermittent, contrat « Nouvelles embauches », contrat de travail à temps partagé...).
Par ailleurs une déclaration unique d'embauche (DUE) doit être effectuée par l'employeur auprès de l'URSSAF préalablement à toute embauche. Ce formalisme, à la différence du formalisme exigé par la directive de 1991 dans la relation personnelle de travail entre l'employeur et le salarié, a pour objet la lutte contre le travail dissimulé ou illégal.

§ 4. *Période d'essai*

85. Période probatoire – C'est celle qui précède la conclusion définitive du contrat. Elle permet aux deux parties de s'assurer que la relation contractuelle peut se prolonger. Au salarié de vérifier que l'emploi proposé lui convient. En clair, elle permet surtout à l'employeur de vérifier les aptitudes professionnelles du salarié.
Le contrat de travail peut être rompu par chacune des deux parties à tout moment sans préavis, sans procédure, sans motif, sans indemnités. Le salarié est embauché sous condition.
Le législateur n'a pas, sauf exception, réglementé la période d'essai ; il faut donc se reporter aux dispositions de la convention collective ou du contrat de travail. À défaut de prévision d'une période d'essai par le contrat de travail ou la convention collective, l'engagement est considéré comme ferme dès le premier

jour. En d'autres termes, l'existence de la période d'essai ne se présume pas. Si la convention collective ne fixe pas la durée de la période d'essai, les parties sont libres de la déterminer, sous réserve d'abus, contrôlé par le juge. Cette durée est variable selon les catégories professionnelles, d'un à six mois en moyenne ; la durée doit être adaptée à la qualification du salarié : la durée de 6 mois conviendra à un cadre, mais sera excessive pour tester les capacités d'un employé. Le renouvellement de la période d'essai est possible d'un commun accord – l'accord du salarié devant être exprès avant le terme initialement prévu – ; il ne doit pas avoir un caractère abusif et ne peut conduire à dépasser la durée maximale éventuellement fixée par la convention collective.

Le principe est, on l'a vu, que le contrat peut être librement rompu par les parties pendant la période d'essai. Ce qui signifie que le régime du licenciement du Code du travail est évincé. La chambre sociale de la Cour de cassation a toutefois récemment décidé que l'invocation d'une faute entraînait l'obligation pour l'employeur de respecter la procédure disciplinaire. Par ailleurs la sanction civile de l'abus du droit de rompre s'applique. Le salarié dont la période d'essai est interrompue abusivement peut prétendre à des dommages-intérêts en réparation du préjudice subi (ex. brusque rupture 4 jours avant la fin de l'essai). Enfin, si la rupture a un motif discriminatoire au sens de l'art. L. 122-45 C. trav. (art. L. 1132-1 C. trav.), elle est nulle [1] (ex. discrimination en raison de l'état de santé : rupture de l'essai un jour après le retour d'un congé maladie).

Section III - Choix du modèle de contrat

Le contrat de travail à durée indéterminée est le contrat de droit commun. C'est ce qu'exprime l'article L. 121-5 (art. L. 1221-2 C. trav.) : « Le contrat de travail est conclu sans détermination de durée ». Ce contrat à durée indéterminée est à l'origine à temps plein. Le droit du travail s'est construit autour de lui. Il demeure le modèle théorique cependant que toutes sortes de contrats atypiques se développent à partir du choc pétrolier de 1973. D'où une multiplication des règles applicables qui fragilise le droit du travail lui-même.

Les premières dérogations portent sur la durée du contrat. Dans un premier temps, les entreprises restreignent l'embauche par contrat à durée indéterminée au noyau dur de l'activité constante et recourent à des contrats précaires à durée déterminée pour faire face aux besoins supplémentaires. Ces contrats sont peu à peu légalisés : contrat de travail temporaire d'abord – loi du 3 janv. 1972 – puis contrat de travail à durée déterminée – loi du 3 janv. 1979 –. Le premier donne lieu à une relation triangulaire entre le salarié, l'entreprise de travail temporaire et l'entreprise utilisatrice qui a pour effet de fragiliser les droits des salariés.

Puis la dérogation a porté sur la durée du travail. Les entreprises ont développé le recours au temps partiel. Il est reconnu par l'ordonnance du 26 mars 1982. Autorisant le recours à des « heures complémentaires », il donne des facilités équivalentes à celles du travail temporaire. Mais l'annualisation du temps partiel – c'est-à-dire la modulation du temps partiel – devenant source d'une trop grande précarité, la loi du 19 janvier 2000 a donné des règles plus contraignantes au contrat de travail intermittent.

1. V. *infra* Sanction du licenciement illicite.

Avec la loi du 2 août 2005, des entreprises – dites entreprises de travail à « temps partagé » – sont autorisées à partager le temps de travail de leurs salariés auprès d'entreprises clientes. Comme dans le contrat de travail temporaire, la relation de travail est triangulaire.
L'ordonnance du 2 août 2005 créant le CNE – contrat « Nouvelles embauches » –, autorisé dans les entreprises de moins de vingt salariés, met en œuvre un troisième procédé de dérogation mettant à mal le droit du licenciement lequel constitue le pivot du contrat à durée indéterminée. Il ne s'agit plus de dérogation à la durée du contrat ou à la durée du travail mais d'exclusion (pendant deux ans) des règles de rupture du contrat de travail à durée indéterminée. Et donc de remise en cause du modèle de droit commun.
L'adoption du CPE – contrat « Première embauche » – ouvert à toutes les entreprises pour les jeunes avec ou sans qualification, abrogé en raison de la résistance populaire, avait tenté d'accentuer l'évolution.
Outre tous ces contrats atypiques dont la finalité est économique – adapter l'emploi aux besoins de l'entreprise, faciliter le licenciement –, les pouvoirs publics favorisent depuis 1977, dans le cadre des politiques d'emploi, le recours à d'autres variétés de contrats. Ces contrats – à durée déterminée ou à durée indéterminée –, concernant les jeunes, les chômeurs de longue durée, les bénéficiaires des minima sociaux (notamment du RMI) – ont une double fonction : d'insertion – réduire le chômage des jeunes – et de formation en alternance – adapter une formation théorique aux besoins des entreprises. Ce sont le plus souvent des contrats « aidés », c'est-à-dire bénéficiant d'une aide forfaitaire de l'État et/ou d'une exonération de charges sociales. La rémunération offerte aux bénéficiaires de ces contrats est au moins égale au SMIC, sauf dans le cadre des formations en alternance.
Tous les contrats atypiques sont soumis à des conditions particulières. À défaut, il y a lieu à requalification en contrat à durée indéterminée de droit commun.
On distingue donc les contrats à durée indéterminée des contrats à durée déterminée (§ 1). On sait également qu'au lieu d'être à temps plein, un contrat de travail peut être à temps partiel ou intermittent (§ 2). Plus récemment, le législateur offre aux entreprises un contrat dérogeant aux règles du licenciement, le CNE (§ 3). Il prétend aussi faciliter l'embauche en multipliant les contrats « aidés » (§ 4). Enfin, au lieu d'embaucher directement, l'employeur peut recourir à une entreprise de fourniture de main-d'œuvre (§ 5).

§ 1. *Les contrats de travail à durée indéterminée ou à durée déterminée*

Dans l'hypothèse d'un recrutement direct, les entreprises ont toujours eu le choix entre un contrat à durée indéterminée ou un contrat à durée déterminée. Cependant, le contrat à durée indéterminée fut longtemps le modèle le plus utilisé. Le contrat à durée déterminée n'était pas inconnu : il garantissait une grande sécurité juridique – une durée d'emploi d'un certain nombre d'années déterminé à l'avance, ou jusqu'à l'âge de la retraite –, alors que le contrat à durée indéterminée pouvait être rompu à tout moment.
Aujourd'hui, le contrat à durée déterminée a changé de fonction : permettant pour l'employeur une gestion flexible de la main-d'œuvre, il est un instrument de précarisation de l'emploi pour le salarié. Même si le contrat à durée déterminée a connu un grand essor, le contrat à durée indéterminée reste la règle de principe, le contrat de droit commun, celui vers lequel il faut se tourner en

l'absence de motif justifiant le recours à un contrat à durée déterminée. Rappelons-le, aux termes de l'article L. 121-5 (art. L. 1221-2 C. trav.), « *le contrat de travail est conclu sans détermination de durée* ».

Étant un contrat d'exception, le contrat à durée déterminée ne peut être conclu que dans les cas définis par la loi (A). Il offre au salarié des droits comparables à ceux du salarié permanent (B). Il ne peut être rompu avant terme qu'exceptionnellement(C).

A. Recours au contrat de travail à durée déterminée

86. Conditions de recours – Le Code du travail soumet le contrat de travail à durée déterminée à des règles d'ordre public le limitant de deux façons, d'abord par une restriction d'ordre général, ensuite par une liste limitative de recours.

87. Restriction d'ordre général – Le contrat à durée déterminée – « quel que soit son motif » – ne peut avoir pour objet de pourvoir un emploi lié à l'activité normale et permanente de l'entreprise [art. L. 122-1 (art. L. 1242-1 C. trav.)] ; il ne peut être conclu que pour l'exécution d'une tâche précise et temporaire et seulement dans les cas énumérés à l'article L. 122-1-1 et L. 122-2 (art. L. 1242-2 et L. 1242-3 C. trav.). Les cas de recours sont un peu plus larges que ceux prévus pour le travail intérimaire [1].

88. Liste limitative – Il y a, d'une part, les cas de recours prévus par l'article L. 122-1-1 (art. L. 1242-2 C. trav.), identiques à ceux du travail intérimaire ; la liste limitative vise : 1) le remplacement d'un salarié en cas d'absence (pour maladie par exemple) ou en raison de son départ définitif précédant la suppression de son poste de travail ; 2) l'accroissement temporaire de l'activité de l'entreprise ; 3) les variations d'activités en raison des saisons (emplois saisonniers) ou dans les secteurs où il est d'usage de ne pas recourir au contrat à durée indéterminée (extras de l'hôtellerie, professionnels du spectacle…). L'article L. 122-2 (art. L. 1242-3 C. trav.) indique, d'autre part, que le contrat de travail peut également être conclu pour une durée déterminée :

1) en vue de favoriser l'embauche de « certaines catégories de personnes sans emploi » ;

2) lorsque l'employeur s'engage à assurer un complément de formation professionnelle au salarié.

Sont conclus à ce titre pour une durée déterminée les contrats d'accompagnement dans l'emploi, les contrats d'avenir et les contrats d'insertion – revenu minimum d'activité. Le législateur est plus souple pour les contrats initiative emploi et les contrats de professionnalisation, qui peuvent être soit à durée déterminée, soit à durée indéterminée. En revanche, sont exclusivement à durée indéterminée les contrats conclus dans le cadre du dispositif de « soutien à l'emploi des jeunes » (SEJE).

Enfin, un contrat à durée déterminée ne peut être conclu pour remplacer un gréviste ou pour certains travaux particulièrement dangereux figurant sur une liste établie par arrêté ministériel [art. L. 122-3 (art. L. 1242-6 C. trav.)]. La conclusion pour accroissement temporaire d'activité d'un contrat à durée déterminée est provisoirement interdite dans les six mois qui suivent un licenciement économique (art. L. 1242-5 C. trav.).

1. V. *infra* § 5, n° 122 et s.

89. Conditions de forme – Comme le contrat intérimaire, le contrat à durée déterminée doit être rédigé par écrit. Outre la mention de l'objet du contrat – qui doit correspondre à un cas de recours autorisé –, certaines indications sont obligatoires. À défaut d'écrit ou des mentions obligatoires, le contrat de travail à durée déterminée est requalifié en contrat à durée indéterminée.

90. Durée, renouvellement, succession de contrats – Il faut distinguer les contrats de date à date, qui ont donc un terme précis, des contrats à durée déterminée sans durée précise. Le contrat de date à date a une durée de 18 mois maximum, s'il est conclu pour l'exécution d'une tâche précise et temporaire. Le contrat peut être conclu sans durée précise – le terme étant incertain – lorsqu'il a pour objet de remplacer un salarié absent pour maladie dont on ne connaît pas la date de retour. Il a alors pour terme la fin de l'absence du salarié remplacé ou la réalisation de l'objet pour lequel il a été conclu.
Le contrat de date à date peut être renouvelé une seule fois dans la limite de dix-huit mois. Le contrat à terme incertain ne peut pas être renouvelé.
La succession de contrats à durée déterminée sur un même poste, avec un même salarié ou un autre salarié, doit respecter un délai de carence (égal au tiers du temps ou à la moitié du temps du contrat précédent selon les cas : art. L. 122-3-11 C. trav.). Cette interdiction a pour but d'éviter que par des recrutements successifs, un employeur précarise un emploi permanent. Elle est levée lorsque le contrat à durée déterminée qui vient de se terminer était soit un contrat saisonnier, soit un contrat dans un secteur d'activité où il est d'usage de recourir au contrat à durée déterminée, soit enfin si le contrat avait pour objet de remplacer un travailleur absent.

B. Situation du salarié sous contrat à durée déterminée

91. Égalité des droits – L'article L. 122-3-3 (art. L. 1242-14 C. trav.) affirme clairement ce principe de l'égalité des droits légaux, conventionnels ou résultant des usages professionnels. La violation de l'égalité de rémunération entre les salariés permanents et les salariés embauchés par contrat à durée déterminée, est sanctionnée pénalement. Les seules différences concernent la rupture du contrat de travail. La portée de ce principe de l'égalité des droits est cependant limitée dans les faits, car de nombreux droits sont liés à l'ancienneté du salarié dans l'entreprise. Les titulaires de ces contrats seront donc privés de certains droits, faute d'ancienneté suffisante.

92. Garantie spécifique – Par contre, les salariés embauchés par contrat à durée déterminée bénéficient d'une indemnité spécifique liée à la précarité (indemnité de 10 % du salaire brut à l'issue du contrat).

C. Rupture et sanctions

93. Échéance et interdiction de la rupture anticipée – En principe, la fin du contrat coïncide avec l'arrivée du terme ou la cessation du motif pour lequel il a été recouru au contrat. L'interdiction de la rupture avant terme s'impose aux deux parties ; toutefois, le salarié qui justifie d'une embauche pour une durée indéterminée auprès d'un autre employeur peut rompre unilatéralement son contrat. Le contrat à durée déterminée est donc source d'une certaine stabilité – née de la prévision d'un terme qu'un employeur doit nécessairement respecter –, même s'il reste par essence précaire. Exceptionnellement, le contrat à durée déterminée peut être rompu avant terme pour des motifs strictement énumérés par la loi – la faute grave, la force majeure, l'accord des parties – qui s'ajoutent à la possibilité offerte au salarié de rompre le contrat en cas d'embauche à durée indéterminée. Ni la maladie ni l'insuffisance professionnelle ne sont constitutives d'une faute grave. L'inaptitude après un accident du travail, les difficultés économiques de l'entreprise ne constituent pas un cas de force majeure.

94. Sanction en cas d'utilisation irrégulière – Elle consiste dans la requalification du contrat opérée par le Conseil de Prud'hommes au terme d'une procédure accélérée. C'est au seul salarié à se prévaloir de la requalification. L'employeur ne peut invoquer cette requalification, alors même que l'indemnisation liée à la fin d'un contrat à durée indéterminée – s'il est de brève durée – est parfois plus modeste que les indemnités de fin de contrat à durée déterminée. La requalification est une sanction efficace si le salarié obtient la poursuite du contrat pour une durée indéterminée. Les syndicats représentatifs peuvent se substituer au salarié, s'il ne s'y oppose pas, pour agir en requalification.
La violation des cas d'utilisation commise par l'employeur expose également celui-ci à des sanctions pénales [art. L. 152-1-4 (art. L. 1248-1 et L. 1248-2 C. trav.)].

95. Précarité généralisée – Le recours massif aux contrats de travail à durée déterminée, comme au travail temporaire [1] est l'instrument d'une gestion du personnel orientée vers une rentabilité maximale du coût du travail. Il a considérablement aggravé le sort des salariés. Sa logique est celle d'un droit du travail à deux vitesses, opposant le personnel régulier – noyau dur de l'entreprise – au personnel fluctuant. Le contrat à durée indéterminée, norme au sens juridique, n'est plus la norme au sens sociologique. La situation est semblable dans toute l'Europe : une directive du 28 juin 1999, comme la loi française, assure une égalité de traitement entre les salariés, quel que soit leur contrat, mais ne contient aucun frein réel à la multiplication des contrats à durée déterminée. Connaissant mal le milieu du travail au sein duquel ils sont inopinément plongés, il est manifeste que les travailleurs précaires sont plus que d'autres exposés aux risques d'accident du travail et de maladie professionnelle. Une directive européenne du 25 juin 1991, transposée en droit français, impose quelques mesures spécifiques préventives relativement à leur santé et à leur sécurité.

§ 2. *Les contrats de travail dits à « temps choisi » : temps partiel et travail intermittent*

96. Sources – Le contrat de travail à temps partiel est régi par les art. L. 212-4-2 et s. (art. L. 3123-1 et s. C. trav.). Le contrat de travail intermittent relève des art. L. 212-4-12 et s. du même code (art. L. 3123-31 et s. C. trav.).

97. Définition et régime – La loi redéfinit le temps partiel afin de mettre le droit français en conformité avec la directive européenne du 15 décembre 1997. Il y a temps partiel lorsque la durée du travail est inférieure (même d'une heure) à la durée légale. Le recours au temps partiel peut résulter d'un accord collectif d'entreprise ou d'une décision unilatérale après avis des représentants du personnel. Faute de ceux-ci, le temps partiel sera bel et bien imposé et non choisi.

1. V. *infra* n° 122 et s.

Le contrat de travail, alors nécessairement écrit, doit garantir au salarié pleine connaissance de la répartition des durées travaillées entre les jours et les semaines –, comporter un délai de prévenance, définir et limiter le recours à des heures « complémentaires », que le salarié peut toujours refuser d'accomplir.

Le temps partiel peut être modulé (comme le prévoyait la loi depuis 1993 sous le nom de travail à temps partiel de longue durée ou annualisé) ; on tombe alors dans ce que la loi Aubry – faisant ressurgir un procédé abandonné – appelle soit temps partiel modulé, soit travail intermittent. Il est fait d'alternance de périodes travaillées et non travaillées. Il nécessite la conclusion d'un accord collectif caractérisant les emplois permanents qui, par nature, comportent une telle alternance.

Celui qui travaille à temps partiel est à égalité de régime avec le travailleur à temps plein, moyennant réduction proportionnelle de ses droits. Le travail partiel sur demande du salarié est une possibilité toujours ouverte. La loi Aubry II a supprimé l'exonération de charges sociales de 30 % correspondant au temps partiel, destinée à encourager cette pratique, que la réduction de la durée du travail rend moins nécessaire.

Le travailleur à temps partiel qui souhaite passer au temps plein bénéficie d'une priorité au cas d'embauche.

On signalera que rien n'interdit en droit d'occuper une pluralité d'emplois à temps partiel. C'est la pluri-activité (deux emplois salariés ou une activité salariée, l'autre indépendante). Toutefois les difficultés objectives (de transport, d'horaires incompatibles dans les différentes entreprises) font de ces contrats « dits choisis » un leurre pour les salariés empêchés – en fait – de travailler plus pour gagner plus, ou s'ils y parviennent au prix d'une aggravation importante de leurs conditions de travail.

§ 3. *Les contrats de travail dérogeant aux règles du licenciement : contrat « Nouvelles embauches » (CNE) et contrat « Première embauche » (CPE)*

À la suite de l'adoption du CNE (A) – qui se caractérise par les facilités offertes à l'employeur pour licencier son salarié pendant les deux premières années –, le Parlement avait créé, sous l'impulsion du Premier ministre Villepin, un contrat similaire à destination des jeunes : le contrat « Première embauche ». Mais ce CPE n'a pas résisté à l'opposition populaire. Il a été rapidement abrogé pour être remplacé par le renforcement de mesures existantes (B).

A. Le contrat « Nouvelles embauches »

98. *Objectif* – Issu de l'ordonnance du 2 août 2005, ce contrat de travail ne fait pas l'objet d'une réglementation codifiée. Il procède d'une nouvelle politique législative : le droit du travail ne s'intéresserait qu'à la protection de l'emploi, au détriment des facilités qu'il faudrait offrir pour faciliter l'embauche. Le CNE se veut ainsi nouvel instrument d'embauche conciliant mieux le droit à l'emploi et la liberté d'entreprendre…

99. *Employeurs concernés* – Ce contrat de travail intéresse les entreprises du secteur marchand qui emploient au plus 20 salariés. Sont exclus de ce champ les entreprises publiques, les EPIC, les établissements publics assurant tout à la fois une mission de service public à caractère administratif et à caractère indus-

triel et commercial, les entreprises adaptées (pour handicapés) et les centres de distribution du travail à domicile.

100. Durée et forme – Le contrat « Nouvelles embauches » est conclu sans détermination de durée, que ce soit à temps partiel ou à temps plein. Il doit être établi par écrit, à la différence du contrat à durée indéterminée classique. L'absence d'écrit devrait entraîner la requalification en contrat de travail à durée indéterminée régi par le droit commun du licenciement (certains Conseils de Prudhommes l'ont déjà admis).

101. Objet – Dérogatoire au droit commun, le contrat « Nouvelles embauches » est néanmoins un contrat à durée indéterminée. Il peut donc, dans les PME, servir à pourvoir durablement un emploi lié à l'activité normale et permanente de l'entreprise (ce que seul le contrat à durée indéterminée de droit commun pouvait faire jusqu'alors), mais aussi à supplanter les formules de travail précaire. Toutefois, il existe une restriction : il ne peut être conclu pour pourvoir les emplois mentionnés au 3e de l'art. L. 122-1-1 (art. L. 1242-2 C. trav.), c'est-à-dire les emplois à caractère saisonnier (hôtellerie) ou ceux des secteurs où il est d'usage de ne pas recourir au contrat à durée indéterminée (spectacle).

102. Succession de contrats – L'employeur qui rompt un CNE au cours des deux premières années ne peut conclure le même type de contrat avec le même salarié « avant que ne soit écoulé un délai de trois mois à compter du jour de la précédente rupture ». On peut donc imaginer la succession de deux CNE avec la même personne ; pourrait-on multiplier à l'infini cette succession ? On risque ici de verser dans la fraude à la législation des contrats à durée indéterminée ; un seul renouvellement semble possible avec la même personne. Mais si la personne est différente, la succession est possible et la condition des trois mois ne s'applique pas.

103. Particularisme – Le contrat « Nouvelles Embauches » est soumis au droit du travail, sauf en ce qui concerne la rupture. Il peut être rompu à l'initiative de l'employeur dans des conditions dérogatoires. Les textes relatifs au licenciement pour motif personnel et économique sont exclus [1]. La rupture peut ne pas reposer sur une cause réelle et sérieuse. À tout le moins doit-elle être exempte d'abus (ex. brusque rupture vexatoire) ou de discrimination (ex. rupture en raison de la grossesse). L'abus donnera lieu à versement de dommages-intérêts. Toute discrimination au sens de l'art. L. 122-45 C. trav. [(L. 1132-1 C. trav.)] rend la rupture nulle [2]. Le droit du licenciement économique [3] ne s'applique pas sauf en ce qui concerne la réunion et la consultation des délégués du personnel. Exclue du droit du licenciement la rupture du CNE l'est aussi des règles de rupture du contrat de travail à durée déterminée (en principe impossible à rompre avant le terme [4]). Ainsi la période de deux ans, loin d'être une période de garantie d'emploi est une période de précarité accentuée. Elle a été présentée avec un certain cynisme comme une période de « consolidation ».

---

1. La conformité de cette exclusion à la Convention n° 158 de l'OIT fait l'objet de contentieux : V. supra n° 18 al. 3.
2. V. *infra* n° 237.
3. V. *infra* n° 238 et s.
4. V. *supra* n° 93 et s.

La rupture doit être notifiée par lettre recommandée avec accusé de réception. Si la démission est discrétionnaire et sans préavis, en revanche la rupture à l'initiative de l'employeur nécessite le respect d'un préavis dès lors que le salarié a un mois d'ancienneté dans l'entreprise. Jusqu'à six mois d'ancienneté le préavis est de deux semaines, au-delà le préavis est d'un mois. Lorsqu'il est à l'initiative de la rupture, l'employeur doit – sauf s'il peut invoquer une faute grave de son salarié – une indemnité égale à 8 % du montant global de la rémunération brute due au salarié depuis la conclusion du contrat. Il doit également à l'ASSEDIC une contribution de 2 % de la rémunération brute déjà versée. On ne peut donc affirmer que ce type de contrat contribue à réduire le coût d'une rupture, au regard du régime de rupture des contrats à durée déterminée, des contrats de travail temporaire et des contrats à durée indéterminée. Il a pour objet de faciliter le licenciement.

Si le salarié ne peut prétendre à être indemnisé au titre du régime d'assurance chômage (car il faut disposer d'au moins 6 mois d'affiliation auprès des Assedic), il a droit, après 4 mois, à une allocation forfaitaire au titre du régime de solidarité pendant un mois. La contestation de la rupture se prescrit par 12 mois à compter de l'envoi de la lettre de rupture.

104. Vers la fin du contrat de travail à durée indéterminée ? – Les textes les plus récents ajoutent à la multiplicité des contrats dérogatoires à la durée du contrat et du temps de travail, l'ébranlement du contrat à durée indéterminée dans ses fondements mêmes, le régime juridique du licenciement. Il ne s'agit plus seulement de droit du travail à deux vitesses, mais de remise en cause du droit du travail lui-même, dont rien n'assure que ce soit le prix à payer pour favoriser l'embauche et la réduction du chômage. En outre la multiplication des contentieux non seulement sur la conformité du CNE à la convention 158 de l'OIT [1], mais encore la méconnaissance par les employeurs des dispositions spécifiques du CNE (relatives à sa formation – exigence d'un écrit – ou à sa rupture – abusive ou nulle – fait douter de la fiabilité de l'instrument pour les employeurs même.

B. Le contrat « Première embauche » et son remplacement

105. Champ d'application – Le contrat « Première embauche » (CPE) était construit sur un modèle similaire à celui du CNE. Il en différait essentiellement par les employeurs concernés – entreprises du secteur marchand de plus de 20 salariés – et le public éligible – jeunes de moins de 26 ans, qualifiés ou non qualifiés. Ce contrat avait été mis en place par la loi n° 2006 du 31 mars 2006, le président de la République ayant cependant immédiatement demandé, sous la pression des manifestations de jeunes étudiants et lycéens, à ce qu'il ne s'applique pas. La loi n° 2006-457 du 21 avril 2006 sur l'accès des jeunes à la vie active en entreprise l'a fait disparaître au profit du renforcement de deux dispositifs existants : le SEJE (soutien à l'emploi des jeunes en entreprises : contrats jeunes en entreprise) et le CIVIS (contrat d'insertion dans la vie sociale).

106. Contrats jeunes en entreprises – Ce contrat de travail à durée indéterminée avait été créé en 2002 pour favoriser dans les entreprises du secteur marchand l'accès à l'emploi des jeunes sans qualification. Son champ d'application est élargi [art. L. 322-4-17-3 (art. L. 5134-1 C. trav.)] : il s'ouvre aux jeunes âgés de seize à vingt-cinq ans dont le niveau de formation est inférieur à celui d'un

1. V. *supra* n° 18-3.

diplôme de fin de second cycle long de l'enseignement général, technologique ou professionnel, aux jeunes âgés de seize à vingt-cinq ans révolus qui résident en zone urbaine sensible, ainsi qu'aux jeunes titulaires d'un contrat d'insertion dans la vie sociale (CIVIS).
Ce contrat à durée indéterminée, qui peut être à temps plein ou à temps partiel, doit prévoir une durée du travail au moins égale à la moitié de la durée du travail de l'établissement. Il fait l'objet d'une aide dégressive de l'État accordée pour deux ans. Ce soutien est cumulable avec les réductions et les allégements de cotisations. Les employeurs embauchant des jeunes en contrat de professionnalisation à durée indéterminée pourront également bénéficier de ce soutien.

107. CIVIS – Le contrat d'insertion dans la vie sociale n'est pas un contrat de travail, même si le bénéficiaire est affilié au régime général de Sécurité sociale. Conclu avec l'État, il a pour objet d'offrir aux jeunes de seize à vingt-cinq ans rencontrant des « difficultés particulières d'insertion sociale et professionnelle » un « accompagnement personnalisé » en vue de faciliter leur accès à l'emploi (art. L. 5131-4 C. trav.). Ce contrat fixe les engagements du bénéficiaire en vue de son insertion professionnelle, les actions engagées à son profit et leur évaluation. Le jeune est suivi par un référent – en principe, un éducateur spécialisé travaillant pour les missions locales [1] et les PAIO [2] – qui est chargé de lui proposer quatre types d'actions : un emploi, notamment en alternance, précédée éventuellement d'une « période de formation probatoire », une formation professionnalisante, une action « spécifique pour les personnes connaissant des difficultés particulières d'insertion » ou une assistance dans sa recherche d'emploi ou sa démarche de création d'entreprise.

§ 4. *Les contrats « aidés » : contrats d'insertion et de formation*

Ces contrats de travail de droit privé ont pour objet soit de faciliter l'insertion ou la réinsertion de personnes connaissant de grandes difficultés d'accès à l'emploi (§ 1), soit d'offrir une formation en alternance aux personnes désireuses d'adapter leurs qualifications aux exigences de l'entreprise (§ 2).

A. Contrats d'insertion

108. Objectifs – Les contrats aidés n'ont pas cessé de se multiplier dans le cadre des politiques d'emploi engagées depuis 1977. Ces contrats de travail de droit privé sont souvent précaires. Ils bénéficient d'aides de l'État qui, de ce fait, devrait exercer un contrôle sur leur utilisation. L'objectif est double : il est d'abord, pour l'employeur, de réduire le coût de la force de travail afin de l'inciter à recruter. Il est ensuite, du côté salarié, de faciliter l'insertion ou la réinsertion de personnes qui connaissent des difficultés particulières d'accès à l'emploi : titulaires du RMI, chômeurs de longue durée, etc.

109. Plan de cohésion sociale – L'ensemble des contrats aidés a été remodelé par la loi du 18 janvier 2005. Des anciens dispositifs, il ne reste dans le secteur

1. Les missions locales sont des associations ou des groupements d'intérêt public constitués entre l'État, des collectivités territoriales, des établissements publics, des organisations professionnelles et syndicales et d'autres associations. Elles ont pour objet d'aider les jeunes à résoudre l'ensemble des problèmes posés par leur insertion professionnelle et sociale [art. L. 311-10-2 (art. L. 5314-1 C. trav.)]
2. PAIO : permanences d'accueil, d'information et d'orientation.

marchand que le contrat initiative emploi – créé par la loi du 4 août 1995 – et le contrat d'insertion-revenu minimum d'activité – créé par la loi du 18 déc. 2003 **(1)**. Le contrat d'accompagnement dans l'entreprise et le contrat d'avenir ont remplacé dans le secteur non marchand le contrat emploi solidarité et le contrat emploi consolidé **(2)**.

1. Dans le secteur marchand

110. Contrat initiative-emploi – Le contrat initiative emploi (CIE) a fait l'objet d'une profonde réforme dans le cadre de la loi de programmation pour la cohésion sociale du 18 janvier 2005. Il est destiné à permettre un retour à l'emploi des personnes rencontrant des difficultés importantes d'accès à l'emploi. Il ouvre droit, pour les employeurs concernés – employeurs du secteur marchand (secteur privé dont les employeurs sont assujettis au régime d'assurance-chômage) – à un certain nombre d'aides. Le salarié bénéficie d'un véritable contrat de travail à durée déterminée ou indéterminée – assorti d'une rémunération au moins égale au SMIC – et d'actions de formation et d'accompagnement spécifiques. La conclusion du CIE nécessite au préalable la conclusion d'une convention administrative avec l'ANPE.

111. Contrat d'insertion – revenu minimum d'activité (CI-RMA) – Ce contrat de travail est à destination des bénéficiaires de certaines allocations – revenu minimum d'insertion (RMI), allocation de solidarité spécifique (ASS), allocation de parent isolé (API), allocation aux adultes handicapés (AAH) – qui rencontrent des difficultés particulières d'accès à l'emploi. Ne peuvent prétendre à ce dispositif que les personnes dont les droits à l'une ou l'autre de ces allocations ont été ouverts depuis au moins 6 mois au cours des 12 derniers mois à la date de conclusion de la convention signée par l'employeur.

Le salarié embauché bénéficie d'un contrat à durée déterminée ou d'un contrat de travail temporaire ; ces contrats sont à temps partiel – 20 h minimum par semaine – ou à temps plein, d'une durée de 6 mois minimum renouvelable 2 fois dans la limite de 18 mois. Depuis la loi du 23 mars 2006, le CI-RMA peut également être conclu à durée indéterminée. L'employeur doit signer avant l'embauche une convention avec l'ANPE ou le Conseil général et bénéficie, pour chaque contrat, d'une aide spécifique. Le bénéficiaire du CI-RMA perçoit de l'employeur un revenu minimum d'activité, et continue de percevoir son allocation diminuée, en principe, du montant de l'aide versée par le département à l'employeur.

Le CI-RMA peut faire l'objet d'une suspension, à la demande du salarié, afin de lui permettre d'effectuer une période d'essai afférente à une offre d'emploi visant une embauche, en contrat à durée indéterminée ou à durée déterminée au moins égale à six mois. En cas d'embauche à l'issue de cette période d'essai, le contrat est rompu sans préavis. Le CI-RMA peut aussi faire l'objet d'une rupture anticipée dans certaines situations. Il peut être rompu avant son terme par l'employeur en cas de faute grave ou de force majeure. Il peut également l'être, à l'initiative du salarié, lorsque celui-ci justifie d'une embauche pour une durée indéterminée ou pour une durée déterminée au moins égale à 6 mois, ou du suivi d'une formation conduisant à une qualification.

2. Secteur non marchand

112. Contrat d'accompagnement dans l'emploi – L'embauche en contrat d'accompagnement dans l'emploi (CAE) est réservée, du côté patronal, aux employeurs du secteur non marchand (collectivités territoriales et leurs groupements ; autres personnes morales de droit public ; organismes de droit privé à but non lucratif – associations loi 1901, organismes de Sécurité sociale, mutuelles et organismes de retraite complémentaire et de prévoyance, comité d'entreprise, fondations...– ; et personnes morales de droit privé chargées de la gestion d'un service public – régies de transport, établissements de soins...–). Du côté salarié, il est réservé aux personnes sans emploi « rencontrant des difficultés sociales et professionnelles particulières d'accès à l'emploi » (chômeurs de longue durée, etc.). Les contrats d'accompagnement dans l'emploi, qui sont des contrats de droit privé, doivent porter sur des emplois visant à satisfaire des besoins collectifs non satisfaits. Ils correspondent à des contrats à durée déterminée et sont conclus pour une durée minimale de 6 mois, renouvelable deux fois dans la limite de 24 mois (sous réserve du renouvellement préalable de la convention passée entre l'employeur et l'État).

113. Contrat d'avenir – Créés par la loi du 18 janvier 2005, les contrats d'avenir (CA) sont destinés à permettre le retour à l'emploi des personnes bénéficiant depuis au moins 6 mois du RMI, de l'allocation de solidarité spécifique (ASS), de l'allocation de parent isolé (API) ou de l'allocation aux adultes handicapés (AAH). L'employeur doit appartenir au secteur non marchand. L'employeur bénéficie d'aides publiques. La conclusion du contrat d'avenir nécessite la signature préalable d'une convention entre le salarié, l'employeur, le président du conseil général ou le maire et le représentant de l'État (ANPE). Cette convention est conclue pour une durée de 2 ans, renouvelable pour 12 mois. Le salarié embauché bénéficie ensuite d'un contrat à durée déterminée de 2 ans à temps partiel (renouvelable 12 mois au maximum) et d'actions de formation et d'accompagnement. Il perçoit un salaire calculé au minimum sur la base d'un SMIC et continue de percevoir son allocation (RMI, ASS, API, ou AAH), diminuée en principe du montant de l'aide forfaitaire versée à l'employeur.

114. Discussion – On peut douter de l'efficacité de ces différents dispositifs en tant qu'instruments de lutte contre le chômage. Les entreprises perçoivent une aide étatique pour des embauches dont rien ne dit qu'elles n'auraient pas eu lieu de toute façon. Plutôt que de créer des emplois durables, ces différents contrats servent en grande partie à dissimuler le chômage persistant.

B. Contrats de formation en alternance

Les contrats de formation en alternance sont de deux types : soit ils servent de support à une formation initiale – ils prennent la forme du contrat d'apprentissage (A) –, soit ils permettent de compléter une formation déjà acquise – il s'agit alors de contrats de professionnalisation – (B).

1. Contrat d'apprentissage

115. Finalité – L'apprentissage s'adresse, en principe, aux jeunes de 16 à 25 ans ayant satisfait à l'obligation scolaire et leur ouvre l'accès à une formation générale, théorique et pratique, en vue de l'obtention d'une qualification professionnelle sanctionnée par un diplôme de l'enseignement professionnel ou technologique, un titre d'ingénieur ou un titre répertorié. Il s'appuie sur le principe d'une formation en alternance, le jeune partageant son temps entre une activité professionnelle auprès d'un employeur en vue de l'apprentissage d'un métier,

et des formations théoriques dispensées au sein d'un centre de formation des apprentis (CFA). La durée du contrat varie de 1 à 3 ans en fonction du métier visé et de la qualification espérée.
Depuis la loi du 31 mars 2006, les élèves ayant atteint l'âge de quatorze ans peuvent aussi être admis à suivre une formation alternée, dénommée « formation d'apprenti junior », visant à l'obtention, par la voie de l'apprentissage, d'une qualification professionnelle (art. L. 337-3 du Code de l'éducation). Cette formation comprend un parcours d'initiation aux métiers effectué sous statut scolaire dans un lycée professionnel ou un centre de formation d'apprentis, puis une formation en apprentissage.

116. Maître d'apprentissage ou équipe tutorale – L'apprenti est obligatoirement suivi dans l'entreprise par un maître d'apprentissage, voire – depuis la loi du 18 janvier 2005 – par une équipe tutorale (composée de plusieurs salariés, dont l'un d'entre eux assume le rôle de maître d'apprentissage référent). Le maître d'apprentissage, qui est soit le chef de l'entreprise, soit l'un de ses salariés, a pour mission de contribuer à l'acquisition par l'apprenti des compétences nécessaires à l'obtention du titre ou du diplôme préparé, en liaison avec le CFA.

117. Caractéristiques du contrat – Le contrat d'apprentissage est un contrat de travail de type particulier qui doit nécessairement être passé par écrit. Il doit faire l'objet d'un enregistrement auprès de l'administration chargée de l'application de la législation du travail et des lois sociales dans la branche d'activité à laquelle se rattache la formation prévue par le contrat. Cet enregistrement peut être refusé dans un délai de 15 jours si le contrat ne satisfait pas toutes les conditions prévues par les art. L. 117-1 à L. 117-12 C. trav. (V. art. L. 6224-2 C. trav.).
Le contrat d'apprentissage oblige l'employeur à offrir à l'apprenti une formation méthodique et complète conduisant à la qualification visée par le contrat, en lui confiant des tâches en relation directe avec la formation prévue dans le contrat. L'employeur doit également permettre à l'apprenti de suivre la formation dispensée par le CFA, celle-ci étant comprise dans le temps de travail.

118. Conditions de travail – L'apprenti est soumis aux règles applicables à tout salarié, sous réserve de certaines particularités, lorsqu'il a moins de 18 ans, concernant la durée du travail et la nature de l'emploi (interdiction de lui confier des travaux dangereux, sauf sur autorisation du médecin du travail). Sa rémunération, qui correspond à un pourcentage du SMIC, varie selon l'âge et son ancienneté dans le cycle de formation.

119. Particularisme de la rupture du contrat – Pendant les 2 premiers mois du contrat – assimilés à une période d'essai –, le contrat peut être rompu à l'initiative de l'employeur ou de l'apprenti. À l'issue de cette période, le contrat ne peut être rompu que dans certaines conditions : il peut faire l'objet d'une résiliation conventionnelle (accord des parties). Il peut également faire l'objet d'une résiliation judiciaire prononcée par le conseil de prud'hommes, en cas de faute grave, de manquements répétés de l'une des parties à ses obligations ou en raison de l'inaptitude de l'apprenti à exercer le métier auquel il voulait se préparer.

2. Contrat de professionnalisation

120. Finalité – Par un accord national interprofessionnel du 20 sept. 2003, les partenaires sociaux ont invité le législateur à unifier le régime de la formation en alternance en créant un seul contrat destiné à compléter la formation initiale : le contrat de professionnalisation. Ce dispositif a vu le jour avec la loi du 4 mai 2004 sur la formation tout au long de la vie et le dialogue social. Il est à destination prioritaire des personnes âgées de seize à vingt-cinq ans révolus, mais peut aussi bénéficier aux demandeurs d'emploi âgés de vingt-six ans et plus [art. L. 981-1 al. 1 (art. L. 6325-1 C. trav.)]. Son objet est précisé à l'al. 2 de l'art. L. 981-1. (art. L. 6325-1 C. trav.) : « *Ces contrats de professionnalisation ont pour objet de permettre à leurs bénéficiaires d'acquérir une des qualifications prévues à l'article L. 900-3 et de favoriser leur insertion ou leur réinsertion professionnelle* ».

Le contrat de professionnalisation ouvre aux bénéficiaires une « formation leur permettant d'acquérir une qualification professionnelle » et un emploi « *en relation avec cet objectif pendant la durée du contrat à durée déterminée ou de l'action de professionnalisation du contrat à durée indéterminée* » [art. L. 981-3 (art. L. 6325-3 C. trav.)]. Les actions de formation sont assurées soit par l'employeur lui-même, soit par un organisme de formation extérieur et doivent correspondre au minimum à 15% de la durée du contrat, sans pouvoir être inférieures à 150 heures. En contrepartie, les salariés s'engagent à tenir leur emploi et à suivre la formation.

121. Action de professionnalisation – Le contrat de professionnalisation est un contrat de travail écrit de type particulier, qui peut être conclu soit à durée déterminée en application de l'article L. 122-2 C. trav. (art. 1234-7 C. trav.), soit à durée indéterminée. Lorsqu'il est à durée déterminée, il est conclu pour une période de 6 à 12 mois et comporte nécessairement une action de professionnalisation d'une durée minimale de 6 mois. Lorsqu'il est à durée indéterminée, il commence nécessairement par une période d'actions de professionnalisation de 6 à 12 mois. Dans l'un ou l'autre des cas, l'action de professionnalisation peut être allongée jusqu'à vingt-quatre mois, par exemple pour les jeunes sortis du système éducatif sans qualification professionnelle reconnue, ou lorsque la nature des qualifications visées l'exige. S'il s'agit d'un contrat à durée déterminée, il existe par ailleurs une possibilité de renouvellement si le salarié n'a pu obtenir la qualification envisagée en raison de l'échec aux épreuves d'évaluation de la formation suivie, de la maladie, d'un accident du travail ou de la défaillance de l'organisme de formation.

122. Rémunération – La rémunération varie selon l'âge du salarié et son niveau de formation. Les jeunes perçoivent, pendant la durée du contrat à durée déterminée ou de la période de professionnalisation du contrat à durée indéterminée, un salaire en pourcentage du SMIC variable selon leur âge.

§ 5. *Les contrats conclus avec les entreprises de fourniture de main-d'œuvre : travail temporaire et travail à « temps partagé »*

L'entreprise peut recourir à une entreprise de fourniture de main-d'œuvre qui est soit une entreprise de travail temporaire (A), soit une entreprise de travail à « temps partagé » (B).

A. Contrat de travail temporaire

Le travail temporaire repose sur un contrat de travail précaire qui lie un entrepreneur de travail temporaire et un salarié, ce dernier acceptant d'être mis à disposition d'un tiers de manière temporaire. Il ressort de cette définition (1) la présence de rapports juridiques triangulaires entre l'entrepreneur de travail temporaire, le travailleur temporaire et l'entreprise utilisatrice (2).

1. Définition

123. Notion – La fourniture de main-d'œuvre à but lucratif est en principe interdite [art. L. 125-1 (art. 8231-1 C. trav.)], sous peine de sanctions pénales (délit de marchandage). Mais elle est, depuis une loi de 1972, exceptionnellement licite et autorisée au bénéfice de sociétés particulières qui pratiquent l'intérim et qui ont reçu de la loi un statut spécial. À condition de n'avoir aucune autre activité, les entreprises de travail temporaire ont ainsi un monopole de la fourniture licite de main-d'œuvre à but lucratif. Elles mettent à la disposition d'entreprises utilisatrices, du personnel avec lequel elles sont liées par un contrat de travail [art. L. 124-1 et s. (art. L. 1251 et s. C. trav.)]. Le travail intérimaire est caractérisé par une dissociation entre l'employeur nominal et l'utilisateur de la main-d'œuvre. S'établit ainsi un rapport triangulaire entre l'entreprise de travail temporaire – qui recrute et rémunère le travailleur temporaire –, l'entreprise utilisatrice et le travailleur temporaire.

124. Conditions de recours – Le contrat de travail temporaire est une modalité du contrat à durée déterminée. Comme ce dernier, le Code du travail le soumet donc à des règles d'ordre public le limitant de deux façons, par une restriction d'ordre général, et par une liste limitative de cas de recours.

125. Restriction d'ordre général – Le Code du travail formule d'abord aux art. L. 124-2 et L 124-2-1 al. 1 C. trav. (art. L. 1251-5 et L. 1251-6 C. trav.) une règle d'application générale : pas plus que le contrat à durée déterminée, le contrat de travail temporaire – « quel que soit son motif » – ne doit avoir ni pour objet ni pour effet de pourvoir un emploi lié à l'activité normale et permanente de l'entreprise ; il ne peut être conclu que pour l'exécution d'une tâche précise et temporaire dénommée mission. Cette distinction permet au juge de requalifier en contrat à durée indéterminée avec l'utilisateur tout contrat intérimaire utilisé pour pourvoir un emploi permanent.

126. Liste limitative – L'article L. 124-2-1 (art. L. 1251-6 C. trav.) établit par ailleurs une liste limitative de cas de recours plus restrictive que pour le contrat à durée déterminée. Le contrat de travail temporaire ne peut être conclu que pour assurer le remplacement d'un salarié absent – pour maladie, par exemple, ou en raison de son départ définitif précédant la suppression de son poste de travail – (cas n° 1) ; pour faire face à un accroissement temporaire de l'activité de l'entreprise (cas n° 2) ; pour faire face à des variations d'activités en raison des saisons – emplois saisonniers – ou dans les secteurs où il est d'usage de ne pas recourir au contrat à durée indéterminée – extras de l'hôtellerie, intermittents du spectacle... – (cas n° 3) ; enfin pour assurer le remplacement d'un chef d'entreprise (cas n° 4 et 5). Mais le contrat de travail temporaire ne peut pas avoir pour objet l'insertion ou la formation.

Et par ailleurs, l'article L. 124-2-3 (art. L. 1251-10 C. trav.) proscrit le recours à un contrat de travail temporaire pour remplacer un salarié gréviste ou pour effectuer des travaux particulièrement dangereux. La conclusion d'un tel contrat est enfin interdite au titre d'un accroissement temporaire de l'activité dans les 6 mois suivant un licenciement pour motif économique (art. L. 1251-9 C. trav.).

2. Rapports juridiques triangulaires

127. Rapports entre l'entreprise de travail temporaire et l'entreprise utilisatrice – Un premier contrat – de nature commerciale, dénommé contrat de mise à disposition – est passé entre l'entreprise utilisatrice et l'entreprise de travail temporaire. Il a pour objet la fourniture de la main-d'œuvre intérimaire contre un prix, la prestation étant facturée à l'utilisateur.

Ce contrat doit être conclu par écrit et établi pour chaque salarié, à peine de nullité absolue. Il doit mentionner le motif pour lequel il est fait appel au salarié temporaire et comporter un certain nombre de mentions ayant pour objet une individualisation de la mission, ce qui permet de faire échec à la pratique des « volants indifférenciés » de travailleurs temporaires que l'entreprise est tentée d'avoir à sa disposition : doivent notamment être indiqués le nom et la qualification du salarié remplacé au cas de remplacement, le terme de la mission, les caractéristiques du poste à pourvoir, la rémunération que percevrait dans l'entreprise utilisatrice un salarié occupant le même poste de travail… [art. L. 124-3 (art. L. 1251-16 C. trav.)].

Si, au cours de la mission, le salarié intérimaire se révèle inapte ou commet une faute dommageable à l'entreprise utilisatrice, la responsabilité contractuelle de l'entreprise de travail temporaire sera engagée. Les contrats de mise à disposition contiennent souvent des clauses qui accroissent les obligations de l'entreprise de travail temporaire ou, à l'inverse, limitent sa responsabilité envers l'utilisateur.

128. Rapports entre l'entreprise de travail temporaire et le travailleur intérimaire – Un deuxième contrat – il s'agit d'un contrat de travail – est simultanément passé entre l'entreprise de travail temporaire et le travailleur intérimaire. C'est l'entreprise de travail temporaire, non pas l'entreprise utilisatrice, qui est l'employeur nominal et paye le salarié.

Ce contrat de mission est toujours un contrat à durée déterminée et soumis aux mêmes principes que celui-ci. Le travailleur intérimaire n'est plus attaché à l'entreprise de travail temporaire entre les missions : il devient chômeur jusqu'à la reprise d'une activité.

Le contrat de mission doit être établi par écrit et adressé au salarié dans les 2 jours suivant sa mise à disposition. À défaut d'écrit, le contrat de mission peut être requalifié, à la demande du salarié, en contrat de droit commun à durée indéterminée et l'employeur risque d'être poursuivi pénalement [art. L. 152-2 (art. L. 154-2 C. trav.)].

Le contrat de mission doit comporter les mêmes mentions que le contrat de mise à disposition, ainsi que la qualification du salarié, les modalités de rémunération, le nom de la caisse de retraite et de l'organisme de prévoyance, le cas échéant une période d'essai et une clause de rapatriement. Il doit également indiquer que l'embauche du salarié par l'utilisateur à l'issue de la mission n'est pas interdite. Cette perspective d'embauche autorisée a conduit les entreprises à utiliser la mission en qualité d'intérimaire comme une sorte de période d'essai, avant de conclure éventuellement un contrat à durée indéterminée. Cette pratique devient contestable lorsque le contrat de travail conclu postérieurement à la mission de travail temporaire est lui-même assorti d'une période d'essai.

En principe, le contrat de mission est un contrat de date à date – donc à terme précis d'une durée maximale de 18 mois. La loi autorise parfois le terme incertain, par exemple pour les contrats de remplacement ou liés à la nature de l'activité de l'entreprise (activité saisonnière, secteur dans lequel il est d'usage de ne pas recourir au contrat à durée indéterminée). Le contrat de date à date peut faire l'objet d'un seul renouvellement dans la limite de la durée maximale de 18 mois ; en revanche, le contrat à terme imprécis ne peut pas être renouvelé.
La succession de missions données à un même salarié sur un même poste n'est autorisée que dans le respect d'un intervalle de temps – dit délai de carence – entre deux missions [art. L. 124-7 (art. L. 1251-36 C. trav.)] : ce délai varie selon la durée du premier contrat ; il est égal au tiers de la durée du précédent contrat lorsque la durée de ce contrat, renouvellement inclus, est égale ou supérieure à 14 jours ; il est égal à la moitié de la durée du précédent contrat lorsque sa durée, renouvellement inclus, est inférieure à 14 jours. Pour l'appréciation du délai devant séparer deux contrats, il est fait référence aux jours d'ouverture de l'entreprise. Ces délais ne sont pas applicables en cas de succession de contrats de mission conclus avec un même salarié sur des postes différents, mais cette pratique reste contestable si elle révèle que le salarié occupe dans la réalité un emploi correspondant à l'activité normale et permanente de l'entreprise.
Comme pour tout contrat à durée déterminée, le principe est l'interdiction de la rupture avant terme du contrat de mission.

129. Droits du salarié intérimaire dans l'entreprise de travail temporaire – Ses droits individuels et collectifs s'exercent principalement dans l'entreprise de travail temporaire, accessoirement dans l'entreprise utilisatrice. Le salaire est payé par l'entreprise de travail temporaire, mais il est régi par le principe d'égalité avec les salariés permanents de l'entreprise utilisatrice ; à ce titre, sa rémunération doit être au moins égale à celle que percevrait dans cette dernière un salarié de qualification équivalente occupant le même poste de travail. Le principe d'égalité de rémunération est désormais pénalement sanctionné à l'art. L. 152-2 (art. L. 1254-2 C. trav.). De même, le paiement des jours fériés lui est dû, dès lors que les salariés de l'entreprise utilisatrice en bénéficient.
L'intérimaire est par ailleurs investi de droits qui sont la contrepartie de la précarité : il bénéficie d'une période d'essai nécessairement plus courte – deux semaines à un mois maximum – et d'une indemnité dite de précarité à l'issue du contrat, venant réparer le préjudice né de l'absence d'emploi entre la fin de la mission et le début d'une nouvelle mission (indemnité égale à 10 % du salaire brut).
Les intérimaires exercent la plupart de leurs droits collectifs – notamment le droit de participer à l'élection des représentants du personnel et leurs droits syndicaux – dans l'entreprise de travail temporaire s'ils remplissent les conditions d'ancienneté. Ils sont comptabilisés dans les effectifs de l'entreprise de travail temporaire s'ils ont une ancienneté de 3 mois.

130. Rapports entre le travailleur intérimaire et l'entreprise utilisatrice – Aucun contrat n'existe entre eux. Toutefois par l'effet du contrat de mise à disposition, l'intérimaire est nécessairement soumis à certaines conditions de travail en vigueur dans l'entreprise utilisatrice. Il doit obéir aux instructions que l'utilisateur lui donne. De cette autorité résulte que l'entreprise utilisatrice est le commettant en cas de dommages causés par le salarié intérimaire à des tiers.
L'utilisateur doit appliquer au travailleur intérimaire les mesures législatives, réglementaires et conventionnelles qui sont applicables dans l'établissement :

notamment celles relatives à la durée du travail, à l'hygiène et à la sécurité. Logiquement, en cas d'inobservation de ces règles c'est la responsabilité pénale de l'utilisateur qui sera engagée, non celle de l'employeur nominal de la victime (par exemple au cas d'accident du travail survenu au travailleur). En cours de mission, les intérimaires peuvent faire présenter toutes réclamations individuelles et collectives par les délégués du personnel de l'entreprise utilisatrice, bien qu'ils n'aient pas participé à leur élection.

Par ailleurs, l'entreprise utilisatrice devient l'employeur réel du salarié intérimaire par l'effet d'une requalification dans deux hypothèses légales particulières : 1) en cas de recours irrégulier au travail temporaire ; 2) si l'entreprise utilisatrice continue à faire travailler le salarié après la fin de sa mission. Dans ces deux cas, le salarié est réputé lié à l'utilisateur par un contrat à durée indéterminée.

La sanction pénale d'un certain nombre d'irrégularités de forme et de fond frappe aussi l'entreprise utilisatrice [L 152-2 (art. L. 1254-3 à L. 1254-10 C. trav.)].

B. Contrat de travail à temps partagé

131. Définition – Issu de la loi du 2 août 2005 [art. L. 124-24 à L. 124-32 (art. L. 1252-1 à L. 1252-13 C. trav.)], le travail à temps partagé est celui d'un salarié appelé à exécuter une prestation de travail dans différentes entreprises qui achètent ses compétences à son propre employeur. C'est donc le fait pour des entreprises de se partager le temps d'un salarié embauché par une entreprise dont l'activité consiste à offrir ce type d'opération. Il s'agit d'une forme de mise à disposition du personnel, d'une exception à l'interdiction du prêt de main-d'œuvre à but lucratif. Cette forme de travail trouve son inspiration dans la formule du groupement d'employeurs [1], dans celle du travail temporaire et dans celle du « portage salarial » [2] qui était en quête d'une consécration légale. Elle permet une certaine mutualisation de la force de travail et vise à assurer une meilleure adéquation entre les besoins de main-d'œuvre des entreprises et l'offre de travail.

132. Entreprise de travail à temps partagé – Il s'agit de toute personne physique ou morale dont l'activité exclusive consiste à mettre à disposition d'entreprises clientes, du personnel qualifié qu'elles ne peuvent recruter elles-mêmes en raison de leur taille ou de leurs moyens. Ces entreprises peuvent aussi prendre la forme d'entreprises de travail temporaire classique en raison de l'élargissement de leur objet. Comme les entreprises de travail temporaire, les entreprises de travail à temps partagé doivent offrir une garantie financière assurant le paiement des rémunérations et charges sociales. Dans cette forme de travail, l'employeur reste l'entreprise de travail à temps partagé.

133. Relation triangulaire – Comme en matière de travail temporaire, l'organisation juridique du travail temps partagé met en relation 3 acteurs : l'entreprise de travail

---

1. La formule du contrat de travail pour le compte d'un groupement d'employeurs, permet à un salarié de travailler pour plusieurs employeurs réunis au sein d'une association (généralement des petites entreprises ayant besoin de faire exécuter des tâches déterminées sans pourvoir offrir un temps plein).
2. Formule pratiquée depuis 1985 permettant à des cadres à la retraite, managers, techniciens… d'assurer des missions ponctuelles de conseil dans les entreprises. Ces personnes sont embauchées en CDD et rémunérées par la société de portage après le paiement de la facture par l'enterprise utilisatrice. Une telle technique est en contradiction avec la réglementation sur le marchandage et le travail temporaire.

à temps partagé, le salarié mis à disposition et l'entreprise cliente. Le salarié est lié à l'entreprise de travail à temps partagé par un contrat de travail à durée indéterminée, à temps complet ou à temps partiel. L'ensemble du droit du travail lui est applicable, (notamment le droit du licenciement). L'entreprise de travail à temps partagé conclut un contrat de mise à disposition avec le client [art. L. 124-26 (art. L. 1252-10 C. trav.)]. Enfin dans ses relations avec l'entreprise cliente [art. L. 124-30 (art. L. 1252-6 à L. 1252-8 C. trav.)], le salarié est titulaire de droits comparables à ceux des salariés permanents de l'entreprise utilisatrice. Il a droit notamment à une rémunération qui ne peut être inférieure à celle d'un salarié de niveau de qualification identique ou occupant le même poste ou les mêmes fonctions dans l'entreprise cliente. Il doit aussi pouvoir accéder aux moyens de transport collectifs ainsi qu'aux installations collectives de l'entreprise utilisatrice ou cliente.

Section IV - Obligations des parties au contrat de travail

Les unes découlent de la définition même du contrat, le contrat de travail étant soumis au droit commun [art. L. 121-1 (art. L. 1221-1 C. trav.)] (§ 1).
Parmi les obligations légales découlant du contrat de travail, une obligation spécifique a pris une importance considérable : celle pour l'employeur de respecter l'égalité entre les salariés. C'est l'obligation de non-discrimination (§ 2).

§ 1. *Obligations découlant de la définition même du contrat*

Outre les obligations principales (A) de l'employeur (fournir le travail et payer le salaire), et du salarié (exécuter le travail), existent des obligations implicites (B). Enfin les parties sont libres de prévoir des obligations particulières (C) dont le juge contrôle les limites.

A. Les obligations principales

134. Synallagmatisme – Il découle nécessairement du contrat de travail l'obligation : 1) pour l'employeur de fournir le travail et de payer le salaire en s'abstenant bien entendu de harcèlement sexuel [art. L. 122-46 (art. L. 1153-2 C. trav.)] ou moral [art. L. 122-49 (art. 1152-2 C. trav.)] ; 2) pour le salarié de fournir la prestation de travail de manière diligente.
À ce titre, le contrat de travail appartient à la catégorie des contrats synallagmatiques. D'où le mécanisme de l'exception d'inexécution. Si le salarié – même légalement autorisé à s'absenter (maladie, grève…) – n'exécute pas la prestation de travail, l'employeur n'aura pas, en principe, à verser le salaire : pas de travail, pas de salaire. Si l'employeur ne verse pas le salaire, les salariés pourront interrompre leur travail pour l'y contraindre et leur salaire devra néanmoins être versé : pas de salaire, pas de travail.

B. Les obligations implicites

135. Fondement contractuel – D'autres obligations ne sont pas explicitement inscrites dans la loi. Enfouies dans le contrat, elles sont découvertes selon les circonstances par le juge qui les rattache à l'obligation d'exécuter de bonne foi le contrat [art. 1134 al. 3 C. civ., relayé par l'art. 120-4 (1222-1 C. trav.)]. Elles sont à la charge du salarié et de l'employeur.

136. À la charge du salarié – La plus ancienne est l'obligation de subordination juridique à laquelle est soumis le salarié. Citons encore l'obligation de discrétion, de loyauté ou de fidélité. Plus récemment, on a pu mettre à la charge du salarié une obligation de s'adapter à l'évolution de son emploi.

137. À la charge de l'employeur – Pèse sur tout employeur le devoir d'assurer l'adaptation des salariés à l'évolution de leur emploi, en leur offrant notamment une formation. Ce devoir est une composante de l'obligation de reclassement avant tout licenciement économique (reclassement interne et externe). Découverte par la jurisprudence sur un fondement contractuel, l'obligation de reclassement est désormais légale [art. L. 321-1 al. 3 (art. L. 1233-4 C. trav.)] [1].

C. Les obligations particulières

138. Diversité – Les parties ont la faculté d'insérer dans le contrat de travail les obligations de leur choix, dès lors qu'elles sont licites. Elles portent sur l'emploi, la rémunération ou la formation.

Citons à titre d'exemples à la charge de l'employeur, la **clause de garantie d'emploi** restreignant la faculté de licencier et garantissant au salarié un emploi pour une durée minimale précisée dans un contrat à durée indéterminée.

Mais ces obligations sont le plus souvent à la charge des salariés.

Ainsi la **clause d'essai** permet à l'employeur de tester les capacités professionnelles du salarié. Pendant toute la durée de l'essai, le contrat de travail pourra être librement rompu par l'employeur ou le salarié, sans motif, sans préavis, ni procédure [2].

On peut également inclure dans le contrat une **clause de mobilité**, par laquelle le salarié consent à l'avance à changer de lieu de travail ou d'affectation. Cette clause est valable, dès lors qu'elle a été librement acceptée par le salarié, mais sa mise en œuvre peut être abusive, notamment lorsqu'elle met le salarié dans une situation familiale critique, alors que l'employeur pouvait muter un autre salarié sans que ce dernier ait trop à souffrir de cette mesure. Par 2 arrêts du 7 juin 2006 et du 12 juillet 2006, la Cour de cassation a également imposé que soient préalablement fixées dans cette clause de mobilité les zones géographiques sur lesquelles le salarié pourrait être muté ultérieurement.

La jurisprudence s'est également prononcée sur la validité de la **clause de domicile** par laquelle le salarié s'engage à être domicilié près de son lieu de travail en cas de modification de ce dernier. Elle doit être indispensable à la protection des intérêts légitimes de l'entreprise et proportionnée, compte tenu de l'emploi occupé et du travail demandé, au but recherché. Une telle clause porte en effet atteinte à la liberté du choix du domicile personnel et familial (art. 8 Conv. EDH).

Il est possible de prévoir une **clause d'objectifs** qui impose au salarié la réalisation d'un quota d'affaires ou de production ; cette stipulation a connu un grand développement, notamment à l'égard des cadres commerciaux. Procédé de gestion du personnel, elle permet de faire reproche au salarié des écarts entre les résultats obtenus et les objectifs prévus pour justifier un refus de promotion, ou un licenciement… Parce que la subordination juridique du salarié rend illusoire une véritable contractualisation des objectifs, la licéité de cette clause n'est admise que sous certaines conditions : les objectifs fixés par cette clause

1. V. *infra* Licenciement économique, n° 238 et s.
2. V. *supra* Période d'essai, n° 85.

doivent être raisonnables par rapport au marché, compatibles avec la compétence du salarié et la durée du travail, enfin ne pas porter atteinte aux droits des personnes. En toute hypothèse, la non-réalisation des objectifs fixés n'est pas – en soi – une cause de licenciement.

Une **clause de variation de rémunération** (distincte de la clause de modification de la rémunération, qui est nulle) peut également être prévue. Mais à trois conditions de licéité. La rémunération ne peut varier qu'en fonction d'éléments objectifs (chiffre d'affaires, pourcentage de ventes). Le salarié ne doit pas supporter le risque d'entreprise (ex. un éventuel déficit d'exploitation). La clause ne doit pas avoir pour effet de réduire la rémunération en dessous des minima légaux et conventionnels.

L'employeur peut avoir intérêt à faire admettre une **clause de dédit-formation,** aux termes de laquelle le salarié s'engage à rester dans l'entreprise pendant une durée minimale de telle manière à amortir le coût de sa formation. Il en résulte qu'une démission prématurée devra entraîner le remboursement des frais occasionnés par cette formation à l'employeur.

Est enfin fréquente la **clause de non-concurrence** par laquelle le salarié s'engage, après la rupture du contrat, à ne pas s'établir à son compte ou à ne pas se faire embaucher par une entreprise dont l'activité est similaire. La jurisprudence a consacré sa licéité malgré l'atteinte qu'elle porte aux principes de liberté du travail et de libre concurrence. Mais elle n'est valable que sous plusieurs conditions : être justifiée par les intérêts légitimes de l'entreprise – (ce qui exclut de l'imposer à un salarié sans qualification, dont on sait qu'il ne menacera jamais les intérêts de son entreprise en travaillant pour autrui, tel un laveur de carreaux) – ; être limitée dans le temps et dans l'espace ; laisser au salarié la possibilité d'exercer normalement l'activité qui lui est propre. Pendant longtemps, la jurisprudence ne subordonnait pas l'interdiction de travailler à l'existence d'une contrepartie financière. Mais depuis un arrêt rendu le 10 juillet 2002 par la Chambre sociale de la Cour de cassation, c'est l'inverse qui s'impose : est nulle la clause de non-concurrence qui ne prévoit aucune contrepartie financière au profit du salarié ; il s'agit d'une nullité relative instituée seulement dans l'intérêt du salarié. L'absence de contrepartie autorisera alors le salarié à se considérer comme délié de l'obligation de non-concurrence. Mais si elle est régulière, le salarié qui ne respecte pas son obligation risque d'être poursuivi par son ancien employeur : ce dernier pourra demander en justice la résiliation du contrat conclu avec le nouvel employeur ; il pourra aussi obtenir réparation du préjudice subi. Le montant des dommages-intérêts est d'ailleurs souvent fixé à l'avance par les parties dans le cadre d'une clause pénale. Le nouvel employeur pourra enfin être condamné – souvent solidaire avec le salarié – à verser des dommages-intérêts au premier employeur, ou à mettre fin au contrat qui le lie avec le salarié indélicat. La contrepartie financière est applicable en cas de licenciement comme de démission [1]. Jouera-t-elle également pour les départs d'un commun accord ? La question reste posée.

§ 2. *Obligation de non-discrimination entre salariés*

139. Principe d'égalité et principe de non-discrimination – Le principe de non-discrimination est un aspect du principe d'égalité affirmé déjà dans la Déclara-

1. Soc. 27.2.2007.

tion des droits de l'homme et du citoyen de 1789. Il interdit de traiter différemment des personnes qui sont dans une situation semblable. La différence de traitement n'est justifiée que par des différences de situation. De nombreux textes légaux viennent renforcer le principe.

140. Fondements textuels – Dans le Code du travail, l'interdiction de la discrimination a été consacrée en matière de salaire : il existe à l'art. L. 140-2 (art. L. 3221-2 C. trav.) un principe d'égalité de rémunération entre hommes et femmes pour un même travail ou un travail de valeur égale. L'interdiction de la discrimination en matière de rémunération a également été instituée entre travailleurs "précaires" et salariés sous contrat à durée indéterminée [salariés en contrat à durée déterminée art. L. 122-3-3 al. 2 (art. L. 1242-15 C. trav.) et travailleurs intérimaires art. L. 124-4-2 al. 1 (art. L. 1251-18 C. trav.)].

Le principe de non-discrimination est affirmé de façon générale en matière d'emploi par l'article L. 122-45 (art. L. 1132-1 C. trav.). Ce dernier interdit à l'employeur de prendre en considération l'origine du travailleur, son sexe, ses mœurs, son orientation sexuelle, son âge, sa situation de famille, ses caractéristiques génétiques, son appartenance à une ethnie, une nation ou une race, ses opinions politiques, ses convictions religieuses, son apparence physique, son patronyme, sa grossesse, son état de santé ou son handicap. L'employeur ne doit pas non plus prendre en considération l'exercice normal du droit de grève ou le témoignage du salarié portant sur un agissement discriminatoire de l'employeur.

Alors que le texte antérieur à la loi du 16 nov. 2001 modifiant l'art. L. 122-45 (art. L. 1132-1 C. trav.) n'interdisait la discrimination qu'à l'occasion du recrutement [1], de la sanction disciplinaire et du licenciement, l'interdiction frappe désormais tous les aspects de la relation de travail : rémunération, formation, reclassement, affectation, qualification, classification, promotion professionnelle, mutation, renouvellement de contrat… [2]

Est interdite non seulement la discrimination directe, mais encore la discrimination indirecte lorsqu'une pratique apparemment neutre a pour effet objectif le traitement inégal d'une catégorie de salariés (ex. plus de femmes que d'hommes travaillant à temps partiel).

La preuve de la discrimination étant difficile pour le salarié – voire impossible en cas de discrimination indirecte – la loi de 2001 a institué un nouveau régime probatoire de la discrimination. Il incombe au salarié, non pas de prouver la discrimination, mais de présenter "les éléments laissant supposer l'existence d'une discrimination directe ou indirecte". Il incombe ensuite à l'employeur de « prouver que sa décision est justifiée par des éléments objectifs étrangers à toute discrimination ». Le juge forme enfin sa conviction après avoir ordonné, en cas de besoin, toutes les mesures d'instruction qu'il estime utiles.

L'art. L. 122-45-1 (art. L. 1134-2 C. trav.) prévoit par ailleurs une action syndicale de substitution en faveur du salarié qui hésiterait à agir en justice par peur des mesures de rétorsion.

Le licenciement ou toute mesure de rétorsion à l'action en justice du salarié discriminé, ou du salarié ayant témoigné devant le juge de faits de discrimination, sont nuls.

141. à 149. - Réservés.

---

1. Sur la sanction de la discrimination à l'embauche v. n° 81.
2. Sur la sanction de l'exercice du pouvoir disciplinaire discriminatoire, v. n° 49 ; et de la discrimination à l'occasion du licenciement en général, v. n° 233 et 234.

apitre 2

Affiliation à la Sécurité sociale

Section I - Critère d'affiliation au régime général des salariés : le contrat de travail

§ 1. *Conditions de fond*

§ 2. *Conditions de forme et de preuve*

Section II - Critère de l'affiliation aux régimes des non salariés : la profession

§ 1. *Principe de solidarité professionnelle*

§ 2. *Diversité des professions concernées*

150. Externalisation des risques – L'immatriculation à la Sécurité sociale a lieu simultanément au recrutement. Il est nécessaire en effet que le salarié soit protégé contre un certain nombre de risques – tels l'accident ou la maladie – et soit prémuni contre l'interruption de revenu, liée à l'âge de la retraite. Après les avoir plus ou moins assumés elle-même « en interne », l'entreprise a externalisé ces risques auprès de différents organismes. Le plus important est la Sécurité sociale mais ce n'est pas le seul. Et pour les salariés c'est, au sein de la Sécurité sociale, le régime général. Avoir un emploi c'est donc aussi bénéficier d'une protection sociale.

Outre l'affiliation à la Sécurité sociale, le recrutement d'un salarié oblige l'entreprise à l'affilier à des régimes complémentaires interprofessionnels rendus obligatoires par convention collective, demeurés extérieurs à la Sécurité sociale – un régime de retraite pour les salariés cadres (AGIRC), un régime de retraite pour les salariés non-cadres (ARRCO) ; l'employeur sera également tenu d'affilier son salarié à un régime complémentaire professionnel de prévoyance (pour les risques maladie, invalidité, décès) si la convention collective l'impose (ainsi dans le bâtiment et les travaux publics).

Enfin l'employeur a la liberté d'y ajouter facultativement un étage de protection supplémentaire ; si une participation financière des salariés est prévue, il ne peut le faire qu'avec leur accord.

151. Morcellement des régimes de Sécurité sociale – Malgré les vœux exprimés en 1945, la France n'a pas institué un système général de protection contre les risques, bénéficiant à toute la population ; l'idée d'un régime universel n'a pas de traduction en France, si ce n'est, récemment, à travers l'institution par la loi du 27 juin 1999 de la Couverture Maladie Universelle (CMU), rendant obligatoire pour tous, outre la couverture de base, une couverture complémentaire. La protection sociale reste liée à l'activité professionnelle. Aussi existent séparément des régimes de Sécurité sociale ; ce morcellement est à l'origine de « conflits » d'affiliation.

En outre, le régime d'indemnisation du chômage est resté extérieur à la Sécurité sociale : il n'y a pas, à proprement parler, d'affiliation à l'assurance chômage puisque celle-ci n'est pas liée à l'accès à l'emploi, mais tout au contraire, à la perte de l'emploi. C'est à l'occasion de celle-ci que l'employeur doit remettre au salarié une attestation lui permettant de s'inscrire à l'Assedic et de percevoir les allocations auxquelles il a éventuellement droit.

Malgré ce morcellement, un régime dit général a vocation à coïncider avec le travail salarié ; encore que subsistent à ses côtés des régimes dits spéciaux, souvent plus anciens, parfois plus avantageux, qui sont en connexion avec les statuts du personnel (statut SNCF, statut du mineur, statut EDF-GDF, statut de la fonction publique). C'est l'identité de l'employeur qui fait ici la spécificité de chacun d'eux. Leur incorporation au régime général se heurte à des droits acquis, spécialement en matière d'âge de la retraite ou de niveau des pensions.

Les professions non salariées ont également leur propre régime de protection sociale. De même qu'il n'existe pas un droit du travail indépendant, mais autant de règles qu'il y a de professions (règles sur l'artisanat, sur le commerce, etc.), de même coexistent plusieurs régimes de Sécurité sociale auxquels sont assujettis les indépendants, en fonction de leur activité professionnelle : régimes de l'artisanat, des professions industrielles et commerciales, régimes (multiples) des professions libérales, régime des exploitants agricoles – auquel sont paradoxalement assujettis les salariés de ces mêmes exploitants.

Cette présentation conduit à une double interrogation : pour savoir si le travailleur doit être rattaché au régime général de Sécurité sociale, on doit se demander si les critères du contrat de travail sont réunis (section I). Mais si le travail est non salarié, de quelle activité professionnelle relève-t-il (section II) ?

Section I - Critère d'affiliation au régime général des salariés : le contrat de travail

L'affiliation au régime général de la Sécurité sociale suppose la réunion de conditions de fond (§ 1) et de forme (§ 2).

§ 1. *Conditions de fond*

152. Rejet du critère de la dépendance économique – Lors de l'entrée en vigueur des assurances sociales, deux points de vue s'étaient affrontés et l'écho en fut durable. Selon le premier, la protection sociale devait aller au-delà du strict salariat, défini par l'état de subordination juridique, et bénéficier à tous ceux qui étaient incapables de supporter les risques de l'existence – personnes économiquement faibles, travailleurs « dépendant » d'autrui –. Selon le deuxième point de vue, seules les personnes placées en état de subordination juridique devaient relever du régime général de la Sécurité sociale ; c'est cette position qui l'a emporté. Même si la formule utilisée par la loi en 1945, lors de la création de la Sécurité sociale, n'était pas exempte d'ambiguïté – selon cette formule reprise à l'art. L. 311-2 du Code de la Sécurité sociale, il fallait être en présence d'un « *travail à quelque titre que ce soit pour un ou plusieurs employeurs… quelle que soit la nature du contrat* » –, les tribunaux ont progressivement aligné le critère d'affiliation au régime général de la Sécurité sociale sur celui du contrat de travail. Ce n'est pas dire qu'en ce domaine, la jurisprudence n'a pas été créative. Elle tolère que certaines personnes soient des commerçants indépendants dans leurs rapports avec leurs clients, et simultanément des salariés dans leurs rapports avec leur fournisseur (si celui-ci est exclusif). De même, elle a tenu le plus grand compte de la circonstance que le travail soit fourni au sein d'un « service organisé » : cette notion avait été créée pour faire reconnaître la qualité de travailleurs salariés à certaines personnes dont l'activité supposait une certaine indépendance dans l'exercice du travail ; même si elles ne recevaient pas à proprement parler de directives précises de leur donneur d'ordre, elles étaient considérées comme relevant du régime général de la Sécurité sociale parce qu'elles appartenaient à une « organisation » fonctionnant sous la direction et la responsabilité d'un employeur ; aujourd'hui, l'intégration à un « service organisé » ne coïncide pas exactement avec la subordination, mais en constitue un indice. En son dernier état, l'assujettissement au régime général est caractérisé par « l'exécution d'un travail sous l'autorité d'un employeur qui a le pouvoir de donner des ordres… d'en contrôler l'exécution…, de sanctionner les manquements de son subordonné » [1].

D'autant plus qu'au fil des années, des régimes de protection sociale ont été institués au profit des travailleurs indépendants ; il était donc nécessaire de bien circonscrire le champ d'application du régime des salariés, lequel n'avait pas vocation à absorber les autres régimes.

153. Extension – L'exercice de certaines professions ne conduit pas nécessairement à la reconnaissance d'une relation de travail subordonné ; mais, trouvant avantage à être rattachées au régime général de salariés, certaines de ces professions ont cru utile de faire pression sur le législateur afin qu'il les mentionne formellement parmi les ressortissants du régime général : leur liste figure à l'art. L. 311-3 et suiv. du Code de la Sécurité sociale ; elle est proche – mais non identique – de celle des statuts professionnels du Livre VII du Code du travail (devenue partie VII). Ces hypothèses relèvent du régime général des salariés par l'effet d'une classique interprétation de la relation de travail, ou même par le simple jeu d'une extension légale, la profession concernée ayant été globalement assimilée au salariat, à une époque où l'indépendant était dépourvu de protection sociale. Le cas des représentants de commerce est le plus significatif. Celui des présidents directeurs généraux de sociétés anonymes est sans doute le moins facile à expliquer. Ni dans l'un ni dans l'autre cas, la relation contractuelle ne

1. Cass. soc. Soc. 13 novembre 1996.

procède d'un contrat de travail : elle est plus proche de la situation du mandat ou de la commission. Figurent aussi dans la liste des petits entrepreneurs dont le lien juridique avec le donneur d'ordre – qui est aussi un client – est un contrat de services.

§ 2. *Conditions de forme et de preuve*

154. Immatriculation – Il ne suffit pas, pour bénéficier de la Sécurité sociale, d'y être assujetti par l'effet de la loi. S'y ajoute une opération administrative – dite immatriculation – qui constitue une inscription sur une liste, donnant lieu ensuite à la délivrance d'une carte. C'est à l'employeur de faire la déclaration conduisant à l'immatriculation : cette déclaration adressée à l'URSSAF est préalable à l'embauche.

155. Emploi « dissimulé » – Selon l'art. L. 320 (art. L. 1221-10 C. trav.), l'embauche d'un salarié ne peut avoir lieu qu'après déclaration nominative effectuée par l'employeur auprès des organismes de protection sociale. En cas de non-respect de cette obligation de déclaration, l'employeur encourt une sanction pénale : selon l'art. L. 324-10 (art. L. 8221-3 C. trav.), il y a alors « travail dissimulé par dissimulation d'emploi » – on disait auparavant travail clandestin ou travail au noir. Cet emploi dissimulé constitue une infraction pénale mise à la charge de l'employeur-personne morale. Privées de ressources, l'URSSAF et l'ASSEDIC en sont les victimes et peuvent déclencher les poursuites. En outre, le salarié peut prétendre envers celui qui l'a employé clandestinement à une indemnité égale à 6 mois de salaire [art. L. 324-11-1 (art. 8223-1 C. trav.)]. Le travail « non déclaré » n'en a pas disparu pour autant.

Section II - Critère de l'affiliation aux régimes des non salariés : la profession

Il n'existe pas de droit du travail commun à tous les non salariés, si ce n'est à travers le principe de liberté du travail. Il existe en revanche un droit de la Sécurité sociale propre aux travailleurs non salariés – reposant sur l'idée d'une solidarité professionnelle (§ 1) –, encore qu'il soit très différencié d'une profession à l'autre (§ 2).

§ 1. *Principe de solidarité professionnelle*

156. Particularisme professionnel – Les principes de base communs contre lesquels se sont souvent élevés les professionnels concernés sont le caractère obligatoire de l'affiliation et la règle du monopole des organismes de Sécurité sociale. Les travailleurs indépendants ne peuvent y échapper en souscrivant des assurances dans le secteur privé. Ils n'ont pas le libre choix du contractant. Les caisses qui gèrent les régimes des non-salariés fonctionnent sur le principe d'une solidarité professionnelle et ne sont pas des entreprises soumises à la libre concurrence. Ce principe figure dorénavant à l'art. L. 111-1 du Code de la Sécurité sociale ; la solidarité qui se trouve au cœur de ces régimes ne coïncide pas avec la solidarité nationale ; généralisation ne veut pas dire uniformité. La profession revêt ici toute son importance : comme en droit fiscal, elle sert de critère et de limites à la solidarité.

§ 2. *Diversité des professions concernées*

157. Professions artisanales et commerciales – La définition des professions artisanales d'une part, industrielles et commerciales de l'autre, n'est pas éclairante pour connaître le statut social des intéressés. Il est seulement renvoyé à l'inscription au registre des métiers pour les artisans, à celle au registre du commerce pour les industriels et commerçants. La fiscalité propre à ces professions est également prise en considération (bénéfices industriels et commerciaux et taxe professionnelle). Deux régimes peu à peu largement harmonisés avec le régime général ont longtemps fonctionné séparément. Mais la création d'un régime social des indépendants – RSI – en 2006 a permis de les regrouper avec la Sécurité sociale des professions libérales.

158. Professions libérales – Concernant les professions libérales, le morcellement est encore manifeste, au moins en matière de retraite : on est en présence d'une poussière de régimes appelés sections, dont les ressortissants sont l'objet d'une simple énumération, nécessairement toujours incomplète. La coïncidence avec les BNC en droit fiscal est de peu d'utilité. Depuis 2006, l'assurance maladie des professions libérales relève d'une institution – le Régime social des indépendants (RSI) – commune aux artisans, aux commerçants et aux industriels.
À l'intérieur des professions libérales, le Barreau a conservé un régime à part ; en revanche certaines professions – écrivains, médecins conventionnés – ont obtenu de relever du régime général des salariés ; l'éditeur, pour les uns, la caisse de Sécurité sociale pour les autres étant traités comme leur employeur. La pluri-activité, aujourd'hui répandue, suscite des difficultés spécifiques.

159. Professions agricoles – Du fait d'une longue tradition et aussi de la sociologie propre au monde rural, les professions agricoles réunissent les exploitants (employeurs) et les salariés agricoles ; au surplus le régime agricole englobe les salariés des coopératives, de certaines industries agroalimentaires et de certaines organisations professionnelles de l'agriculture (crédit agricole, enseignement agricole, mutualité agricole). La Sécurité sociale qualifiée ici de Mutualité Sociale Agricole (MSA) a donc un domaine plus vaste que la stricte exploitation agricole vivant de la terre. On en trouve la configuration dans la longue énumération de l'art. 1144 du Code rural, qui, à propos des accidents du travail, vise par exemple le conditionnement et la commercialisation des produits agricoles lorsque ces activités sont le prolongement de l'acte de production ; sont également inclus dans les professions agricoles l'élevage, la pisciculture et les travaux forestiers.
La particularité juridique de la Sécurité sociale des professions agricoles est qu'elle laisse subsister au bénéfice de celles-ci un certain libre choix de l'organisme assureur ; quoiqu'en position majoritaire, la MSA ne jouît d'aucun monopole en matière de maladie.

160. à 169. - Réservés

ITRE II – Modification et transfert des contrats de travail

Le contrat de travail est un contrat à exécution successive. Son adaptation constante est nécessaire dans l'intérêt de l'entreprise et en vue d'assurer le maintien de l'emploi. Deux mécanismes sont utilisés à cet effet : l'un est la modification du contrat (distinguée par la jurisprudence du changement des conditions de travail) (chapitre I), l'autre est le maintien du contrat de travail dans l'hypothèse d'un transfert d'entreprise (chapitre II).

apitre **1**

Modification du contrat

Dans le silence de la loi, le régime juridique de la modification du contrat est d'origine jurisprudentielle.

Au cours de l'exécution du travail, l'employeur peut être conduit à modifier soit le contrat lui-même (par exemple : la rémunération du salarié), soit les conditions de travail (par exemple : les horaires de travail).

Concernant le contrat, la modification se heurte au principe de l'intangibilité des contrats résultant de l'art. 1134 du Code civil, selon lequel les conventions légalement formées tiennent lieu de loi à ceux qui les ont faites. Aussi, l'accord du salarié est-il indispensable à la modification de son contrat qu'il peut toujours refuser.

En revanche, il appartient au chef d'entreprise responsable de la gestion d'opérer un changement des conditions de travail. Le salarié étant placé sous la subordination juridique de l'employeur, ce dernier en tire le pouvoir d'imposer unilatéralement des changements dans les conditions d'exécution du travail. Il y a donc lieu de distinguer les deux situations (section I) pour mieux marquer l'opposition de leur régime juridique (section II).

Section I - Distinction entre la modification du contrat et le changement des conditions de travail

170. Distinction selon qu'il y a ou non un contrat de travail écrit – Le salarié et l'employeur ont pu conclure un contrat de travail écrit définissant les conditions dans lesquelles le travail va s'exécuter : emploi, qualification, lieu de travail, rémunération et primes, durée du travail… Ce sont les éléments essentiels du contrat et ils sont intangibles. Toute modification de l'un de ces éléments entraîne modification du contrat. C'est pourquoi quand le contrat est écrit, il prévoit souvent la possibilité d'un changement du lieu de travail : cela évite à l'employeur d'avoir à solliciter l'accord préalable du salarié pour envisager une mutation. C'est la clause de mobilité. Le salarié ne pourra pas se soustraire alors au changement du lieu de travail dont il a accepté le principe lors de la conclusion du contrat, car il n'y a pas en ce cas modification du contrat [1].

Mais il peut ne pas y avoir de contrat écrit, ou s'il existe, être incomplet. Le juge va donc, sous le contrôle de la Cour de cassation, déterminer les éléments essentiels de la relation de travail. À l'heure actuelle, sont considérés comme tels la qualification du salarié, sa rémunération, la durée du travail – à ne pas confondre avec l'horaire de travail –, et le lieu de travail dans un secteur géographique donné. On applique à la modification de ces éléments le régime de la modification du contrat : elle ne peut être imposée par l'employeur au salarié. En revanche, l'employeur a la possibilité d'imposer au salarié le changement des conditions de travail : ainsi, peut-il, sans avoir à recueillir l'accord du salarié, le mettre au chômage partiel résultant de la fermeture temporaire de l'entreprise [2], lui demander d'accomplir des heures supplémentaires – ou à l'inverse supprimer le recours aux heures supplémentaires –, modifier les horaires de travail (si la durée du travail reste la même)…

L'incertitude demeure sur bien des points : un changement du lieu de travail n'est pas considéré comme une modification, si le salarié reste situé dans le même secteur géographique ; mais la Cour de cassation n'a pas donné de définition à cette notion de « secteur géographique ». Il est par ailleurs difficile de faire la différence entre la modification d'un emploi et le simple ajout à une fonction existante de tâches annexes ne faisant que prolonger la fonction principale. De même, si selon la Cour de cassation un changement d'horaires n'est pas constitutif d'une modification du contrat, le passage d'un horaire de jour à un horaire de nuit relève du régime de la modification.

Section II - Opposition des deux régimes juridiques

La modification du contrat doit être acceptée (§ 1) alors que le changement des conditions de travail peut être imposé unilatéralement (§ 2). Là est l'essentiel.

§ 1. *Modification du contrat*

La modification suppose l'accord du salarié pour devenir effective. Elle doit donc être précédée d'une proposition de modification par l'employeur, précise et assortie d'un délai de réflexion raisonnable. Le salarié l'acceptera (A) ou la refusera (B).

A. Acceptation du salarié

171. Formes – L'acceptation du salarié a pour conséquence la novation des obligations contractuelles, même si le contrat initial se poursuit. Il est donc impor-

1. Sauf clause abusive, v. *supra* Clauses particulières du contrat de travail, n° 138.
2. V. *infra* Durée du travail – Risques économiques, n° 374.

tant, en cas de litige, de pouvoir faire la preuve de l'acceptation. Il faut faire ici une différence selon que la cause de la modification tient à la personne du salarié ou est économique.

1. Dans le premier cas, l'acceptation du salarié doit être expresse : un écrit – par exemple, un avenant au contrat de travail – la constatera ou elle résultera du comportement du salarié s'il est sans équivoque. En toute hypothèse, la seule poursuite du travail ne vaut pas acceptation tacite de la modification.

2. Mais dans le second cas, le régime de l'acceptation a été précisé par le législateur : l'acceptation peut être tacite. Une lettre de notification informe le salarié des conditions économiques nouvelles (réorganisation) et qu'il dispose d'un délai d'un mois pour faire connaître son refus. À défaut de réponse dans ce délai, le salarié est réputé avoir accepté la modification proposée [art. L. 321-1-2 (art. L. 1222-6 C. trav.)]. La loi est donc ici plus rigoureuse. La modification tacitement acceptée s'impose alors au salarié (par exemple, une réduction de prime en vue de préserver l'emploi).

B. Refus du salarié

172. Alternative – Si l'employeur prend acte du refus du salarié, le contrat peut se poursuivre aux conditions initiales. Mais ce refus peut aussi entraîner le licenciement du salarié si l'employeur en prend l'initiative, et ce sera le cas le plus fréquent. La question se pose alors de savoir si ce licenciement est justifié.

173. Poursuite du contrat de travail aux conditions initiales – Le salarié étant en droit de refuser la modification, ce refus ne saurait constituer une faute, même s'il concerne une modification disciplinaire. Face à ce refus, l'employeur peut abandonner le projet de modification et le contrat se poursuivra.

174. Licenciement – Mais l'employeur peut répondre au refus du salarié en prenant l'initiative du licenciement dont il devra respecter le régime [1].
Il arrive que le salarié exprime son refus de la modification en quittant l'entreprise. La rupture du contrat qui en résulte n'est pas une démission, elle demeure un licenciement.

175. Justification du licenciement – La question reste posée de savoir si le refus de la modification constitue une cause réelle et sérieuse de licenciement. Le simple refus n'est pas par lui-même cause justificative de licenciement. C'est l'offre de modification elle-même qui doit être justifiée. Ainsi la modification économique doit-elle correspondre aux exigences de l'article L. 321-1 (art. L. 1233-3) du Code du travail et la modification pour motif personnel avoir une cause réelle et sérieuse. À défaut, des dommages-intérêts seront dus. Le licenciement ne sera justifié par une cause réelle et sérieuse que si la modification proposée repose elle-même sur une cause réelle et sérieuse.

§ 2. *Changement des conditions de travail*

176. Changement imposé et sanction du refus – En décidant d'un simple changement des conditions de travail, l'employeur ne fait qu'exercer son pouvoir de gestion. Sa décision s'impose au salarié. Non seulement ce changement n'est pas conditionné par l'acceptation du salarié, mais son refus constituerait un

---

1. V. *infra*. Le régime juridique du licenciement, n° 220 et s.

refus de se plier à un ordre, donc une faute susceptible de sanction, celle-ci pouvant aller jusqu'au licenciement (alors justifié). Parfois même le refus constitue une faute grave privative de préavis et d'indemnité de licenciement [1].
Un cas particulier résulte de l'intervention d'un accord collectif modifiant les conditions de travail. Selon le Code du travail, il s'impose, sauf contrat individuel plus favorable. Concernant l'application de la loi Aubry II, il a été expressément prévu que l'entrée en vigueur d'un accord de réduction de la durée du travail n'entraînait pas une modification du contrat [art. L. 212-3 (art. L. 1222-7 C. trav.)] ; c'est donc un changement des conditions de travail. En cas de refus, l'employeur peut alors licencier le salarié, ce licenciement s'analysant comme un licenciement individuel ne reposant pas sur un motif économique [donc soumis aux art. L. 122-14 à L. 122-17 (art. L. 1232-2 à 1232-14 C. trav.)].

177. à 179. - *Réservés*

1. V. *infra* Droits du salarié licencié.

Chapitre 2

Maintien des contrats de travail en cas de transfert de l'entreprise

180. Incidences des restructurations du capital sur l'emploi – Aujourd'hui les restructurations du capital ne cessent de se multiplier : ventes, fusions, scissions, OPA, OPE… D'où l'importance majeure de l'art. L. 122-12 (art. 1224-1 C. trav.) qui dans ces hypothèses « de modification de la situation juridique de l'employeur », impose le maintien automatique des contrats de travail en cours au service de l'acquéreur.

Cette règle est favorable aux salariés – elle favorise la stabilité de leur emploi malgré la restructuration – et aux entreprises – elle évite à l'employeur cédant le coût d'un licenciement et au nouvel employeur la recherche d'une main-d'œuvre compétente.

Dans le même sens, une directive communautaire du 14 fév. 1977, modifiée en 1998, prévoit le maintien du contrat de travail en cas de transfert d'entreprise, d'établissement ou de parties d'établissements.

Le transfert d'entreprise est la condition d'application de l'article L. 122-12 (art. 1224-1 C ; trav.) (section I), le maintien des contrats de travail son effet (section II).

Section I - Transfert d'entreprise

181. Interprétation jurisprudentielle – La notion de transfert d'entreprise est très générale. L'article L. 122-12 (1224-1 C ; trav.) vise expressément : « *la modification dans la situation juridique de l'employeur résultant notamment d'une succession, d'une vente, d'une fusion, d'une transformation du fonds, de la mise en société* ». S'appuyant sur l'adverbe notamment, la jurisprudence n'accorde à la formule aucun caractère limitatif. Elle utilise la proposition suivante : l'article L. 122-12 (art. 1224-1 C. trav.) s'applique « *à tout transfert d'une entité économique conservant son identité et dont l'activité est poursuivie ou reprise* », même « *en l'absence d'un lien de droit entre les employeurs successifs* ». Chacun des éléments de la formule jurisprudentielle mérite une explication :

1. « tout transfert » : location d'un fonds de commerce ; nationalisation ; cession à un établissement public administratif d'une activité gérée par une clinique privée ; cession d'une activité dans le cadre d'un redressement judiciaire ; vente même partielle d'une entreprise ; reprise par le bailleur ; location-gérance ; adjudication ; transfert d'un service d'une société à une autre...

2. « Même en l'absence d'un lien de droit » : l'application de l'art. L. 122-12 (art. 1224-1 C. trav.) ne nécessite pas l'existence d'un lien de droit entre les locataires-gérants successifs d'un même fonds de commerce, entre les concessionnaires successifs d'un service. La Cour de cassation avait, un certain temps, exigé qu'il y eût un « lien de droit » (tel un contrat) ; préférant élargir le champ d'application de la règle, elle ne l'exige plus [1].

3. « D'une entité économique ayant conservé son identité » : le transfert d'entreprise doit concerner un ensemble de moyens de production ou de services (locaux, stocks, équipements...) affectés à une même exploitation. Toute la question est de savoir ce qu'est une entité économique : la jurisprudence reflète la difficulté.

4. « Dont l'activité est poursuivie ou reprise » : si le fonds de commerce vendu est initialement une boucherie et devient une boulangerie, il n'y a pas application de l'article L. 122-12. Si l'activité économique continue (même après une brève interruption) et si l'identité du fonds est conservée, il y a lieu pour l'acquéreur de maintenir les contrats de travail.

182. Discussion – La question est discutée de savoir si l'article L. 122-12 CT (art. 1224-1 C. trav.) s'applique lorsque l'activité transférée n'est pas un ensemble organisé, tel qu'un fonds de commerce, mais une simple activité confiée à un nouveau prestataire de service : le nettoyage des locaux de l'entreprise, le gardiennage, la restauration... Les salariés du prestataire qui perd le marché passent-ils au service du prestataire nouvellement choisi ? Selon la jurisprudence, la seule perte d'un marché n'autorise pas l'application de l'article L. 122-12 (art. 1224-1 C. trav.) [2]. Pour que l'article L. 122-12 (art. 1224-1 C. trav.) s'applique, il faut qu'il y ait transfert d'une entité économique de l'un à l'autre prestataire. Cette entité économique est caractérisée par une exploitation dotée d'une autonomie : dans son arrêt rendu le 27 janv. 2000, la Cour de cassation a considéré qu'il y avait, à travers la reprise des moyens humains, des équipements

1. Ass. Plen. 16 mars 1990.
2. Ass. Plén. 15 novembre 1985.

spécifiques, et des procédures informatiques d'un service, transfert d'une entité économique autonome.

La question du champ d'application rebondit avec le développement de la sous-traitance qui pose non seulement la question de l'emploi mais celle de la perte pour les salariés du bénéfice d'une convention collective favorable. Il n'y a pas transfert d'une entité économique lorsque l'opération consiste à externaliser une activité secondaire ou accessoire. Ainsi dans l'affaire Perrier-Vittel (Cass. soc. 18 juillet 2000), la mise en caisse des bouteilles par la Société avait été confiée à une entreprise extérieure, le juge a considéré que l'article L. 122-12 (art. 1224-1 C. trav.) ne s'appliquait pas et que les salariés affectés à la mise en caisse des bouteilles devaient rester salariés de Perrier-Vittel.

Section II - Maintien des contrats de travail

183. Dérogation au droit civil – L'article L. 122-12 (art. 1224-1 C. trav.) dispose que : « *Les contrats de travail en cours subsistent entre le nouvel employeur et le personnel de l'entreprise* ». Il faut souligner ici l'originalité du droit du travail : la règle institue une exception au principe de l'effet relatif des contrats selon lequel les conventions n'ont d'effet qu'entre les parties contractantes (article 1165 du Code civil). Le contrat se poursuit malgré la disparition de l'une des parties contractantes (le premier employeur) ; il produit des effets au bénéfice ou à la charge d'un tiers : les salariés ont un nouvel employeur forcé – l'acquéreur. Étant d'ordre public, la règle s'impose à l'employeur comme aux salariés qui ne peuvent refuser le maintien de leur contrat de travail sauf à démissionner. Cependant, la possibilité pour les salariés de s'opposer au transfert de leur contrat est actuellement débattue sous l'influence du droit communautaire.

Le maintien des contrats de travail signifie d'une part, la continuité de l'emploi (§ 1), d'autre part, le maintien de l'ancienneté (§ 2), enfin, depuis une loi de 1983, le transfert des dettes de salaires et de charges sociales au nouvel employeur (§ 3).

§ 1. *Maintien de l'emploi*

Les contrats de travail en cours sont maintenus de plein droit. Mais le licenciement et surtout la modification des contrats en cours ne sont pas, pour autant, interdits. Il convient sur cette question de distinguer la situation du premier employeur (A) de celle du second (B).

A. Situation du premier employeur

184. Interdiction des licenciements « préventifs » – La collusion entre les deux employeurs – le deuxième mettant comme condition à la reprise du fonds un certain nombre de licenciements – est interdite : les licenciements « préventifs » sont, dans ce cas, injustifiés, voire nuls, car constitutifs d'une fraude à la loi. Le salarié peut à son choix demander au repreneur la poursuite du contrat de travail illégalement rompu ou demander au cédant réparation du préjudice en résultant, les deux employeurs étant débiteurs solidaires de l'indemnité. Mais le premier employeur conserve son droit de licencier antérieurement à la cession, si le licenciement est sans lien avec le transfert : il lui faut donc pouvoir invoquer un motif économique tel une suppression d'emploi en raison de difficultés économiques, de mutations technologiques ou d'une réorganisation effectuée pour sauvegarder la compétitivité de l'entreprise.

Cette possibilité de licenciement antérieur au transfert fragilise le principe inscrit à l'art. L. 122-12 (art. 1224-1 C. trav.). Le licenciement préventif est même d'usage dans l'entreprise en difficulté : le plan de cession élaboré par le tribunal de commerce précise le nombre de licenciements autorisés par rapport aux emplois maintenus. Ces licenciements sont, dans leur principe, toujours justifiés, s'ils conditionnent la reprise [la loi commerciale vient ici en partie paralyser l'art. L. 122-12 (art. 1224-1 C. trav.)].

B. Situation du deuxième employeur

185. Possibilité de restructuration – Le nouvel employeur a l'obligation de maintenir les contrats en cours au jour du transfert ; les salariés qui ne seraient pas repris peuvent demander au juge prud'homal – le cas échéant, en référé – leur réintégration. Mais en tant qu'employeur, le deuxième entrepreneur garde évidemment le pouvoir de restructurer son entreprise. Cela se traduira par la modification de certains contrats – le refus de cette modification pouvant justifier un licenciement – ou par des licenciements directs – qui ne seront justifiés que s'ils répondent aux conditions du droit commun du licenciement économique [1].

§ 2. *Maintien de l'ancienneté*

186. Maintien des droits attachés à l'ancienneté – Il y a continuation des contrats aux mêmes conditions avec conservation des droits attachés à l'ancienneté acquise chez le premier employeur (salaire, électorat, éligibilité) [2]. Si elle vient à être due, l'indemnité de licenciement prendra en compte l'ancienneté totale. C'est l'avantage principal de la règle.

§ 3. *Transfert des dettes de salaire du premier au deuxième employeur*

187. Solidarité des employeurs – La solidarité entre employeurs successifs est l'objet de l'art. L. 122-12-1 (art. 1224-2 C. trav.). Le salarié se trouve face à un nouveau débiteur. Le nouvel employeur est tenu des obligations qui incombaient à l'ancien employeur à la date du transfert. Sont concernés les dettes de salaire et les droits acquis avant le transfert, mais dont l'échéance intervient après (congés payés, prime de fin d'année, cotisations sociales correspondant à des périodes de travail se situant avant le transfert). Le nouvel employeur aura cependant un recours contre son prédécesseur, sauf s'il a été tenu compte de la charge résultant de ces obligations dans la convention de transfert intervenue entre eux.

188. et 189. - Réservés

---

1. V. *infra.* Définition (n° 238, 239), motivation (n° 240 et 241), et procédure du licenciement économique (n° 242 à 245).

2.
aintien de la protection contre le licenciement d'un salarié victime d'une rechute consécutive à un accident du travail dans la précédente entreprise (Soc. 14.3.2007).

ITRE III – Perte de l'emploi

190. La résiliation unilatérale – *à l'initiative de l'employeur ou du salarié – étant inhérente au contrat à durée indéterminée, la rupture en était libre de chaque côté. Mais il n'y a pas de commune mesure entre la démission, sans grand inconvénient pour l'entreprise, et le licenciement qui constitue un risque majeur pour le salarié : la perte de son emploi. Aussi le licenciement est-il soumis à un régime juridique strict, alors que la démission reste du domaine de la liberté contractuelle.*

D'autres modes de rupture anciens peu à peu disparaissent, pour s'aligner sur le régime juridique du licenciement. D'autres sont « découverts » par les entreprises : le juge en contrôle les limite.

Après avoir présenté les différents modes de rupture (chapitre préliminaire), il conviendra de distinguer le licenciement pour motif personnel (chapitre 1) du licenciement pour motif économique (chapitre 2). Seront ensuite présentés les droits du salarié licencié (chapitre 3), ainsi que les juridictions appelées à connaître les litiges du travail (chapitre 4).

Chapitre préliminaire

Différents modes de rupture du contrat de travail

À côté du licenciement et de la démission subsistent d'autres modes de rupture (section I). En raison du caractère d'ordre public du droit du licenciement, la loi comme la jurisprudence tendent à leur érosion. Le cas particulier de la cessation du contrat de travail en raison de l'âge du salarié appellera quelques précisions complémentaires (section II).

Section I - Diversité des modes de rupture

191. Force majeure – Jadis mode fréquent de rupture (il y a quelques dizaines d'années la maladie du salarié, la grève… rompaient d'elles-mêmes le contrat de travail), la force majeure n'entraînait plus qu'exceptionnellement la cessation de plein droit du contrat (c'est-à-dire sans formes ni versement d'aucune indemnité). Le fait invoqué devait être : a) imprévisible ; b) indépendant de toute faute ; c) insurmontable (il devait rendre l'exécution du contrat impossible et non pas seulement plus difficile). L'article L. 122-9-1 (art. 1234-13 C. trav.) résultant de la loi de modernisation sociale du 17 janv. 2002 précise désormais que « *le salarié dont le contrat à durée indéterminée est rompu pour cas de force majeure en raison d'un sinistre* » a droit à l'indemnité compensatrice de préavis et à l'indemnité de licenciement.

192. Prise d'acte de la rupture – Si l'employeur tente de « prendre acte » de la rupture en l'imputant à un événement extérieur à sa volonté (absence injustifiée du salarié, refus par le salarié de suivre l'employeur sur le nouveau lieu de son activité...), la Cour de cassation affirme qu'il s'agit d'un licenciement dont l'employeur aurait dû respecter les règles. À défaut la rupture s'analyse en licenciement sans cause réelle et sérieuse. (Alors que l'employeur, en respectant les garanties légales, aurait pu invoquer une cause réelle et sérieuse de licenciement, voire une faute grave).
À l'initiative du salarié, la prise d'acte de la rupture est qualifiée soit de licenciement sans cause réelle et sérieuse, soit de démission selon que les faits reprochés à l'employeur par le salarié justifiaient ou non la rupture. Dans le premier cas, le salarié bénéficiera non seulement d'indemnités de préavis et de licenciement mais de l'indemnisation spéciale du licenciement injustifié. Dans le second, il est privé de toute indemnité. La difficulté est de qualifier les faits qui justifient la rupture (le non-paiement du salaire certainement, alors que la brimade ne la justifie pas – mais qu'en est-il de la multiplication des petites brimades – ?). La démarche est donc risquée pour le salarié.

193. Rupture négociée – La législation sur le licenciement étant d'ordre public, les parties au contrat ne peuvent pas renoncer par avance au droit de se prévaloir des règles du licenciement [art. L. 122-14-7 al. 3 (art. L. 1231-4 C. trav.)] ; il est donc interdit d'insérer – à l'avance – une clause de rupture dans le contrat, elle serait nulle.
Mais la jurisprudence admet la licéité de la résiliation amiable intervenant en cours d'exécution du contrat (au moins pour les salariés sans mandat), tout en la traitant à certains égards comme un licenciement. Elle peut prendre la forme d'une offre collective de primes de départ à l'adresse des salariés qui seraient volontaires pour la rupture de leur contrat. Le juge veille à ce que le départ négocié – pour motif personnel ou économique – ne déguise pas un licenciement. Les départs négociés économiques ont d'ailleurs été soumis à la procédure du licenciement économique (art. L. 321-1 al. 2 C. trav.). La « prime » versée ne peut pas être inférieure à l'indemnité légale de licenciement, elle est souvent largement supérieure (idée d'achat du consentement du salarié). L'art. L. 321-4-2 al. 4 (art. L. 1233-67 C. trav.) indique qu'en cas d'accord du salarié, « *le contrat est rompu du commun accord des parties* » (dans le cadre d'une convention de reclassement personnalisé). Le salarié ne bénéficie pas du préavis, mais il conserve son droit aux indemnités de licenciement pour motif économique.

194. Démission – C'est la résiliation unilatérale du contrat à durée indéterminée par le salarié. C'est à l'employeur – qui l'invoque le plus souvent pour ne pas se soumettre aux règles du licenciement – de la prouver. Le juge contrôlera que la volonté du salarié a été libre, sérieuse et sans équivoque : il requalifiera la démission en licenciement à chaque fois qu'elle a été imposée au salarié, ou si elle fait suite à un comportement fautif de l'employeur (non-paiement du salaire), ou encore si elle est prise par le salarié sous l'empire de la colère et rapidement rétractée. La démission n'a pas à être motivée. Elle n'est fautive qu'en cas de débauchage par un concurrent. Elle implique pour le salarié le respect d'un délai-congé – préavis – s'il est prévu par la convention collective ou l'usage.

195. Résiliation judiciaire – Longtemps possible à l'initiative de l'employeur, la jurisprudence la déclare dorénavant irrecevable dès lors que l'employeur

possède le droit de licencier en respectant les garanties légales : suivre une procédure, avoir une cause réelle et sérieuse de licenciement et, sauf en cas de faute grave, respecter un préavis et verser une indemnité de licenciement [1].
Par contre la demande en résiliation judiciaire à l'initiative du salarié, lorsque l'employeur n'exécute pas ses obligations contractuelles, est recevable. Et, lorsqu'elle est prononcée, elle est assimilée dans ses effets à un licenciement sans cause réelle et sérieuse [2].

196. Cessation du contrat en raison de l'âge du salarié – Il importe de distinguer l'âge de cessation de l'activité professionnelle et l'âge d'acquisition d'un droit à pension. Il existe un lien entre les deux, mais non une coïncidence complète.

Section II - Cessation du contrat en raison de l'âge du salarié

Le régime juridique de la cessation du contrat en raison de l'âge du salarié résulte d'une loi du 30 juillet 1987. La loi a voulu faire cesser la pratique conventionnelle des « clauses guillotines » qui mettaient fin au contrat de plein droit à un âge fixé et autorisaient l'employeur à en prendre acte (sans versement d'aucune indemnité au salarié). Ces clauses sont dorénavant frappées de nullité, celle-ci ne pouvant être sollicitée que par le seul salarié. La loi prévoit deux modes originaux de rupture qui ne se confondent ni avec le licenciement ni avec la démission ; il s'agit d'abord de la mise à la retraite dont l'initiative appartient à l'employeur (§ 1) ; il s'agit ensuite du départ à la retraite dont l'initiative appartient au salarié (§ 2). Dans l'une ou l'autre de ces situations, le salarié pourra prétendre à une pension de retraite (§ 3).

§ 1. *Mise à la retraite à l'initiative de l'employeur*

197. Conditions – Avant la réforme de 2003 un employeur pouvait mettre à la retraite tout salarié à l'âge de 60 ans à condition qu'il bénéficie d'une pension à taux plein. À défaut, la mise à la retraite était requalifiée en licenciement et soumise à toutes les conditions de celui-ci, le seul motif de l'âge ne constituant pas une cause réelle et sérieuse de licenciement. La mise à la retraite ne touchait que des salariés dotés de revenus de substitution. Désormais la mise à la retraite d'un salarié de moins de 65 ans est prohibée [art. L. 122-14-13 (art. L. 1237-5 C. trav.)] [3]. Mais elle peut viser tous les salariés de 65 ans ou plus, que ceux-ci aient ou non cotisé suffisamment longtemps pour bénéficier d'une pension à taux plein. Même si le salarié souhaite continuer à travailler pour majorer le taux de sa pension. Que ces salariés soient privés des règles du droit commun du licenciement apparaît très contestable.

1. V. *infra* Le régime juridique du licenciement, n° 220 et s.
2. V. *infra* Le licenciement injustifié, n° 236.
3. Quelques dérogations à cette exigence d'âge sont prévues et la mise à la retraite entre 60 et 65 ans autorisée, dès lors que les salariés ont droit à une pension à taux plein, notamment si une convention collective étendue est conclue avant le 1er janv. 2008 (fixant des contreparties en termes d'emploi : embauche d'un apprenti, d'un salarié en contrat de professionnalisation ou en contrat à durée indéterminée…).

À la différence du licenciement, la mise à la retraite n'a pas à être motivée. L'employeur doit seulement la notifier par écrit.

198. Droits et indemnités – L'employeur doit respecter un préavis identique à celui du licenciement. Enfin l'employeur doit verser au salarié une indemnité de mise à la retraite qui ne peut être inférieure à l'indemnité légale de licenciement prévue à l'art. L. 122-9 (art. L. 1234-9 C. trav.).

§ 2. *Départ à la retraite*

199. Départ à l'initiative du salarié – Le départ à la retraite correspond à une rupture du contrat à l'initiative du salarié en raison de son âge. « Prendre sa retraite » est un droit pour tout salarié ayant atteint l'âge d'ouverture à une pension vieillesse (60 ans) et qui la fait liquider, peu important ici la durée d'assurance. Le salarié doit respecter un préavis. Le salarié a droit à une indemnité de départ à la retraite, alors qu'il est privé d'indemnité dans le cadre d'une démission.

§ 3. *Droits du salarié retraité*

L'homme qui atteint un certain âge n'est plus toujours en état de travailler et la collectivité doit lui assurer un revenu – une pension ou une rente (A) – remplaçant son salaire d'activité. Plus ou moins prévoyant, éventuellement avec l'aide de son employeur, le salarié a pu lui-même épargner pour ses vieux jours (B). Les deux idées se complètent plus qu'elles ne s'opposent. Ce qui vient compliquer la situation, c'est la tendance constante depuis un quart de siècle de faire partir les travailleurs « âgés », bien avant qu'ils aient atteint la limite d'âge – comme l'organise un système de préretraite (C) –, ce qui a pour effet de réduire le nombre des actifs et d'accroître celui des inactifs ; cette tendance a été longtemps relayée par la loi qui avait elle-même avancé l'âge d'acquisition du droit à pension en 1982 (60 ans). Mais elle s'est nettement inversée, en raison notamment de la raréfaction des systèmes de préretraite et de l'allongement de la durée de cotisations nécessaire pour obtenir une pension à taux plein.

A. Pensions de vieillesse

L'examen du droit positif (1) suscitera de lui-même la discussion (2).

1. Droit positif

Le système français comporte deux étages, l'un et l'autre obligatoires : se superposent un régime légal (a) et un régime dit complémentaire (b) créé par convention collective, mais rendu obligatoire en 1972. L'un et l'autre reposent sur le financement des pensions par des cotisations : selon cette technique dite de la répartition – fondée sur la solidarité des générations –, les cotisations des actifs servent à payer les pensions des retraités.

Le régime légal comporte au surplus un financement par l'impôt – répondant à un principe de solidarité nationale, et non plus d'assurance –, à travers le financement d'un « fonds de solidarité vieillesse ».

a. La pension versée par le régime général

200. Conditions – La pension de régime général (art. 351.1 CSS) est versée par la Caisse Nationale d'Assurance Vieillesse (CNAV). Elle est calculée à partir du Salaire Annuel Moyen (SAM), qui est égal à la moyenne des salaires ayant donné lieu à cotisations au cours d'une période progressivement portée aux 25 meilleures années. Son taux est de 50 % du SAM. La pension au taux plein peut être exigée à partir de 60 ans à la condition d'une durée d'assurance portée progressivement de 150 à 160 trimestres d'assurance (de 37,5 années à 40 années) ; le nombre de trimestre est passé à 160 en janvier 2003 ; si la durée d'assurance est inférieure, la pension versée à 60 ans est réduite de l'ordre de 5 % par année manquante (réduction proratisée). Si la durée d'assurance est supérieure, elle est majorée : une surcote est prévue pour chaque année supplémentaire. Enfin, si le salarié n'a pas le nombre de trimestres suffisant à 60 ans, il peut attendre ses 65 ans pour demander la liquidation de sa pension : celle-ci lui sera versée à taux plein. La retraite peut aussi être calculée à taux plein entre 60 et 65 ans lorsque l'assuré a été au préalable reconnu inapte au travail, est titulaire d'une pension d'invalidité, de la carte de combattant ou de prisonnier de guerre.

En cas de décès du pensionnaire, une pension « de réversion » peut être due au conjoint survivant.

b. La pension versée par le régime complémentaire

201. Conditions – La pension complémentaire des salariés non-cadres est versée par les caisses de l'ARRCO ; celle des cadres l'est par les caisses de l'AGIRC ; elles sont alimentées par les cotisations des actifs – et les placements financiers – sans apport de l'impôt. Le montant de la pension est fonction du nombre de « points » acquis au cours de la carrière, la valeur du point étant fixée chaque année par le conseil d'administration du régime. La pension au taux plein est versée dès 60 ans, grâce à un financement complexe (qui implique l'assurance chômage), assuré par une « structure financière » (appelée à disparaître) fondée sur des transferts de fonds de l'assurance chômage aux régimes complémentaires vieillesse.

c. Questions discutées

202. Retraités « actifs » – Le cumul d'une pension et d'une activité professionnelle n'est pas interdit. La loi exige le départ de l'entreprise, mais un nouvel emploi n'est pas interdit au retraité, qui peut aussi exercer une activité non salariée.

203. Retraités « progressifs » – La retraite progressive est-elle possible ? La loi la prévoit : la retraite progressive permet de conserver une activité à temps partiel tout en liquidant une partie de la pension de vieillesse ; cette dernière est ensuite totalement liquidée sur demande de l'intéressé lorsqu'il cesse toute activité ; mais la pratique est réfractaire à l'utilisation de ce départ progressif, tant du côté patronal que du côté salarié.

204. Intangibilité des droits à la retraite – Une pension déjà liquidée est-elle intangible ? La question se pose pour les régimes de retraite par points. Il s'agit moins de discuter d'un effet rétroactif ou non d'une révision de la convention collective, que de l'obligation pour les institutions de retraite d'assurer l'équilibre financier du régime en faisant varier dans le temps la valeur du point. La jurisprudence leur confirme ce droit nécessaire ; mais non celui de remettre en cause le nombre de points acquis chaque année par ceux dont la retraite a été liquidée [1]. Le point représente en effet la conversion en argent de périodes de travail antérieurement effectuées.

1. Cass. soc. 23 novembre 1999.

205. Déséquilibre démographique – Le facteur démographique étant déterminant dans le fonctionnement d'un régime de retraites, le vieillissement de la population – le nombre des inactifs retraités s'accroissant, celui des actifs diminuant – constitue un défi pour l'équilibre financier. Comment accroître le nombre des cotisants par rapport à celui des pensionnés ? En reculant l'âge de la retraite ? En majorant les cotisations ? En augmentant le nombre d'années de cotisations exigé pour avoir droit à la retraite à taux plein ? (ce qui a été fait depuis 1993). En diminuant le montant de la pension – le taux de remplacement – en comparaison avec celui du salaire ? En développant l'emploi des chômeurs ? Ce problème de politique sociale est parmi les plus controversés ; il n'appelle pas de solution unique.

206. Allocation personnalisée d'autonomie – La dépendance est l'état de celui qui dépend d'un tiers pour la vie courante et qui ne peut plus vivre seul dans son logement. Ce risque distinct de la vieillesse proprement dite a été progressivement pris en charge par la Sécurité sociale. Une loi du 24 janvier 1997 a d'abord créé une prestation spécifique, relevant de l'aide sociale (soumise à plafond de ressources), à charge des départements et communes. Une loi du 20 juillet 2001 l'a ensuite remplacée par une allocation personnalisée d'autonomie (APA) versée par notre système de Sécurité sociale. Au 30 septembre 2005, on comptait en France 911 000 bénéficiaires de l'APA.

B. Épargne en vue de la retraite

207. Capitalisation – Renonciation à une dépense actuelle en vue d'un revenu futur, notamment après cessation d'activité, l'épargne suppose la capacité d'épargner, la stabilité de la monnaie et, de plus en plus, certains encouragements d'ordre fiscal. Elle peut viser le décès de l'épargnant – auquel cas elle profite à ses héritiers – ou sa survie à un âge déterminé – auquel cas elle donne lieu au versement d'un capital ou d'une rente viagère (pension). Elle implique toujours une accumulation des sommes épargnées représentée par des provisions. Le système est sûr pour le futur retraité qui a un droit de créance défini et fournit des capitaux à l'économie ; mais il suppose un temps prolongé d'accumulation, obéissant au mécanisme dit de la capitalisation.

208. Modalités d'épargne – L'épargne est soit individuelle, soit collective. Individuelle, elle relève du droit bancaire ou du droit des assurances. Collective – résultant par exemple d'un plan d'épargne salariale –, elle est, plutôt qu'une alternative, un complément de la protection contre le risque vieillesse. La loi [1] parle de retraite supplémentaire, par opposition à la complémentaire qui est légalement obligatoire. Sa modalité la plus fréquente consiste dans le versement, dans le cadre d'une entreprise, d'une retraite différentielle – retraite « chapeau » – assurant un revenu défini.

209. Fonds de pension – On s'oriente vers la création en France de fonds de pensions, mais dans le cadre de l'intéressement et de la participation financière.

---

1. Livre IX, Titre IV Code Sécurité sociale.

C. Préretraite

210. Définition – Le terme de « préretraite », dans son ambiguïté, concerne toutes les formes de sortie de la vie active avant l'âge ouvrant droit aux prestations de vieillesse. Exclu de toute activité dès 50-55 ans, pourvu d'une prestation *ad hoc*, est-on un invalide, un chômeur, un retraité ? Le droit français se caractérise par l'hésitation dans la politique à suivre et dans les techniques de mise en œuvre.

211. Hésitations politiques – Fortement incités par les partenaires sociaux, les pouvoirs publics ont d'abord favorisé les cessations anticipées d'activité, avec la conviction que les emplois ainsi abandonnés donneraient lieu à des recrutements : il fallait « libérer » l'emploi pour l'ouvrir aux plus jeunes (« contre embauches compensatrices »). Mais, confrontés au chômage grandissant des travailleurs âgés, ils ont contradictoirement mis à l'amende les entreprises qui se débarrassaient des salariés avant que ceux-ci n'aient atteint l'âge du droit à pension (« contribution Delalande ») désormais supprimée.
Certaines préretraites – notamment le dispositif de la préretraite progressive contre embauche – visaient également l'objectif de faciliter la transmission des compétences.
Aujourd'hui, l'usage des préretraites a été grandement limité ; elles sont envisageables pour deux raisons principales : soit elles permettent, à travers le dispositif de la préretraite totale financée par le FNE, d'aider à la restructuration d'entreprises ou de secteurs professionnels ciblés [1], soit elles offrent – sans nécessairement concerner un secteur particulier – un dispositif de sortie pour les salariés qui ont souffert de la pénibilité de leur travail (CATS : Cessation d'activité de certains Travailleurs Salariés).

212. Hésitations techniques – On mit d'abord à contribution l'État à travers le Fonds National de l'Emploi (FNE) qui versait des « allocations spéciales » aux travailleurs licenciés après un certain âge et présumés difficiles à reclasser.
On mit ensuite à contribution les ASSEDIC invitées à verser des « garanties de ressources » aux salariés licenciés avant l'âge légal de la retraite (qui était alors de 65 ans) pendant la période de transition (70 p. 100 du salaire) ; ces garanties furent étendues aux cas de démission.
Puis ce furent les contrats de solidarité préretraite, mis à la charge de l'État.
Ces divers statuts se rapprochèrent – en offrant 65 % du salaire aux préretraités – en même temps que leurs « bénéficiaires » étaient de moins en moins âgés (55 ans) : le travailleur recevait un revenu de remplacement de l'ASSEDIC, financé par l'État avec une contribution de l'ASSEDIC, de l'entreprise et du salarié, et après convention passée entre l'entreprise et le FNE (dispositif ASFNE). Dès qu'il pouvait prétendre à une retraite à taux plein (à 65 ans au plus tard), le « préretraité » passait du statut de chômeur à celui de retraité.
À la fin de l'année 1992 fut aussi créé un dispositif unique de préretraite progressive (PRP), qui était né de la réunion de deux anciens dispositifs : la préretraite ASFNE mi-temps et le contrat de solidarité préretraite progressive.
Mais le législateur mis fin à ce régime le 1er janvier 2005, préférant conserver le

1. PME, entreprises en très grandes difficultés, entreprises relevant de bassins d'emploi particulièrement fragilisés et dans lesquels les conditions de reclassement des salariés sont difficiles.

seul dispositif de la préretraite totale financée par le FNE (dispositif ASFNE) ; toujours en vigueur, il en est fait aujourd'hui un usage très sélectif.
S'est ajouté – de 1995 au début de l'année 2003 – le mécanisme de l'Allocation de Remplacement Pour l'Emploi (ARPE), financé par la seule ASSEDIC : le travailleur percevait 65 % du salaire jusqu'à la retraite ; ce dispositif impliquait la rupture de contrat de travail à la condition qu'elle soit suivie d'embauches.
Un dernier dispositif a aujourd'hui le vent en poupe, notamment en raison de la participation des entreprises à son financement : par un décret du 9 fév. 2000 a été autorisé le dispositif de Cessation d'activité de certains Travailleurs Salariés (CATS), dont l'objectif est d'assurer la préretraite de salariés qui ont souffert de la pénibilité de leur travail (travailleurs de nuit, travailleurs à la chaîne, handicapés, travailleurs exposés à l'amiante…).

213. à 219. - Réservés

Chapitre 1
Licenciement pour motif personnel

C'est le licenciement pour motif inhérent à la personne du salarié (faute, inaptitude, insuffisance professionnelle), que l'on distingue du licenciement économique (voir *infra* Chapitre II). Inscrit comme un droit dans le Code civil, le licenciement l'est également dans le Code du travail [art. L. 122-4 (art. 1231-1 C. trav.), reprenant l'art. 1780 du Code civil]. Ce droit a d'abord été tempéré par le recours à la notion d'abus. Puis il a été soumis par la loi du 13 juillet 1973 à l'exigence d'une procédure préalable autorisant les droits de la défense du salarié, à défaut de laquelle le licenciement est irrégulier (section I). La même loi de 1973 exige en outre la motivation du licenciement qui doit avoir une cause réelle et sérieuse justifiant l'exclusion du salarié de l'entreprise (section II). Dans certains cas, – par exemple lorsqu'il porte atteinte à un droit fondamental du salarié – il est interdit (section III). Licenciement irrégulier en l'absence de procédure, non motivé ou injustifié, licenciement prohibé – illicite – correspondent à des degrés différents de non-conformité au droit. D'où des sanctions différenciées (section IV).

Section I - Régularité du licenciement

Les articles L. 122-14 et s. (art. L. 1232-2 et s. C. trav.) et, lorsque le licenciement a un motif disciplinaire, l'article L. 122-41 (art. L. 1332-2 C. trav.) rendent obligatoire – quelles que soient la taille de l'entreprise et l'ancienneté du salarié – une procédure préalable à la rupture destinée à informer le salarié sur ce qui n'est d'abord qu'un projet de licenciement, et à lui permettre de présenter sa défense au cours d'un entretien contradictoire avec l'employeur (§ 1). Cet entretien précède nécessairement la notification par écrit du licenciement et de son motif (§ 2). Quand le licenciement est disciplinaire, les deux procédures doivent être combinées.

§ 1. *Entretien préalable*

L'entretien préalable est toujours obligatoire même si le salarié a commis une faute grave ou lourde. Dans ces derniers cas, l'employeur a cependant la possibilité de prononcer une mise à pied conservatoire dans l'attente de la sanction définitive.

L'organisation de l'entretien (B) nécessite une convocation du salarié (A).

A. Convocation à l'entretien

220. Nécessité d'un écrit – La convocation doit être faite impérativement par écrit : soit par lettre recommandée, soit par remise en mains propres. Outre la date, le lieu et l'heure de l'entretien, deux précisions sont impératives : l'objet de l'entretien – la lettre doit préciser qu'un licenciement est envisagé – et la mention du droit pour le salarié de se faire assister.

221. Respect d'un délai – La loi prévoit qu'il y a lieu de respecter un délai de 5 jours ouvrables entre la convocation et le déroulement de l'entretien. Si le licenciement est disciplinaire, les délais propres à la procédure disciplinaire doivent être respectés [1].

B. Déroulement de l'entretien

222. Finalité de l'entretien – Les règles relatives au déroulement de l'entretien découlent de sa finalité : cette rencontre avec l'employeur ou son représentant peut permettre d'éviter le licenciement qui, à ce stade, est seulement envisagé. L'employeur a l'obligation d'être présent, sauf à se faire représenter ; il doit

1. v. *supra* 1re Partie, Préliminaire, section II : pouvoir disciplinaire de l'employeur, n° 44 et s.

indiquer au salarié les motifs pour lesquels il envisage le licenciement, et doit recueillir ses explications en respectant les droits de la défense.
Le salarié doit pouvoir s'exprimer librement. Les propos qu'il tient ne peuvent constituer par eux-mêmes une cause de licenciement, ni servir de preuve des fautes qui lui sont reprochées. L'employeur ne doit pas transformer l'entretien en procédure d'enquête.

223. *Assistance* – Le salarié a le droit d'être assisté par une personne de son choix appartenant au personnel de l'entreprise. S'il n'y a pas d'institutions représentatives dans l'entreprise, il peut être assisté par un « conseiller du salarié » choisi sur une liste disponible à l'inspection du travail et dans les mairies.

§ 2. *Notification du licenciement et de ses motifs*

224. *Double exigence* – Cette exigence d'une notification du licenciement et de ses motifs s'impose à l'employeur qui, après l'entretien, décide de licencier. La notification du licenciement doit être faite par lettre recommandée avec accusé de réception. La date de cette présentation fixe le point de départ du préavis.

225. *Délai* – Cette lettre ne peut être expédiée moins de 2 jours ouvrables après la date à laquelle le salarié a été convoqué en application des dispositions de l'art. L. 122-14 (art. 1232-2 C. trav.). En matière disciplinaire, le licenciement ne peut intervenir moins d'un jour franc ni plus d'un mois après le jour fixé pour l'entretien.

226. *Énonciation des motifs* – La lettre de licenciement doit énoncer le ou les motifs précis du licenciement. La simple référence à la lettre de convocation à l'entretien ne suffit pas, même si cette dernière indiquait déjà le motif. Cette énonciation fixe les limites d'un éventuel litige ultérieur : il sera impossible à l'employeur d'invoquer d'autres motifs en cours d'instance. C'est donc capital. Par ailleurs, pour préserver les droits de la défense du salarié, la jurisprudence a décidé qu'une absence d'énonciation des motifs ou une imprécision de ces motifs était sanctionnée non pas comme une simple irrégularité de procédure, mais comme un défaut de justification du licenciement : le salarié peut alors demander la réparation du licenciement sans cause réelle et sérieuse [1].

Section II - Motivation du licenciement

227. *Exigence d'une cause réelle et sérieuse* – Avant la loi du 13 juillet 1973, l'employeur pouvait licencier pour le motif de son choix sous la seule réserve de l'abus du droit, souvent difficile à prouver par le salarié. Depuis, l'art. L. 122-14-2 (art. L. 1233-2 C. trav.) subordonne le licenciement à l'existence d'un motif ; ce dernier doit être réel et sérieux. L'art. L. 122-14-3 (art. 1235-1 C. trav.) dispose qu'en cas de litige, le juge doit apprécier le caractère réel et sérieux du motif invoqué par l'employeur. Le législateur n'ayant pas défini cette notion de « cause réelle et sérieuse », c'est le juge qui l'a fait progressivement. Depuis 1973 s'élabore une jurisprudence subtile, peu systématique et en perpétuel devenir. Seuls des faits réels, objectifs, démontrables d'une part, de nature

1. V. n° 236.

à justifier l'élimination de l'emploi d'autre part, peuvent constituer une cause réelle et sérieuse de licenciement. Le juge aura égard soit au comportement du salarié (§ 1), soit au comportement de l'employeur (§ 2). Encore faut-il que le fait reproché au salarié ne relève pas de sa vie personnelle : elle constitue la limite du rapport de travail (§ 3).

§ 1. *Comportement du salarié*

228. Motif disciplinaire – La faute légère ne saurait constituer une cause de licenciement. En revanche, la faute n'a pas à être nécessairement grave pour justifier la rupture. La jurisprudence a dégagé une catégorie intermédiaire de faute, cause sérieuse de licenciement. Tel est le cas du refus d'exécuter un ordre, que l'on peut qualifier d'acte d'indiscipline, sauf si le travail refusé n'entre pas dans les attributions ou les qualifications du salarié. Tel est également le cas d'un abandon injustifié de poste. Des retards ou absences répétées vont justifier la rupture, alors qu'un unique retard sera impuissant à la fonder. Une simple altercation entre salariés, sans que des coups aient été portés, ne permettra pas la rupture, seule une rixe l'entraînant. Des injures proférées dans un établissement commercial seront sanctionnées par un licenciement, mais ce ne sera pas le cas lorsque l'injure a été lancée sur un chantier. Suffisamment grave en soi, l'état d'ébriété justifiera un licenciement ; un vol dans l'entreprise également, sauf s'il est dérisoire. Des « agissements » de harcèlement sexuel ou moral justifient le licenciement.

En définitive, le licenciement pour motif disciplinaire est affaire de circonstances : les raisons de la rupture restent soumises à l'appréciation du juge, de même qu'appartient au juge seul la qualification de faute grave ou lourde. La première crée un trouble objectif au sein de l'entreprise – ainsi du vol commis par un agent de surveillance d'une société de gardiennage au détriment d'un client de l'entreprise –. La seconde manifeste l'intention de nuire à l'entreprise, ainsi de la déprédation volontaire de matériel ou de marchandises. La preuve de la faute grave ou lourde du salarié que l'employeur invoque pour réduire l'indemnisation, lui appartient [1].

229. Motif professionnel – L'incompétence professionnelle peut constituer une cause réelle et sérieuse de licenciement ; elle correspond en effet à l'hypothèse d'une inexécution par le salarié de ses obligations contractuelles. Mais l'employeur n'en est plus seul juge. Il a lui même l'obligation d'adapter le salarié aux évolutions de son emploi. L'incompétence doit s'avérer de circonstances objectives. Les mauvais résultats seront appréciés par rapport aux résultats des années précédentes ou à ceux des autres salariés de l'entreprise ; la tâche confiée ne doit pas excéder la spécialisation du salarié ; les objectifs fixés devront être raisonnables et les mauvais résultats reprochés aux salariés ne pourront découler de la conjoncture économique. L'exécution défectueuse ne se confond pas avec une défaillance exceptionnelle (une erreur de caisse isolée, par exemple) qui reste indifférente. L'inaptitude à l'emploi ne saurait être fondée sur l'âge du salarié…

1. Sur les effets de la faute grave ou de la faute lourde sur les droits du salarié licencié v. *infra, n° 280 et 281.*

§ 2. *Comportement de l'employeur*

Il doit être celui d'un chef d'entreprise responsable : l'employeur ne doit pas se mettre lui-même en faute.

230. Exemples – L'employeur se met en faute lorsqu'il prononce un licenciement vexatoire tel le licenciement d'un garçon de café devant les clients. Le licenciement sera sans cause réelle et sérieuse s'il est prononcé après une sanction antérieure concernant le même fait. Il le sera également lorsqu'il est prononcé en réponse à une réclamation justifiée – portant par exemple, sur le paiement du salaire –, ou en réponse à l'envoi de courriers contestant un avertissement que le salarié estime injustifié.
Risque aussi d'être privée de justification la rupture décidée avec légèreté – par exemple immédiatement après l'embauche –.
La « perte de confiance » ne peut plus, depuis 1990, fonder un licenciement ; seuls des faits objectifs peuvent être invoqués.
Échappe à la qualification de cause réelle et sérieuse de licenciement le motif imprécis, vague, inexact ; une simple allégation sans preuve ou la variation dans le temps du prétendu motif seront de nature à priver le licenciement de toute justification.
Concernant un cadre investi de responsabilités, une critique argumentée sur la gestion de l'entreprise n'est plus suffisante pour justifier un licenciement [1].

§ 3. *Vie personnelle et limites du rapport de travail*

231. Protection de la vie personnelle – La vie personnelle du salarié est extérieure au rapport de travail. Ainsi ne constituent pas une cause réelle et sérieuse de licenciement outre un fait emprunté aux circonstances de sa vie privée – amoureuse, sentimentale –, l'achat d'un produit fabriqué par un concurrent, l'aide apportée à un travailleur sans papiers poursuivis devant la juridiction pénale et, de façon générale, la délinquance hors de l'entreprise – émission de chèques sans provision, vol à l'étalage, brève incarcération… –, parce que ces faits n'ont pas de lien direct avec l'activité professionnelle.

232. Trouble objectif – En revanche, si le fait relevant de la vie personnelle du salarié crée par ses répercussions un trouble objectif dans l'entreprise, il pourra justifier, compte tenu de la fonction du salarié et de la finalité poursuivie par son entreprise, le licenciement.

Section III - Illicéité de certains licenciements

233. Atteinte aux droits fondamentaux – La loi ne se contente plus de soumettre le licenciement à des conditions de procédure et de motivation, elle le considère comme illicite lorsqu'il porte atteinte aux droits fondamentaux du salarié.

234. Licenciements illicites – L'article L 122-45 (1132-1 C. trav.), modifié par la loi du 16 nov. 2001, interdit le licenciement « discriminatoire » : est illicite le

1. Cass. soc. 14 déc. 1999.

licenciement en raison de l'origine, du sexe, des mœurs, de l'orientation sexuelle, de l'âge, de la situation de famille, des caractéristiques génétiques, de l'appartenance à une ethnie, une nation, une race, des opinions politiques, des activités syndicales ou mutualistes, des convictions religieuses, de l'apparence physique, du patronyme, de l'exercice normal du droit de grève, de la grossesse, de l'état de santé ou du handicap. Cette dernière interdiction est délicate à mettre en œuvre : le licenciement d'un salarié malade – s'il est justifié par le seul motif de la maladie – est interdit. Mais les effets de la maladie – tels l'absence de longue durée ou des absences répétées et fréquentes rendant nécessaire le remplacement définitif du salarié – peuvent créer un trouble grave dans l'entreprise et justifier le licenciement. L'interdiction du licenciement illicite s'étend évidemment aux licenciements disciplinaires discriminatoires.

Est pareillement illicite le licenciement d'un salarié en réponse à une action en justice engagée pour faire respecter l'égalité professionnelle des sexes – art. L. 123-5 (art. L. 1144-3 C. trav.) – et ou pour faire respecter le principe d'égalité – art. L. 122-45-2 (art. L. 1134-4 C. trav.). De même sont illicites le licenciement d'une personne ayant subi ou refusé de subir un harcèlement sexuel – art. L. 122-46 (art. 1152-3 C. trav.) – ou moral – art. L. 122-49 (art. L. 1153-4 C. trav.) ; celui d'une femme enceinte ou qui vient d'être mère [art. L. 122-27 (art. L. 1225-4 et L. 1225-5 C. trav.)] ; celui d'un salarié accidenté du travail ou victime d'une maladie professionnelle pendant la période de suspension de son contrat [art. L. 122-32-2 C. (art. L. 1226-13 C. trav.)].

Est enfin illicite le licenciement en réaction à l'exercice des libertés fondamentales du salarié, même non protégées par un texte spécial du Code du travail : ainsi est garantie la liberté d'expression hors de l'entreprise – telle la publication d'un article critique sur les conditions de travail – ou dans l'entreprise – telle la critique de certaines méthodes de gestion de l'employeur, dès lors qu'elle n'est pas excessive. Dans un arrêt du 13 mars 2001, la Cour de cassation affirme le principe de la nullité du licenciement pris en violation d'un droit fondamental ou d'une liberté publique. Cette nullité a pour conséquence la réintégration dans l'emploi, laquelle peut être ordonnée en référé.

Section IV - Sanctions du licenciement irrégulier, injustifié, illicite

Correspondant à une réparation en nature, la réintégration dans l'emploi, qui serait la sanction la plus efficace, a des difficultés à s'imposer en droit positif (§ 3). Le plus souvent la sanction du licenciement se réduit à l'allocation de dommages-intérêts : elle prend la forme d'une réparation par équivalent. Sur ce point, le législateur établit une distinction entre la sanction des conditions de procédure (§ 1) et celle des conditions de fond (§ 2). Par ailleurs, pour ces deux hypothèses, la loi réduit la sanction financière du licenciement irrégulier ou injustifié dans les PME.

§ 1. *Sanction du licenciement irrégulier dans sa procédure*

235. Distinction – La loi distingue deux hypothèses :

1. le salarié a plus de 2 ans d'ancienneté et travaille dans une entreprise de plus de 10 salariés [art. L. 122-14-4 (art. L. 1235-2 à L. 1235-4 C. trav.)] : en

cas de défaut d'entretien préalable, de convocation irrégulière ou de déroulement irrégulier de l'entretien, la sanction est une indemnité d'un mois de salaire maximum. Elle ne se cumule pas avec l'indemnité pour absence de cause réelle et sérieuse : en cas de licenciement injustifié, elle n'est pas due.

2. Le salarié a moins de 2 ans d'ancienneté ou travaille dans une entreprise de moins de 11 salariés [art. L. 122-14-5 (art. L. 1235-5 C. trav.)] : l'indemnité n'est pas déterminée dans son montant. Elle est appréciée par le juge en fonction du préjudice subi, et peut dans ce cas se cumuler avec l'indemnité pour absence de cause réelle et sérieuse (c'est le retour au droit commun de la réparation de l'entier préjudice).

§ 2. *Sanction du licenciement injustifié*

236. Distinction – Les sanctions du défaut de cause réelle et sérieuse de licenciement varient elles aussi selon l'ancienneté du salarié et la taille de l'entreprise.

1. Hypothèse de l'art. L. 122-14-4 (art. L. 1235-2 à L. 1235-4 C. trav.) : la réintégration ne peut qu'être proposée par la juge ; dans la pratique, elle ne l'est jamais. La sanction est donc pécuniaire ; la loi fixe un forfait minimal qui sera alloué au salarié : 6 mois de salaire. Cette somme est due sans considération de l'étendue réelle du préjudice : le salarié qui a retrouvé du travail le lendemain de son licenciement peut donc la recevoir. Elle couvre le préjudice économique – la perte d'un emploi rémunérateur – ; quant au préjudice moral – résultant par exemple d'un licenciement vexatoire –, il peut faire l'objet d'une indemnisation complémentaire. La règle de droit commun de la réparation intégrale du préjudice s'applique si le préjudice est supérieur au forfait minimal de 6 mois.

L'employeur devra aussi rembourser les allocations de chômage à l'ASSEDIC dans la limite de 6 mois, règle que la jurisprudence n'applique pas au licenciement irrégulier en la forme.

2. Hypothèse de l'art. L. 122-14-5 (art. L. 1235-5 C. trav.) : la seule sanction est ici l'allocation d'une indemnité dont la loi ne fixe pas de minimum. En l'absence de motif réel et sérieux de licenciement – la loi évoque à tort la vieille notion de licenciement abusif –, le salarié aura droit à une indemnité calculée en fonction du préjudice subi.

On rappellera que la jurisprudence assimile le défaut d'énonciation du motif ou l'imprécision du motif dans la lettre de licenciement à l'absence de cause réelle et sérieuse de licenciement. Les sanctions du licenciement injustifié s'appliquent : ne pas présenter au salarié les raisons de la perte de son emploi a les mêmes conséquences qu'une absence de cause réelle et sérieuse.

§ 3. *Sanction du licenciement illicite*

237. Nullité du licenciement illicite – Lorsque le licenciement est « illicite », le manquement patronal est d'une autre nature ; le licenciement n'est pas seulement injustifié, c'est le droit de licencier qui n'existe pas. L'acte qui repose sur une cause illicite est nul. Le juge des référés pourra ordonner la « réintégration » du salarié ou plus précisément, la poursuite du contrat de travail qui n'a pas été valablement rompu. Ainsi tout licenciement discriminatoire – art. L. 122-45 (art. 1132-1 C. trav.) – est nul de plein droit et devra être sanctionné par la réintégration, si le salarié la demande ; de façon générale, tout licenciement portant atteinte à un droit fondamental du salarié connaîtra le même sort. Parce que les salariés demandent rarement leur réintégration – sauf peut-être les militants syndicaux pour des raisons de principe –, et parce que les juges prud'homaux sont encore réticents à la prononcer [1], il n'est pas rare de voir la nullité d'un licenciement compensée par une simple allocation pécuniaire.

Quant au montant de la somme allouée, la Chambre sociale de la Cour de cassation apporte des réponses multiples à une question unique. Elle retient des règles différentes pour le licenciement nul du représentant du personnel, de l'accidenté du travail, du gréviste ou en l'absence de plan de sauvegarde ; par ailleurs, la somme allouée varie selon que la réintégration est ou non demandée. Le juge a tendance à déduire de l'indemnisation accordée les sommes perçues par l'intéressé (allocations de chômage, autres salaires…) entre le moment du licenciement et le jour de sa réintégration. Lorsque la réintégration n'est pas demandée ou s'avère impossible (retraite de l'intéressé, par exemple), le juge réduit en fait la réparation au montant de l'indemnité due en cas de licenciement injustifié (au moins 6 mois de salaire).

1. V. *infra* Le paritarisme du Conseil de Prud'hommes n° 301.

apitre **2**

Licenciement pour motif économique

Le licenciement économique est soumis aux règles de droit commun du licenciement et doit avoir une cause réelle et sérieuse [art. L. 122-14-3 (art. L. 1235-1 C. trav.)]. Toutefois, parce que le licenciement économique a pour origine un évènement étranger à la personne du salarié, un régime juridique autonome a été au surplus imposé progressivement par la loi [art. L 321-1 et s. (art. L. 1233-1 et s. C. trav.)]. Il consiste en une définition légale du motif économique (section I) - venant en renfort de l'exigence d'une cause réelle et sérieuse de licenciement (section II) -, une procédure spécifique de licenciement (section III) et des mesures d'accompagnement particulières qui n'existent pas dans le régime du licenciement de droit commun (section IV). Mais parce que les véritables moyens d'éviter les licenciements économiques supposent l'anticipation des difficultés économiques, le législateur a prévu l'obligation pour les entreprises de mettre en œuvre une gestion prévisionnelle de l'emploi et des compétences (section V). Enfin, la responsabilité de l'employeur ne s'arrête aux portes de son entreprise : les lois du 17 janvier 2002 et du 18 janvier 2005 ont mis à la charge des entreprises procédant à des licenciements affectant, par leur ampleur, « l'équilibre du ou des bassins d'emploi » une obligation de participer à la revitalisation de ce ou ces bassins (section VI) [1].

Section I - Définition du licenciement économique

238. Enjeu - La notion de licenciement économique est la clef d'entrée à la mise en œuvre du régime juridique autonome du licenciement économique. Elle a donc une importance essentielle. La loi de modernisation sociale du 17 janvier 2002 avait voulu réformer en profondeur le droit du licenciement économique. Ses résultats furent modestes, puisque la définition plus restrictive du licenciement économique qu'elle apportait a été déclarée non conforme à la constitution, et que nombre de ses dispositions ont été abrogées après avoir été suspendues. Les dernières retouches de cette définition qui résultent de la loi du 18 janvier 2005, n'ont fait que reprendre des éléments jurisprudentiels connus.

239. Critères du licenciement – Selon l'art. L. 321-1 (art. L 1233-3 du Code du travail), plusieurs conditions doivent être réunies pour justifier un licenciement pour motif économique :

1. il faut que le motif du licenciement ne soit pas inhérent à la personne du salarié, c'est-à-dire qu'il lui soit extérieur.
2. Il faut qu'il y ait une suppression directe – ou indirecte – d'emploi : transformation d'emploi ou modification d'un élément essentiel du contrat de travail.

La suppression d'emploi suppose un sureffectif : elle n'est pas réalisée au cas de remplacement du salarié licencié, fût-ce par un autre salarié du groupe par exemple ; elle l'est en revanche s'il y a répartition des tâches accomplies par

1. La rupture de 3 contrats à durée indéterminée échappe cependant aux dispositions relatives au licenciement économique :
– le contrat de mission à l'exportation qui prend fin à l'issue de la mission (art. L 1223-5 C. trav.) ;
– le contrat de chantier qui cesse à la fin de ce dernier (art. L. 1236-8 C. trav.) ;
– le contrat « nouvelles embauches » (CNE). V. supra n° 98 et s. À la différence des 2 premiers, le CNE n'est pas soumis non plus aux règles de licenciement pour motif personnel.

le salarié licencié entre les salariés demeurés dans l'entreprise ; elle l'est également en cas de « délocalisation » dans un pays où le reclassement des salariés ne peut être envisagé en raison des conditions d'emploi radicalement différentes.

La transformation de l'emploi suppose un changement de nature de l'emploi.

La modification doit porter sur un élément essentiel du contrat de travail ; pour entraîner un licenciement, elle doit être refusée par le salarié.

3. Selon la loi, complétée ici par la jurisprudence, la cause de la suppression d'emploi doit découler :

• soit de difficultés économiques appréciées au niveau du secteur d'activité du groupe auquel appartient l'entreprise ;

• soit de mutations technologiques ;

• soit de la réorganisation de l'entreprise, si cette dernière est effectuée pour sauvegarder sa compétitivité ;

• soit de la cessation de l'activité de l'entreprise, dès lors qu'elle n'est pas due à une faute de l'employeur ou à sa légèreté blâmable.

C'est la jurisprudence qui, en s'appuyant sur l'adverbe *notamment* de l'article L. 321-1 C. trav. (art. L 1233-3), a elle-même ajouté les causes de réorganisation ou de cessation de l'activité de l'entreprise aux motifs tirés des difficultés économiques et des mutations technologiques.

La définition ci-dessus concerne non seulement le licenciement proprement dit, mais aussi toutes les autres modalités de rupture justifiées par les mêmes motifs économiques : refus d'une modification, départs volontaires ou négociés…

4. Le licenciement ne peut intervenir que si l'employeur a tenté d'éviter le licenciement en remplissant son obligation d'adaptation du salarié à l'évolution de son emploi par une formation complémentaire [art. L. 321-1 al. 3 (art. 1233-4 C. trav.)].

5. Enfin, cette suppression d'emploi, transformation d'emploi ou modification du contrat ne peut justifier un licenciement que si le reclassement de l'intéressé dans l'entreprise est impossible. Si l'entreprise appartient à un groupe, les possibilités de reclassement des salariés doivent être recherchées à l'intérieur du groupe parmi les entreprises dont les activités, l'organisation ou le lieu d'exploitation leur permettent d'effectuer la permutation de tout ou partie du personnel, y compris dans une filiale étrangère. Les offres de reclassement proposées au salarié doivent être écrites et précises [al. 3 de l'art. L. 321-1 (al. 3 de l'art. L. 1233-4 C. trav.)].

Section II - Réalité et sérieux de la cause économique

Il ne suffit pas que le licenciement soit de nature économique, il faut encore que la cause en soit réelle et sérieuse. Les juges contrôlent la réalité (A) et le sérieux (B) de la cause [art. L. 122-14-3 (art. L. 1235-1C. trav.)].

A. Le caractère réel de la cause

240. Motif véritable – Le motif économique allégué ne doit pas être fallacieux ; par exemple, l'employeur ne peut invoquer de prétendues difficultés économiques, lorsque l'entreprise réalise des profits.

Il lui est impossible, par ailleurs, de dissimuler le vrai motif inhérent à la personne du salarié (son âge par exemple) en l'habillant d'une raison faussement économique. En cas de contestation, l'employeur devra prouver l'existence du motif ainsi que l'effort de reclassement.

B. Le caractère sérieux de la cause

241. Proportionnalité – Le motif économique justifiant la rupture est l'objet d'un contrôle de proportionnalité : il faut que la situation économique rende le licenciement indispensable.

Ainsi, le licenciement faisant suite à des mutations technologiques n'est sérieux que si l'adaptation des salariés aux évolutions de leurs emplois a été tentée. Une formation doit être offerte aux salariés pour qu'ils s'adaptent à leurs nouveaux postes.

Une baisse faible du chiffre d'affaires ne constituera pas une difficulté économique autorisant un licenciement ; ni la seule volonté de faire des économies ; ni le coût élevé du travail d'un salarié si la situation financière de l'entreprise lui permet d'en assurer la charge. *A fortiori*, est injustifié le licenciement économique, alors que l'entreprise réalise des bénéfices.

La seule volonté d'accroître la compétitivité de l'entreprise ne suffit pas pour caractériser le critère jurisprudentiel de la réorganisation. Il faut que la compétitivité soit en danger à plus ou moins long terme et que la réorganisation soit justifiée par sa sauvegarde. En d'autres termes, la réorganisation est un motif permettant d'anticiper des difficultés économiques prévisibles - marquant ainsi son autonomie par rapport aux autres motifs légaux -, comme l'ont montré les arrêts Pages Jaunes du 11 janvier 2006 : *« Une réorganisation de l'entreprise constitue un motif économique de licenciement si elle est effectuée pour en sauvegarder la compétitivité ou celle du secteur d'activité du groupe auquel elle appartient ; répond à ce critère la réorganisation mise en œuvre pour prévenir des difficultés économiques liées à des évolutions technologiques et leurs conséquences sur l'emploi, sans être subordonnée à l'existence de difficultés économiques à la date du licenciement »*. Se manifeste ainsi un lien étroit entre ce motif de licenciement et l'obligation de gestion prévisionnelle des emplois qui, pour la Cour de cassation, est destinée à prévenir des difficultés économiques et leurs conséquences sur l'emploi [1].

Cependant lorsque l'employeur a la possibilité de choisir entre plusieurs projets de licenciements reposant tous sur une cause réelle et sérieuse, il n'est pas tenu de choisir la formule la plus favorable au maintien des emplois (environ 260 licenciements dans le premier projet et 318 dans le second, v. arrêt SAT du 8 déc. 2000). Une telle jurisprudence témoigne de ce que le licenciement n'est pas nécessairement un ultime remède. Mais si le licenciement ne répond pas à la définition de l'article L 321-1 (art. L. 1233-3 C. trav.) ou n'a pas de cause réelle et sérieuse [L 122-14-3 (art. L. 1235-1 C. trav.)], les sanctions du licenciement injustifié s'appliquent [2].

---

1. V. arrêt Goodyear Dunlop du 21 novembre 2006, n° 05-40656.
2. V. *supra*, n° 236.

Section III - Procédure du licenciement économique

Lorsque le projet de licenciement économique ne concerne qu'un seul salarié, la procédure est identique à celle du licenciement pour motif personnel (entretien préalable et énonciation du motif dans la lettre de licenciement).

S'il concerne plusieurs salariés, deux phases sont à distinguer : l'employeur devra d'abord présenter le projet de licenciement dans sa globalité, par catégories des emplois supprimés, aux représentants du personnel (§ 1) ; il procédera ensuite au choix non arbitraire – individuel et nominatif – des salariés licenciés (§ 2).

§ 1. *Présentation du projet de suppression d'emplois aux représentants du personnel*

La "procédure" à respecter par l'employeur varie selon l'importance quantitative du projet de licenciement (A), de même que sa sanction (B). Les lois du 3 janvier 2003 et du 18 janvier 2005 prévoient que des accords de méthode peuvent aménager la procédure d'information et de consultation du comité d'entreprise (C).

A. Information et consultation

242. « Petits » licenciements – Le licenciement de moins de 10 salariés sur une période de 30 jours obéit à un régime simplifié ; l'employeur fournit toutes les informations utiles sur le projet de licenciement au comité d'entreprise ou, à défaut, aux délégués du personnel : les raisons économiques, financières ou techniques du projet de licenciement ; le nombre de travailleurs dont le licenciement est envisagé ; les catégories professionnelles concernées ; les critères de l'ordre des licenciements ; le nombre de travailleurs, permanents ou non, employés dans l'établissement ; le calendrier prévisionnel des licenciements.

À l'issue de la procédure, le comité d'entreprise donne un avis. Le défaut d'avis vaut avis négatif. L'employeur doit également informer le directeur départemental du travail des licenciements prononcés.

243. « Grands » licenciements – Le licenciement de 10 salariés et plus sur une période de moins de 30 jours obéit à une procédure « lourde » dont la finalité est de renforcer les chances de modification par l'employeur de son projet initial. L'employeur donne au comité d'entreprise les mêmes informations que celles qu'il doit produire dans le cadre de la procédure simplifiée. Mais le comité peut se faire assister par un expert-comptable. Son rapport éclairera l'organe consultatif sur les documents fournis par l'employeur. Un plus grand nombre de réunions est alors prévu [v. art. L. 321-3 (art. 1233-35 C. trav.)]. L'employeur est tenu de notifier à l'autorité administrative compétente le projet de licenciement économique, de répondre aux observations éventuelles de l'administration et d'adresser copie de l'avis et de cette réponse aux représentants du personnel.

Lorsque l'entreprise compte au moins 50 salariés, l'employeur devra également établir un plan de sauvegarde de l'emploi et le soumettre à consultation [1].

Cette procédure – doublement constituée de la consultation des représentants du personnel et de l'information de l'administration – s'impose non seulement

1. V. *infra* Le plan de sauvegarde de l'emploi., n° 255 et s.

en cas de licenciement, mais quelle que soit la modalité de rupture du contrat : sont notamment concernés les licenciements prononcés après refus d'une modification du contrat de travail et les départs volontaires ou négociés ; elle s'impose également si le licenciement intervient dans l'entreprise qui a déposé son bilan (redressement ou liquidation judiciaire).

B. Sanctions de l'irrégularité de la procédure de licenciement économique

244. Licenciement individuel – La sanction du licenciement économique individuel irrégulier est identique à celle du licenciement pour motif personnel irrégulier [art. L. 122-14-4 et L. 122-14-5 (art. L. 1235-1 à L. 1235-6 C. trav.)].

245. Licenciement collectif – En cas de licenciement économique irrégulier [non-respect de la procédure des art. L. 321-2 et s. (art. L. 1233-8 et s., L. 1233-28 et s. C. trav.)], les salariés licenciés ont droit à une indemnité calculée en fonction du préjudice subi [art. L. 122-14-4 dernier alinéa (art. L. 1235-12 C. trav.)] ; est désormais également considéré comme irrégulier un licenciement économique effectué en l'absence de comité d'entreprise ou de délégué du personnel et alors qu'aucun procès-verbal de carence n'a été établi par l'employeur [art. L. 321-2 – 1 (art. L. 1235-15 C. trav.)]. Dans ce cas, les salariés ont droit à une indemnité qui ne peut être inférieure à un mois de salaire brut, sans préjudice des indemnités de licenciement et de préavis qui leur sont dues.

Par ailleurs, tant que le licenciement n'est pas prononcé, le juge (le président du TGI) (tribunal de grande instance) peut faire interdiction à l'employeur de poursuivre la procédure irrégulière ; il prononcera la suspension de la procédure jusqu'à ce que les informations complètes soient fournies aux représentants du personnel – sous astreinte souvent dissuasive –.

À ces sanctions civiles peuvent s'ajouter des sanctions pénales : l'employeur risque d'être poursuivi pour délit d'entrave aux fonctions des délégués du personnel ou du comité d'entreprise ; il existe même une infraction spécifique à la procédure de licenciement pour motif économique [art. L. 321-11 (art. L. 1238-2 C. trav.)].

C. Accords de méthode

246. Champ d'application et contenu - La loi du 31 janvier 2003 portant relance de la négociation collective en matière de licenciements économiques avait autorisé entreprises et syndicats à conclure, à titre expérimental, des accords de méthode au cas de projet de grands licenciements économiques ; ces accords avaient pour objet d'aménager, en dérogeant à la loi, la procédure d'information et de consultation du comité d'entreprise, et de fixer éventuellement les conditions d'une négociation d'un plan de sauvegarde de l'emploi. La loi du 18 janvier 2005 pérennise les accords de méthode et étend leur champ d'application (les accords peuvent être aussi des accords de groupe ou de branche), comme leur objet (ils peuvent non seulement déterminer les règles procédurales de la consultation du comité d'entreprise - à l'exclusion de certaines règles considérées comme d'ordre public [1] -, mais encore prévoir le principe et les modalités

1. Aux termes de l'article L. 1233-23 C. trav., l'accord de méthode « ne peut déroger : (...) 2° Aux règles générales d'information et de consultation du comité d'entreprise prévues aux articles L. 2323-2, L. 2323-4 et L. 2323-5 ; 3° A la communication aux représentants du personnel des renseignements prévus aux articles L. 1233-31 à L. 1233-33 ; 4° Aux règles de consultation applicables lors d'un redressement ou d'une liquidation judiciaire, prévues à l'article L. 1233-58 ».

du plan de sauvegarde de l'emploi, comme anticiper son contenu et organiser la mobilité professionnelle et géographique au sein de l'entreprise et du groupe (sans pouvoir déroger, là encore, à l'obligation - d'ordre public - de formation, d'adaptation et de reclassement incombant à l'employeur sur le fondement de l'art. L. 1233-4 C. trav.).

247. Prescription - La loi Borloo de 2005 limite le délai de prescription de l'action en justice pour contester ces accords : au-delà de 3 mois à compter à compter du dépôt de l'accord à la DDTE (Direction départementale du travail et de l'emploi), et de 12 mois lorsque l'accord détermine ou anticipe le contenu du plan de sauvegarde de l'emploi, l'action est irrecevable.

§ 2. *Choix nominatif des salariés licenciés*

248. Ordre des licenciements - Afin d'éviter un choix discrétionnaire, l'employeur doit respecter un « ordre » des licenciements dont les critères ont dû être déterminés à l'avance – soit dans la convention collective, soit à l'occasion de chaque licenciement par l'employeur, après consultation des représentants du personnel. Dans la mesure du possible, cet ordre des licenciements objective les choix. L'employeur doit tenir compte, notamment, indique l'article L. 321-1-1 C. trav. (art. L. 1233-5 C. trav.), des critères suivants :

1. les charges de famille et en particulier celles de parents isolés,
2. l'ancienneté de service dans l'établissement ou l'entreprise,
3. la situation de certains salariés dits « fragiles » (salariés handicapés ou âgés par exemple),
4. les qualités professionnelles appréciées par catégorie.

Cette liste légale n'étant pas limitative, l'employeur peut ajouter d'autres critères, mais il ne peut privilégier l'un d'entre eux qu'à la condition de tenir compte de l'ensemble des autres.

La sanction de l'inobservation des critères de l'ordre se traduit par une indemnité qui doit réparer intégralement le préjudice pouvant aller jusqu'à la perte injustifiée de l'emploi ; mais parce que les critères de l'ordre des licenciements ne sont pas intégrés à la définition du motif économique, on ne saurait dire que le licenciement est sans cause réelle et sérieuse et justifie la sanction indemnitaire de l'art. L. 122-14-4 C. trav. (art. 1235-3 C. trav.).

Lorsque le choix des salariés concernés est fait, les lettres de licenciement peuvent être envoyées. Mais la notification individuelle des licenciements ne peut avoir lieu qu'après l'écoulement d'un délai courant à compter de la notification du projet de licenciement à l'administration ; ce délai varie, selon les hypothèses, entre 30 jours et 60 jours [art. L. 321-6 (art. L. 1233-39 C. trav.)].

Section IV - Mesures d'accompagnement

249. *Généralités* – Les mesures d'accompagnement du licenciement, qui permettent de faciliter la démarche de reclassement du salarié, varient selon la taille de l'entreprise, voire l'ancienneté du salarié. Il s'agit de la convention de reclassement personnalisé (issue de la loi du 18 janvier 2005), du congé de reclassement (issu de la loi du 17 janvier 2002), du congé de mobilité (issu de la loi du 30 décembre 2006) et de la priorité de réembauchage. À titre expérimental a été imaginé un contrat de transition professionnelle dont on attend

une expertise pour savoir s'il mérite d'être généralisé. Le plan de sauvegarde de l'emploi demeure l'outil privilégié pour intégrer ces différentes mesures, ainsi que tout autre dispositif d'accompagnement prévu dans le plan de reclassement.

250. Convention de reclassement personnalisé – Si l'entreprise occupe moins de 1 000 salariés, l'employeur est tenu de proposer à chaque salarié menacé de licenciement le bénéfice d'une convention de reclassement personnalisé lui permettant de bénéficier, après la rupture de son contrat de travail, d'actions de soutien psychologique, d'orientation, d'accompagnement, d'évaluation des compétences professionnelles et de formation destinées à favoriser son reclassement [art. L. 321-4-2 (art. 1233-65 C. trav.)]. En cas d'accord, le contrat est réputé rompu d'un commun accord et le salarié a alors un statut de stagiaire de la formation professionnelle.

251. Congé de reclassement – Dans les entreprises de plus de 1 000 salariés, l'employeur doit proposer au salarié un congé de reclassement. Sa durée maximale est de 9 mois ; il doit être effectué pendant le préavis – que le salarié est donc dispensé d'exécuter – ; lorsque la durée du congé de reclassement excède la durée du préavis, le terme de ce dernier est reporté d'une durée égale à la durée du congé de reclassement restant à courir (dans cette hypothèse, le préavis est suspendu). Le congé de reclassement fait bénéficier le salarié d'actions de formation et de prestations d'une cellule d'accompagnement dans sa recherche d'emploi [art. L. 321-4-3 (art. L. 1233-71 C. trav.)], financées directement par l'employeur. Le congé de reclassement peut débuter par un bilan de compétences qui a vocation à permettre au salarié de définir un projet professionnel et, le cas échéant, de déterminer les actions de formation nécessaires à son reclassement ; la sanction du défaut de proposition d'un congé de reclassement n'est pas indiquée.

252. Congé de mobilité - Depuis la loi du 30 décembre 2006, un congé de mobilité peut même être proposé aux salariés et aménagé dans un accord collectif de gestion prévisionnelle des emplois [1]. Organisant la rupture du contrat de travail sur le mode du commun accord des parties, ce congé, qui vient en remplacement du congé de reclassement, a pour objet de favoriser le retour à un emploi stable par des mesures d'accompagnement, des actions de formation et des périodes de travail (accomplies dans ou hors de l'entreprise). Ce congé de mobilité est pris pendant la période de préavis que le salarié est dispensé d'exécuter. Lorsque la durée du congé de mobilité excède la durée du préavis, le terme de ce dernier est, comme le congé de reclassement, « reporté jusqu'à la fin du congé de mobilité ». La rémunération offerte au salarié est comparable, dans son montant, à celle que perçoit le salarié dans le cadre d'un congé de reclassement.

253. Priorité de réembauchage – Tout salarié licencié pour motif économique a droit à une priorité de réembauchage – si embauchage il y a – durant un délai d'un an [art. L. 321-14 (art. L. 1233-45 C. trav.)]. Ce droit subsiste en cas de cession de l'entreprise dès lors qu'il y a reprise de l'entité économique par un autre employeur. Lorsque le salarié a manifesté le désir d'user de cette priorité, l'employeur est tenu d'informer l'intéressé de tout emploi devenu disponible et compatible avec sa qualification. En cas de non-respect, le salarié a droit à une indemnisation qui ne peut être inférieure à 2 mois de salaire.

1. V. gestion prévisionnelle des emplois, n° 261 et s.

254. Contrat de transition professionnelle – L'idée étant largement partagée qu'un salarié ne fait plus carrière tout au long de sa vie dans une seule entreprise, le législateur a offert à titre expérimental (jusqu'au 23 mars 2007), dans certains bassins d'emplois particulièrement menacés, la possibilité aux entreprises procédant à une restructuration, de proposer aux salariés compris dans le projet de suppression d'emplois un contrat de transition professionnelle (en remplacement de la proposition de convention de reclassement personnalisé). D'une durée de 12 mois, ce contrat passé avec une filiale de l'AFPA a pour objet l'organisation et le déroulement d'un parcours offrant, sous la direction d'un « référent », des mesures d'accompagnement, des périodes de formation et des périodes de travail. Le bénéficiaire de ce contrat (qui accepte en même temps de rompre son contrat de travail d'un commun accord) est considéré comme un stagiaire de la formation professionnelle (sauf pendant les périodes de travail effectuées dans le cadre de ce contrat). Il reçoit de la filiale de l'AFPA une allocation de transition professionnelle couvrant 80 % du salaire brut moyen perçu au cours des douze mois précédant la conclusion du contrat de transition professionnelle. Lors des périodes de travail effectuées dans le cadre de ce parcours, il perçoit de la filiale de l'AFPA, si son salaire est inférieur à son allocation de transition professionnelle, une indemnité différentielle destinée à combler le manque. Pour l'inciter à retrouver rapidement une activité professionnelle, ce dispositif prévoit le versement d'une prime équivalente à la moitié du montant de l'allocation de transition professionnelle qu'il aurait perçu jusqu'au terme de son contrat de transition (sans que le montant de cette aide puisse excéder trois fois le montant de l'allocation mensuelle versée).

255. Plan de reclassement – Le plan social – rebaptisé plan de sauvegarde de l'emploi par la loi du 17 janvier 2002 – a pour objet d'éviter les licenciements ou d'en limiter le nombre et de faciliter le reclassement du personnel dont le licenciement ne pourra être évité, notamment des salariés âgés ou qui présentent des caractéristiques sociales ou de qualification rendant leur réinsertion particulièrement difficile (§ 2). Malgré son champ d'application restreint (§ 1), ce document se propose un but ambitieux. Il peut être l'objet d'une concertation approfondie, voire d'une réelle négociation - que peut organiser un accord de méthode [1] –, c'est-à-dire un accord dérogatoire organisant la procédure d'information-consultation du comité d'entreprise [art. L. 320-3 (art. L. 1233-21 C. trav.)]. Les tribunaux sanctionnent efficacement son insuffisance et veillent à son exécution (§ 3).

§ 1. *Champ d'application, finalité et élaboration du plan de sauvegarde de l'emploi*

256. Champ d'application – L'élaboration d'un plan de sauvegarde de l'emploi [art. L. 321-4-1 (art. 1233-61 C. trav.)] n'est obligatoire que dans les entreprises de 50 salariés au moins et seulement lorsqu'elles envisagent un « grand » licenciement (au moins 10 salariés sur une période de 30 jours) ; pour obtenir ce nombre de 10, ne sont décomptés que les licenciements effectifs, ceux notamment qui font suite au refus d'une modification du contrat de travail.

---

1. Sur les accords de méthode, v. *supra*

Lorsqu'une entreprise d'au moins 50 salariés a procédé pendant 3 mois consécutifs à des licenciements pour motif économique de plus de 10 personnes au total, sans atteindre 10 personnes dans une période d'un mois, tout nouveau licenciement envisagé au cours des 3 mois suivants justifie également l'élaboration d'un plan de sauvegarde de l'emploi.
Lorsqu'une entreprise comptant au moins 50 salariés a procédé au cours d'une année civile au licenciement pour motif économique de plus de 18 personnes au total sans avoir eu à présenter un plan de sauvegarde de l'emploi, tout nouveau licenciement envisagé au cours des 3 mois suivant la fin de cette année civile justifie l'élaboration d'un plan de sauvegarde de l'emploi.

257. Finalité – Le plan de sauvegarde de l'emploi sert d'une part à éviter les licenciements, ou du moins, à en limiter le nombre, d'autre part à faciliter le reclassement du personnel dont le licenciement ne peut être évité. Le plan de sauvegarde de l'emploi contient obligatoirement un plan de reclassement.

258. Procédure d'élaboration – L'élaboration du plan de sauvegarde de l'emploi a lieu de manière concertée. L'employeur établit le plan et le présente au comité d'entreprise en début de procédure [art. L. 321-4 (art. L. 1233-32 al. 2 C. trav.)]. Mais il n'est qu'un projet à propos duquel le comité d'entreprise peut faire des suggestions. Le plan et l'avis du comité d'entreprise doivent être transmis à l'administration. Cette dernière peut présenter toute proposition pour compléter ou modifier le plan [art. L. 321-7 (art. L. 1233-57 C. trav.)]. La réponse motivée de l'employeur aux propositions de l'administration doit parvenir avant la fin du délai prévu pour l'envoi des lettres de licenciement. Passé ce délai l'employeur ne pourra plus envoyer les lettres de licenciement tant qu'il n'aura pas fait parvenir sa réponse motivée à l'administration.
En l'absence de plan de sauvegarde de l'emploi ou si celui-ci est insuffisant, l'administration dresse un **constat de carence** [art. L. 321-7 (art. L. 1233-52 C. trav.)].

§ 2. *Contenu du plan*

259. Liste indicative – L'art. L. 321-4-1 (art. L. 1233-62 C. trav.) donne une liste indicative des mesures qui doivent figurer, au titre de l'effort de reclassement de l'employeur, dans le plan de reclassement du plan de sauvegarde de l'emploi ; il peut s'agir :

1. de mesures de reclassement interne et externe ;
2. de création d'activités nouvelles par l'entreprise ;
3. d'actions de soutien à la création d'activités nouvelles et ou à la reprise d'activités existantes par les salariés ;
4. d'actions de formation, de validation des acquis de l'expérience ou de reconversion ;
5. de mesures de réduction et/ou d'aménagement du temps de travail et de réduction des heures supplémentaires effectuées.

Mais cette liste n'est pas limitative et des mesures qui mènent à la rupture du contrat par une voie négociée sont souvent prévues, telles des aides au départ volontaire et des mises en préretraite.
La jurisprudence précise au fil des espèces le contenu d'un plan de sauvegarde de l'emploi pertinent. Ainsi les mesures du plan doivent-elles être précises : n'est

pas précis un plan qui ne donne pas d'indications sur la nature et le nombre des emplois proposés au titre du reclassement [1].

Elles doivent également être proportionnées aux moyens de l'entreprise, de l'unité économique et sociale ou du groupe ; la possibilité du reclassement doit être recherchée parmi les entreprises du groupe, même situées à l'étranger.

Elles ne peuvent avoir un caractère discriminatoire : tous les salariés placés dans une situation identique doivent pouvoir bénéficier des avantages accordés par le plan ; par exemple, les salariés à temps partiel ne sauraient être écartés du bénéfice d'une prime de départ.

§ 3. *Sanctions de l'insuffisance et de l'inexécution*

260. Nullité et réintégration – Le juge judiciaire seul – notamment le tribunal de grande instance, juge des litiges collectifs – est compétent pour contrôler la pertinence du plan de sauvegarde de l'emploi eu égard aux possibilités de l'entreprise, plus particulièrement celle du plan de reclassement. La sanction de l'absence ou de l'insuffisance du plan de sauvegarde de l'emploi est la nullité de la procédure dans son ensemble [art. L. 321-4-1 (art. L. 1235-10 C. trav.)]. L'arrêt Samaritaine du 13 fév. 1997 déduit de l'annulation d'une procédure collective de licenciement en raison d'une insuffisance du plan de sauvegarde de l'emploi, la nullité des licenciements eux-mêmes. La réintégration dans leur emploi pourra être demandée par les salariés licenciés au conseil de prud'hommes : le litige est alors individuel. Mais cette sanction du licenciement économique illégal n'est réservée qu'aux « grands » licenciements économiques intervenant dans une entreprise de 50 salariés au moins (lorsqu'il était nécessaire d'élaborer un plan de reclassement). Par ailleurs, le juge ne peut prononcer la réintégration lorsqu'elle est devenue « *impossible, notamment du fait de la fermeture de l'établissement ou du site ou de l'absence d'emploi disponible de nature à permettre la réintégration du salarié* » (ajout issu de la loi du 17 janv. 2002).

Le plan de sauvegarde de l'emploi s'analyse juridiquement comme un engagement unilatéral de l'employeur. En cas de violation des engagements pris vis-à-vis des salariés, l'employeur pourra être condamné par le conseil de prud'hommes à l'exécution en nature s'il s'agit du versement d'une somme d'argent – d'une prime de départ par exemple – ou à verser une indemnité, s'il s'agit d'une obligation de faire (par exemple lorsque l'employeur ne respecte pas une mesure de reclassement prévue par le plan de reclassement).

Section V - Gestion prévisionnelle des emplois et des compétences (GPEC)

261. Principe – L'accord national interprofessionnel du 10 février 1969 avait énoncé une véritable pétition de principe : « *les entreprises doivent jouer leur rôle dans une politique de sécurité de l'emploi. Dans tous les cas, elles doivent s'efforcer de faire des prévisions de façon à établir les bases d'une politique de l'emploi. Lorsqu'elles entreprennent des opérations de fusion, de concentration, de restructuration…, elles doivent intégrer dans leurs études préliminaires les incidences prévisibles sur l'emploi et préparer les solutions permettant de réduire les éventuels licenciements,*

1. Arrêt Éverite du 17 mai 1995.

notamment par un effort de formation facilitant les mutations internes ». Cette triple exigence (éviter les licenciements, à défaut, les limiter, en toute hypothèse, reclasser le salarié) est restée le fil conducteur des évolutions législatives et jurisprudentielles.

262. *Mise en œuvre* – Les lois ultérieures ont précisé que l'obligation patronale de gestion prévisionnelle des emplois était mise en œuvre par l'information et la consultation du comité d'entreprise d'une part, la négociation avec les syndicats d'autre part.

263. *Information et consultation des élus* – La loi du 2 août 1989 relative à la prévention du licenciement économique a créé à la charge de l'employeur une obligation d'informer et de consulter chaque année son comité d'entreprise sur « *l'évolution de l'emploi et des qualifications dans l'entreprise* » [art. L. 432-1-1 (art. L. 2323-56 C. trav.)]. Cette procédure d'information et de consultation porte notamment sur « les prévisions annuelles ou pluriannuelles et les actions, notamment de prévention et de formation, que l'employeur envisage de mettre en œuvre compte tenu de ces prévisions, particulièrement au bénéfice des salariés âgés ou présentant des caractéristiques sociales ou de qualification qui les exposent plus que d'autres aux conséquences de l'évolution économique ou technologique ». Lors de la séance, l'employeur doit présenter les conditions d'exécution des actions prévues initialement ; il est tenu d'expliquer les écarts constatés entre les prévisions de l'année précédente et l'évolution effective de l'emploi.

264. *Négociation collective* – La loi du 4 février 1995 avait déjà prévu une négociation annuelle obligatoire non pas seulement sur l'évolution des salaires, de la durée effective du travail, mais également sur les prévisions annuelles ou pluriannuelles d'emploi [art. L. 132-27 al. 2 (art. L. 2242-19 C. trav.)]. Restée un vœu pieu, cette obligation de négocier la gestion prévisionnelle des emplois a fait l'objet de nouvelles règles dans la loi Borloo du 18 janvier 2005. Désormais, dans les entreprises de plus de 300 salariés [1], l'employeur est tenu d'engager tous les 3 ans une négociation ayant pour objet : les modalités d'information et de consultation du comité d'entreprise sur la « stratégie de l'entreprise et ses effets prévisibles sur l'emploi et les salaires » d'une part, sur le dispositif de gestion prévisionnelle des emplois et des compétences lui-même d'autre part. À cette occasion, il appartient à l'employeur d'engager une négociation les « mesures d'accompagnement » associées au dispositif de gestion prévisionnelle, en particulier en matière de « formation, de validation des acquis de l'expérience, de bilan de compétences ainsi que d'accompagnement de la mobilité professionnelle et géographique des salariés ». Destinée autant à offrir aux salariés des possibilités d'évolution dans l'entreprise - en fonction de leur compétence - qu'à les préparer à un reclassement externe, cette négociation devrait permettre d'anticiper un projet de restructuration de l'entreprise et d'en atténuer les conséquences en terme de réduction d'effectifs. L'art. L. 320-2

1. Sont concernés (Art. L. 2242-15 C. trav.) les entreprises et les groupes d'entreprises au sens de l'article L. 2331-1 de trois cents salariés et plus, ainsi que les entreprises et groupes d'entreprises de dimension communautaire au sens des articles L. 2341-1 et L. 2341-2 comportant au moins un établissement ou une entreprise de cent cinquante salariés en France.

(art. L. 2242-16 C. trav.) ajoute que cette négociation sur la GPEC peut se poursuivre sur les matières pouvant faire l'objet d'un accord de méthode [1].
Depuis la loi du 30 décembre 2006, un congé de mobilité peut même être proposé aux salariés par l'employeur qui l'a aménagé dans un accord collectif de gestion prévisionnelle des emplois. Organisant la rupture du contrat de travail sur le mode du commun accord des parties, ce congé, qui vient en remplacement du congé de reclassement, a pour objet de favoriser le retour à un emploi stable par des mesures d'accompagnement, des actions de formation et des périodes de travail (accomplies dans ou hors de l'entreprise) [2].
Enfin, pour inciter les travailleurs à adhérer aux mesures d'un accord de gestion prévisionnelle des emplois, la loi du 21 déc. 2006 offre des exonérations fiscales à ceux qui, en acceptant une offre de départ, bénéficieront d'une « indemnité de départ volontaire » [art. L. 320-2, II (art. L. 2242-17 C. trav.)] ; encore faut-il sur ce point que l'administration ne se soit pas opposée à la qualification d'emplois menacés retenue par l'accord collectif de gestion prévisionnelle et que les salariés candidats au départ volontaire aient retrouvé un emploi stable à la date de la rupture de leur contrat de travail.

265. Articulation des dispositifs GPEC/Accord de méthode/Plan de sauvegarde de l'emploi - La question se pose aujourd'hui de savoir s'il existe à la charge de l'employeur une obligation de négocier la gestion prévisionnelle des emplois et des compétences – avant – d'engager un processus de restructuration accompagné de licenciements. Le contentieux qui s'est développé sur ce point n'offre pas encore de solutions certaines : dans un arrêt du 7 mars 2007 [3], confirmant un arrêt du 20 novembre 2006 [4], la Cour d'appel de Paris a décidé, contrairement à la Cour d'appel de Versailles [5] et à la Cour d'appel de Rennes [6], que la négociation sur la gestion prévisionnelle des emplois doit intervenir avant la mise en œuvre d'une procédure de licenciement collectif. Un plan de sauvegarde ne peut donc être établi qu'après consultation du comité d'entreprise sur la politique de l'emploi et engagement d'une négociation sur le sujet. Pour la Cour d'appel de Paris, le manquement à ces obligations constitue un trouble manifestement illicite justifiant une demande, devant le juge des référés, de suspension des procédures d'information et de consultation au titre des livres IV et III du code du travail. On attend sur ce point une prise de position de la Cour de cassation. Dans l'avenir, se posera également la question de la justification des licenciements, voire de leur nullité [7] en cas de contentieux postérieur à la rupture des contrats de travail.

Section VI - Revitalisation des bassins d'emplois

266. Objectif - L'obligation de revitalisation des bassins d'emploi se traduit par des contributions versées à l'État par les entreprises qui licencient pour motif

1. V. *supra* Les accords de méthode, n° 246 et 247.
2. V. *supra* Mesures d'accompagnement, n° 249 et s.
3. RJS 5/07 n° 577, 1re espèce.
4. RJS 4/07 n° 461.
5. RJS 3/07 n° 322, arrêt du 15 nov. 2006.
6. RJS 5/07 n° 577, 1re espèce, arrêt du 11 janv. 2007.
7. V. *supra*, n° 260.

économique (art. L. 1233-84 et s. C. trav.). Cet effort financier est destiné à faciliter la création d'un nombre d'emplois équivalent à celui que ces entreprises ont supprimé dans le bassin considéré. En sont exonérées les entreprises en redressement ou liquidation judiciaire et celles qui, comptant au moins 1 000 salariés, ont un accord collectif de groupe, d'entreprise ou d'établissement prévoyant des actions de même type, assorties d'engagements financiers.

267. Mise en œuvre - L'obligation de revitalisation pèse d'abord sur l'employeur qui, comptant au moins 1 000 salariés, procède à un licenciement « affectant, par son ampleur, l'équilibre du ou des bassins d'emplois » dans lequel il est implanté. Il s'engage, dans le cadre d'une convention conclue avec l'État, à financer des actions de création d'activités et de développement des emplois. La nature des actions de revitalisation [1] et leurs modalités de financement font donc l'objet d'une négociation avec l'autorité administrative - au besoin sur la base d'une étude d'impact social et territorial – qui tient compte des actions de même nature déjà prévues dans le cadre du plan de sauvegarde de l'emploi.
En cas de licenciement dans les entreprises comprenant entre 50 salariés et 999 salariés, l'obligation de revitalisation est principalement à la charge de l'État. Aidé d'une contribution financière des entreprises concernées (là encore, déterminées par une convention administrative signée avec le préfet), il lui appartient de favoriser le développement d'activités nouvelles au moyen d'un plan d'action établi en concertation avec les institutions du service public de l'emploi (ANPE, AFPA, ASSEDIC, Maisons de l'emploi) et après consultation des collectivités territoriales et organismes consulaires.

268. Sanctions – Les entreprises de plus de 1 000 salariés qui refusent de conclure une convention administrative ou un accord collectif mettant en œuvre leur obligation de revitalisation peuvent être condamnées au versement d'une contribution majorée.

269. à 279. - *Réservés*

---

1. Pour des exemples d'actions de revitalisation que peut contenir la convention administrative, v. la circulaire n° 2005/42 du 12 déc. 2005. Il peut s'agir :
1) d'actions concourant à la remise en état du site ;
2) d'actions visant à abonder les fonds d'intervention de structure de développement local ;
3) d'actions visant à abonder les fonds communs de placement à risques ou les sociétés de capital-risque dont la politique d'investissement bénéficie aux entreprises implantées dans le bassin d'emploi concerné ;
4) d'actions visant à financer les incubateurs implantés dans la même région que le bassin d'emploi concerné (les incubateurs étant définis comme des personnes morales dont l'objet consiste à apporter des services, y compris l'hébergement, et de l'expertise dans les domaines organisationnels juridique, commercial et financier, à des porteurs de projets de création d'entreprise ou à des entreprises nouvellement créées).

apitre 3

Droits du salarié licencié

Le salarié licencié est titulaire de droits dont il va demander la réalisation auprès de l'employeur (Section I) ; il est également titulaire de droits auprès des ASSEDIC (section II).

Section I - Obligations de l'employeur

Outre le salaire restant éventuellement dû et l'indemnité compensatrice de congés payés, l'employeur doit au salarié un préavis et une indemnité de licenciement (§ 1).

(Il remet également au salarié un certificat de travail et une attestation pour l'Assedic).

Deux actes (le reçu pour solde de tout compte et la transaction) sont destinés à régler les comptes entre l'employeur et l'ancien salarié (§ 2).

§ 1. *Préavis et indemnité de licenciement*

280. Préavis – Le salarié a droit à ce que son contrat ne soit pas brusquement rompu. Le préavis est l'acte par lequel l'employeur informe d'avance le salarié de la date à laquelle le contrat à durée indéterminée prendra fin.

La durée du préavis minimum légal varie, selon l'ancienneté du salarié, de un à deux mois (art. L. 122-6 CT). Conformément au principe de faveur, la convention collective, l'usage ou le contrat de travail peuvent prévoir un préavis plus long.

Le point de départ du préavis est le jour de la présentation de la lettre de licenciement. Le contrat ne prend fin qu'à son issue. C'est un délai dit *préfix*, généralement non susceptible de prolongation.
La brusque rupture du contrat par l'employeur constitue une faute sanctionnée par le versement des salaires dus jusqu'au terme du préavis.
Seule la faute grave du salarié autorise l'employeur à mettre fin au contrat sans préavis. Constitue une faute grave celle qui rend le maintien du salarié dans l'entreprise impossible. C'est à l'employeur qui se prévaut du droit de ne pas respecter le préavis d'en apporter la preuve.
Le préavis est normalement travaillé – sauf pendant le temps libéré par les usages pour la recherche d'un emploi – et les obligations contractuelles réciproques, maintenues. Néanmoins l'employeur peut dispenser le salarié de travailler pendant le préavis. Il aura alors à verser le salaire jusqu'à expiration du délai.

281. Indemnité de licenciement – L'indemnité de licenciement répare le préjudice résultant pour le salarié de la perte de son emploi. Elle est due de plein droit, même s'il existe une cause réelle et sérieuse de licenciement. Elle est indépendante du montant du préjudice subi par le salarié : il importe peu, par exemple, que le salarié ait immédiatement retrouvé un emploi. Cependant ce droit du salarié est subordonné par la loi à l'absence de faute grave de sa part [art. L. 122-9 (art. L. 1234-9 C. trav.)]. La faute grave privative de l'indemnité de licenciement répond à la même définition que celle qui prive le salarié de préavis.

282. Montant – L'article L. 122-9 (art. L. 1234-9 C. trav.) alloue au bénéfice du salarié ayant deux ans d'ancienneté dans l'entreprise une indemnité minimale légale. Celle-ci est calculée en fonction de la rémunération brute, du nombre d'années d'ancienneté et de la nature du licenciement.
Pour un licenciement fondé sur un motif économique prévu à l'art. L. 321-1 (art. L. 1233-3 C. trav.), cette indemnité ne peut être inférieure à 2/10e de mois de salaire par année d'ancienneté (à partir de 10 ans d'ancienneté, elle est de 2/10e de mois de salaire plus 2/15e de mois par année d'ancienneté au-delà de 10 ans).
Pour un licenciement fondé sur un motif personnel, cette indemnité ne peut être inférieure à un 1/10e de mois de salaire par année d'ancienneté (à partir de 10 ans d'ancienneté de service, elle est de 1/10e de mois de salaire plus 1/15e de mois par année d'ancienneté au-delà de 10 ans).
La convention collective ou le contrat de travail peuvent toujours prévoir une indemnité plus élevée.
L'indemnité légale de licenciement réparant un préjudice ne fait pas partie du salaire. Le régime du salaire lui est donc inapplicable ; ainsi elle n'est pas assujettie à cotisations sociales, ni imposable. En revanche les indemnités conventionnelles – prévues par une convention collective – et surtout contractuelles – prévues par le contrat de travail – peuvent être assujetties à l'impôt et à cotisations sociales pour leurs tranches supérieures, malgré leur caractère indemnitaire.
D'un montant parfois très élevé pour les cadres, l'indemnité contractuelle peut être réduite par le juge si elle est manifestement excessive. Pour justifier cette révision, la Cour de cassation l'analyse comme une clause pénale (art. 1152 du Code civil). Cette jurisprudence est critiquable : la clause pénale est celle par laquelle les contractants prévoient à l'avance la réparation du préjudice résultant de la violation par l'un d'eux de ses engagements ; or l'employeur qui licencie un salarié ne viole pas ses engagements, il exerce un droit inhérent au contrat à durée indéterminée.

§ 2. *Règlement des comptes*

Le règlement des comptes peut résulter de la remise d'un reçu pour solde de tout compte (A) ; les parties, en fait l'employeur, peuvent souhaiter conclure une transaction pour éviter tout recours ultérieur au juge (B).

A. Reçu pour solde de tout compte

283. Historique – Mode de preuve du paiement du salaire, et plus généralement des sommes versées par l'employeur lors de la rupture du contrat de travail, le reçu signé du salarié est aussi un mode de règlement des comptes entre les parties. Lorsqu'il le signait sans réserves, le salarié était privé de toute action en paiement des sommes auxquelles il pensait pouvoir prétendre en exécution du contrat de travail ou en raison de sa rupture. Cet effet libératoire pour l'employeur était dangereux pour le salarié, qui, en signant le reçu, renonçait au moins en partie à ce qui lui était dû. Toutefois, il était prévu par l'ancien art. L. 122-17 C. trav. une possibilité de le dénoncer dans un délai de deux mois ; la jurisprudence elle-même s'était efforcée de protéger les droits du salarié en exigeant un reçu détaillé – interdisant ainsi la pratique des reçus à contenu global – et en limitant la portée de l'effet libératoire : le reçu ne pouvait valoir renonciation du salarié au droit de contester la cause réelle et sérieuse de licenciement.

284. Droit positif – La loi du 17 janv. 2002 a supprimé tout effet libératoire du reçu pour solde de tout compte : il n'a désormais que la valeur d'un simple reçu des sommes qui y figurent [art. L. 122-17 (art. 1234-20 C. trav.)].
Le salarié gardant le droit d'agir en justice même après la signature du reçu pour solde de tout compte, l'employeur trouve un intérêt à signer avec le salarié une transaction.

B. Transaction

285. Nature – La transaction est un contrat, régi par l'article 2044 du Code civil, ayant pour objet l'aménagement par l'employeur et le salarié des conséquences de la rupture du contrat de travail. À la différence du reçu pour solde de tout compte – acte unilatéral du salarié – la transaction, relevant de la catégorie des contrats, ne peut être dénoncée par l'une ou l'autre des parties.

286. Intérêt – La transaction possède la particularité de rendre irrecevable toute action en justice ultérieure de l'une et l'autre des parties – elle a « autorité de la chose jugée », selon l'art. 2052 du Code civil. Malgré ses dangers pour le salarié, la jurisprudence admet sa licéité de principe en la soumettant à deux conditions principales : d'une part, la transaction ne peut être signée qu'une fois la rupture acquise : (elle n'est pas un mode de rupture du contrat et ne se confond pas avec la résiliation conventionnelle du contrat de travail) ; d'autre part, la transaction doit nécessairement reposer sur des concessions réciproques : par exemple, si le salarié renonce à son droit d'invoquer l'absence de cause réelle et sérieuse, l'employeur doit lui aussi renoncer à une prétention, telle la renonciation à invoquer la faute grave du salarié. La transaction se fera alors sur le versement de la seule indemnité de licenciement. Une transaction prévoyant simplement une indemnité transactionnelle inférieure à l'indemnité légale ou conventionnelle de licenciement, alors que la faute grave n'est pas invoquée, serait nulle, faute de concession de l'employeur. La nullité rend aux parties – en pratique au salarié – le droit d'agir en justice.

Section II - Droits auprès de l'ASSEDIC

Longtemps tributaire de la seule aide sociale, le chômeur est devenu titulaire de droits auprès d'un régime d'indemnisation géré par les partenaires sociaux et alimenté principalement de cotisations sociales. Après avoir étudié le cadre institutionnel (§ 1) de cette indemnisation, il conviendra de s'attacher à la situation juridique du demandeur d'emploi (§ 2).

§ 1. *Cadre institutionnel*

287. Régime conventionnel – Les art. 351-1 et s. (art. L. 5421-1 et s. C. trav.) tracent le cadre légal à l'intérieur duquel le patronat et les syndicats ont mis en place par voie conventionnelle un régime d'indemnisation des chômeurs fondé sur l'assurance du risque « perte de l'emploi », – régime extérieur à la Sécurité sociale –.

D'une durée de trois ans, la convention collective d'assurance-chômage, régulièrement renégociée et soumise à agrément ministériel, charge les ASSEDIC (Associations pour l'Emploi dans l'Industrie et le Commerce), fédérées au sein de l'UNEDIC (Union Nationale pour l'Emploi dans l'Industrie et le Commerce), de gérer les droits à indemnisation des demandeurs d'emploi. Le placement est resté longtemps du ressort des autres institutions participant au Service Public de l'Emploi – notamment de l'ANPE – ; depuis la loi du 17 janvier 2005, les ASSEDIC ont été intégrées au Service Public de l'Emploi et participent à ce titre au retour à l'emploi des demandeurs d'emplois. Quant au contrôle des actes de recherche d'emploi, il est partagé entre la direction départementale de l'emploi, l'ANPE et l'ASSEDIC.

Les différends entre les assurés et les ASSEDIC – qui ont la nature d'associations de droit privé gérant un service public – relèvent des tribunaux judiciaires.

Le régime du chômage est l'exemple même d'une gestion paritaire ; et pourtant, l'État n'est pas entièrement absent, car le financement reste partiellement à sa charge, notamment au titre du régime de solidarité qui prend en charge les chômeurs en « fin de droits ».

Les droits des chômeurs sont définis par la loi, la convention collective d'assurance-chômage et le règlement qui lui est annexé.

288. Régime obligatoire – Bien que d'origine conventionnelle, l'assurance-chômage a un caractère obligatoire : selon l'art. L. 351-4 (art. L.5422-13 C. trav.), « *tout employeur est tenu d'assurer contre le risque de privation d'emploi tout salarié lié par un contrat de travail (...)* ».

289. Projet Personnalisé d'Accès à l'Emploi – Une nouvelle convention a été signée le 1er janvier 2001, puis renégociée le 1er janvier 2004 et le 18 janvier 2006 ; son agrément n'a pas été d'emblée assuré. Elle subordonne l'indemnisation du chômeur à la signature d'une convention individuelle avec l'ANPE ou, le cas échéant avec l'ASSEDIC – le Projet Personnalisé d'Accès à l'Emploi (PPAE), qui a remplacé le Plan d'Aide au Retour à l'Emploi (PARE) et le Plan d'action personnalisé (PAP) –, dont l'objet est d'accompagner le chômeur dans sa recherche d'emploi et de contrôler l'existence des actes positifs et répétés de recherche d'emploi. Le PPAE permet notamment au demandeur d'emploi d'avoir une évaluation personnalisée de ses compétences afin de définir les aides nécessaires à son reclassement.

§ 2. *Situation juridique du chômeur*

290. Conditions de son droit à indemnisation – Pour être indemnisé, le chômeur doit répondre à plusieurs conditions cumulatives :

1. il doit solliciter son inscription sur la liste des demandeurs d'emploi – ces derniers étant répartis au sein de plusieurs catégories –. Le chômeur proprement dit est celui qui, sans emploi, est immédiatement disponible et à la recherche d'un emploi (CDD, CDI à temps plein ou à temps partiel, contrat aidé, contrat de formation en alternance).

2. Il doit avoir suffisamment cotisé, donc avoir eu une activité salariée antérieure suffisamment longue – au moins 6 mois au cours des 22 derniers mois –, ce qui écarte du régime certains travailleurs précaires ; il doit aussi avoir perdu involontairement son emploi ; en principe, la démission n'ouvre pas droit à indemnisation, sauf si elle a été justifiée par un motif légitime reconnu par l'institution d'assurance-chômage (par exemple, départ volontaire pour suivre le conjoint qui change de domicile pour exercer un nouvel emploi).

3. Il doit être à la recherche d'un emploi ; cette recherche doit s'exprimer par des actes positifs et répétés ; le demandeur ne peut refuser (sauf motif légitime) d'occuper un emploi proposé ou de suivre une formation appropriée. Il doit être apte au travail.

4. L'ASSEDIC apprécie les conditions d'ouverture du droit à indemnisation (compétence judiciaire). La radiation de la liste des demandeurs d'emploi – laquelle entraîne la perte de l'indemnisation – est prononcée par le délégué départemental de l'ANPE, alors que l'exclusion du revenu de remplacement ou sa réduction est de la compétence du préfet de département (le recours contentieux contre ces deux actes relève de la compétence administrative). Ces mesures interviennent en cas d'insuffisance d'actes positifs et répétés de recherche d'emploi, de refus sauf motif légitime d'accepter un emploi, un contrat d'apprentissage ou de professionnalisation, une formation, une action d'insertion ou un contrat aidé, de refus – sauf motif légitime – de répondre aux convocations des institutions du service de l'emploi ou de se soumettre à une visite médicale d'aptitude au travail, de déclarations inexactes ou mensongères [1].

291. Revenu de remplacement – Si le chômeur remplit les conditions précédentes, il a droit à une allocation d'aide au retour à l'emploi (ARE) sans dégressivité dans le temps, laquelle est versée pour une durée variable – de 7 mois à 42 mois selon la durée de travail antérieure et l'âge du chômeur. Si le chômeur ne remplit pas ces conditions, il est pris en charge par la solidarité nationale : au nom de l'État, l'ASSEDIC lui verse une Allocation de solidarité spécifique (ASS). Celle-ci est également versée aux chômeurs de longue durée qui ont épuisé leurs droits à l'assurance chômage : ils sortent alors d'une logique d'assurance pour rejoindre le régime de solidarité. L'ASSEDIC reste cependant le « guichet unique ».

292. Protection sociale – Le chômeur conserve le bénéfice de sa protection sociale et cotise pour celle-ci sur le revenu de remplacement.

---

1. La légitimité d'un refus s'apprécie *in concreto*. En pratique sera jugé légitime le refus d'emploi offrant un salaire inférieur de plus de 20 % par rapport au salaire antérieur.

293. Formation et reconversion – Une partie des fonds des ASSEDIC peut être consacrée à la formation des chômeurs en vue de leur reclassement ou insertion. Suivre une formation n'est pas inconciliable avec la perception de l'allocation de chômage ; elle améliore les chances de retrouver un emploi. C'est spécialement le cas du salarié licencié pour raison économique et auquel une convention de reclassement personnalisé doit être proposée. Le financement de la formation peut aussi s'effectuer dans le cadre des formations conventionnées et des actions de formation préalable à l'embauche (AFPE). L'assurance chômage peut aussi intervenir pour la prise en charge des dépenses liées à la validation des acquis de l'expérience, lorsqu'elle débouche sur un titre ou une certification reconnu.

294. Activité professionnelle et bénévole du chômeur – La recherche d'un emploi implique des « actes positifs et répétés » qui occupent en principe le chômeur à temps plein. On admet cependant aujourd'hui que le chômeur puisse travailler partiellement, cette reprise du travail venant accroître ses chances de réinsertion : il peut licitement exercer une activité occasionnelle ou réduite [art. L. 351-20 (art. L. 5425-1 C. trav.)]. Le cumul avec le droit à l'allocation de chômage est permis dans la limite de 110 h. de travail par mois ; il y a de fait travail à temps partiel ; en revanche, s'il retrouve un emploi, il perd son allocation. Mais il peut travailler bénévolement, principalement dans un cadre associatif, même si une certaine défiance existe sur ce point en raison des risques de fraude [v. art. L. 351-17-1 (art. L. 5425-8 C. trav.)]. Une aide différentielle de reclassement peut aussi être attribuée aux personnes de plus de 50 ans ou indemnisés depuis plus de 12 mois qui reprennent un travail – hors champ des règles de l'activité réduite – dont la rémunération est inférieure d'au moins 15 % à la rémunération de leur emploi précédent : on parle à ce sujet d'« activation » des dépenses de chômage. Le demandeur d'emploi peut enfin se mettre à son compte et recevoir à cet effet une aide à la création d'entreprise (ACCRE) sous forme d'une capitalisation de ses allocations. Un contrôle s'exerce sur le projet du chômeur ; le dispositif a vu, depuis 1979, son champ d'application élargi ; en cas d'échec, le chômeur – devenu pendant un temps travailleur indépendant – retrouve ses droits à l'allocation de chômage.

295. à 299. - Réservés

apitre 4

Règlement des différends du travail et de la Sécurité sociale

Le droit à un recours juridictionnel est pour le salarié – comme pour tout citoyen – une liberté publique fondamentale. Le plus souvent, le différend se révèle après un licenciement, que le salarié estime irrégulier, injustifié voire nul. La saisine du juge est plus rare lorsque le salarié est encore en poste.

Le litige qui oppose le salarié à l'employeur est de la compétence du conseil de prud'hommes (section I) ; celui qui oppose l'employeur – par ex. pour une question de non-paiement des cotisations – ou le salarié – par ex. pour une contestation sur l'étendue des prestations – à un organisme de Sécurité sociale relève du tribunal des affaires de Sécurité sociale (section II). Si 90% du contentieux du travail est de nature prud'homale, d'autres juridictions peuvent également intervenir, telles que le tribunal de grande instance – compétent pour connaître des litiges collectifs du travail –, le tribunal d'instance – compétent pour connaître des litiges électoraux – ou le juge répressif – compétent pour connaître des infractions à la législation sociale. Le juge administratif doit enfin être sollicité lorsque la contestation est dirigée contre un acte de l'administration – par ex. contre une décision de l'Inspecteur du travail.

Section I - Conseil de prud'hommes (CPH)

La loi du 19 janvier 1979 a généralisé les conseils de prud'hommes sur tout le territoire et pour toutes les professions ; il existe actuellement 271 conseils de prud'hommes en France. Par ses caractéristiques (§ 1), sa compétence (§ 2) et sa procédure (§ 3), le conseil de prud'hommes se présente comme une juridiction du travail tout à fait originale en Europe.

§ 1. *Caractéristiques*

Le conseil de prud'hommes est une juridiction élue (A), paritaire (B) et divisée en sections (C).

A. Juridiction élue

300. Modalités de l'élection – L'élection des juges est le trait le plus ancien de la juridiction prud'homale ; elle caractérisait déjà le premier conseil de prud'hommes créé à Lyon en 1806 par Napoléon I. Les conseillers prud'hommes sont élus tous les cinq ans, sur listes syndicales, par les employeurs et les salariés au sein de deux collèges distincts ; l'élection se fait à la suite d'un scrutin de liste, avec représentation proportionnelle et répartition des restes à la plus forte moyenne.
Les élections prud'homales constituent pour les syndicats de salariés et d'employeurs un test de représentativité nationale important.

B. Juridiction paritaire

301. Représentation égalitaire – Si le bipartisme était d'origine, il a fallu un siècle pour que le paritarisme – c'est-à-dire la représentation à égalité des employeurs et des salariés – s'impose. Désormais ils siègent à égalité dans toutes les formations du conseil et sans échevinage (c'est-à-dire sans la présence d'un magistrat de carrière).

C. Juridiction divisée en sections

302. Répartition du contentieux par section – Chaque conseil de prud'hommes est divisé en 5 sections.
Les 4 premières représentent les principaux secteurs d'activité professionnelle : Industrie, Commerce, Agriculture, Activités diverses ; sauf s'il est cadre, le justiciable relève de l'une ou l'autre de ces sections en fonction de l'activité principale de l'employeur. La cinquième section est réservée à l'encadrement, tous secteurs d'activité confondus.

§ 2. *Compétence du conseil de prud'hommes*

Selon l'art. L. 511-1 (art. 1411-1 C. trav.), les conseils de prud'hommes « *règlent par voie de conciliation, les différends qui peuvent s'élever à l'occasion de tout contrat de travail (...) entre les employeurs ou leurs représentants, et les salariés qu'ils emploient* » (A) ; « *Ils jugent les différends à l'égard desquels la conciliation n'a pas abouti* » (B). Depuis 1979, le conseil de prud'hommes est doté d'une formation de référé (C).

A. Litiges nés à l'occasion du contrat de travail

303. Critère de répartition – La compétence du conseil de prud'hommes est traditionnellement réduite aux litiges individuels, alors que les litiges collectifs relèvent – en raison de l'échec des procédures particulières qui leur sont propres (médiation, conciliation, arbitrage) – du tribunal de grande instance, juge de droit commun.

Le litige est individuel lorsqu'il oppose le salarié à l'employeur sur un droit né du contrat de travail (par exemple, sur une question de salaire restant dû ou de versement incomplet d'une indemnité de licenciement).

Il est traditionnellement collectif lorsqu'il oppose le syndicat à l'employeur (par exemple, en cas de non-respect de la convention collective). Est également collectif le différend élevé par le comité d'entreprise contre le chef d'entreprise, par exemple en cas de méconnaissance de ses prérogatives économiques (information et consultation).

Exceptionnellement, un litige opposant un salarié à un employeur peut avoir une nature collective ; il sera alors connu du tribunal de grande instance ; il en va ainsi de la contestation de la validité d'un règlement intérieur, de la demande d'application d'une convention collective dans son ensemble, de la contestation de la validité d'un plan social, etc.

À l'inverse, un litige opposant un syndicat à un employeur peut exceptionnellement relever du conseil de prud'hommes. En effet, le syndicat peut agir à la place du salarié pour demander par exemple sa réintégration au cas de licenciement discriminatoire [art. L. 122-45-1 (art. L. 1134-2 C. trav.)]. C'est l'action syndicale de substitution autorisée dans un grand nombre de cas [v. notamment articles L. 122-3-16 (art. L. 1247-1 C. trav.) – salarié sous contrat de travail à durée déterminée – et L. 321-15 (art. L. 1235-8 C. trav.) – salarié touché par un licenciement économique]. Le syndicat peut encore intervenir devant le Conseil de Prud'hommes à l'occasion d'un litige individuel pour obtenir réparation du préjudice causé à l'intérêt collectif de la profession [art. L. 411-11 (art. L. 2132-3 C. trav.)].

Ainsi définie, la compétence du conseil de prud'hommes est exclusive et d'ordre public.

B. Juridiction d'abord conciliatrice

304. Préliminaire obligatoire – La conciliation est un préliminaire obligatoire de l'instance prud'homale ; toute affaire passe d'abord devant le bureau de conciliation avant d'être renvoyée, en cas d'échec de la conciliation, devant le bureau de jugement. Le pourcentage des conciliations s'est inversé en un siècle : alors que 85 % des affaires faisaient l'objet d'une conciliation en 1850, peu de conseil de prud'hommes peuvent aujourd'hui se prévaloir d'un taux de 10 % de conciliation par rapport au nombre total d'affaires qui leur est soumis.

Exceptionnellement, le bureau de jugement peut être directement saisi, sans conciliation préalable, par exemple dans le cadre d'une demande de requalification d'un contrat de travail à durée déterminée ou temporaire irrégulier.

C. Juridiction dotée d'une formation de référé

305. Alignement sur le référé de droit commun – Avec la création d'un référé prud'homal en 1979, les pouvoirs juridictionnels du conseil de prud'hommes sont désormais ceux d'une juridiction à part entière : une **formation de référé** est mise en place à côté des cinq sections dans tout conseil de prud'hommes ; ses pouvoirs sont alignés sur ceux du référé de droit commun assuré par le président du tribunal de grande instance.

306. Distinction - Il y a lieu de distinguer la formation de référé du bureau de jugement statuant en la forme des référés, qui peut être saisi par exemple en cas d'atteinte aux droits des personnes et libertés par la victime salariée ou encore le délégué du personnel. Dans le premier cas, l'ordonnance est une décision provisoire ; dans le second, est rendu sur le fond un jugement ayant autorité de la chose jugée.

§ 3. *Particularisme de la procédure*

307. Principes de gratuité et d'oralité – La procédure est gratuite et orale ; les justiciables peuvent éventuellement présenter leurs demandes sans les consigner par écrit.

308. Accès facilité – La comparution personnelle des parties est la règle en raison de la mission conciliatrice du conseil de prud'hommes et de l'oralité. L'assistance et la représentation devant le CPH ne relèvent pas du monopole des avocats ; il peut notamment être recouru à un défenseur syndical (militant syndical). Toutefois, depuis la réforme de 2004, le ministère d'avocat devient obligatoire devant la chambre sociale de la Cour de cassation.

309. Unicité de l'instance - Toutes les demandes dérivant du même contrat de travail entre les mêmes parties ne peuvent faire l'objet que d'une seule instance (art. R. 516-1 C. trav.). Cette règle fait l'objet de vives critiques : elle n'est pas adaptée à la situation du salarié qui souhaite agir en cours d'exécution de son contrat de travail.

310. Charge et risque de la preuve – Alors que le droit civil met la preuve à la charge du demandeur, le droit prud'homal répartit la charge de la preuve sur l'employeur, le salarié et le juge [v. l'art. L. 122-14-3 (art. L. 1235-1 C. trav.)], pour la question du licenciement). S'il subsiste en fin de procès, le doute profite au salarié dans certains domaines (licenciement, droit disciplinaire). L'article L. 122-45 (art. L. 1134-1 C. trav.) renforce les obligations de l'employeur en matière de preuve lorsque le salarié prétend avoir subi un licenciement discriminatoire [1].

311. Départage – En cas de blocage des voix entre les conseillers employeurs et salariés – ce qui concerne environ 10 % des cas –, il est recouru à un juge « départiteur » – il s'agit du juge d'instance – à qui il revient de présider la formation en partage de voix.

312. Voies de recours – La spécificité de la juridiction prud'homale disparaît au-delà du premier degré. L'appel est porté devant la chambre sociale de la Cour d'appel et le pourvoi en cassation devant la chambre sociale de la Cour de cassation. Le conseil de prud'hommes statue en premier et dernier ressort – c'est-à-dire sans possibilité d'appel – pour les demandes inférieures ou égales à 4000 euros.

Section II - Tribunaux des affaires de Sécurité sociale (TASS)

313. Nature des litiges – Le tribunal des affaires de sécurité sociale règle les différends auxquels donne lieu l'application de la réglementation de la Sécu-

1. V. *supra* Obligation de non-discrimination entre salariés, n° 139 et 140.

rité sociale, notamment entre les caisses, les assurés sociaux et les employeurs (art. L. 142-2 CSS).

314. Diversité des juridictions compétentes – Ce contentieux n'est pas entièrement confié aux tribunaux des affaires de Sécurité sociale ; les litiges portant sur l'affiliation, le recouvrement des cotisations et le droit aux prestations relèvent seuls de la compétence du tribunal des affaires de Sécurité sociale (TASS), après un recours exercé devant la commission des recours amiables de la Sécurité sociale. L'appel est formé devant la Cour d'appel. Un pourvoi en cassation peut être déposé devant la 2e chambre civile de la Cour de cassation. Au nombre de 116, les TASS sont composés selon le procédé de l'échevinage : le président – qui est un juge du tribunal de grande instance – est assisté de deux assesseurs, l'un représentant les salariés, l'autre les employeurs ; ces deux juges non-professionnels sont désignés par le président du tribunal de grande instance, sur proposition des organisations syndicales représentatives.

En revanche, les litiges de caractère technique échappent à la compétence du TASS :

1. le contentieux de l'inaptitude au travail – d'ordre médical – relève en première instance des tribunaux du contentieux de l'incapacité (TCI), en appel, de la Cour nationale de l'incapacité et de la tarification (CNITAT) ; un pourvoi en cassation peut être déposé devant la Cour de cassation ; pendant un temps, la CNITAT fut composée en partie de représentants de l'administration ; il a été nécessaire de la réorganiser (v. art. L. 143-3 modifié CSS) pour se conformer à l'art. 6-1 de la Convention européenne des droits de l'homme – qui fonde le droit d'être jugé par un tribunal impartial.

2. Le contentieux portant sur le taux des cotisations des accidents du travail – cotisations dues par l'entreprise en fonction du degré de danger auquel elle expose les salariés, et de ce fait variables – relève en premier et dernier ressort de la CNITAT ; un pourvoi en cassation peut être déposé devant la Cour de cassation.

Enfin, par application du droit commun, les litiges concernant les régimes complémentaires ou de prévoyance, ainsi que les recours des caisses contre les tiers – auteurs d'accidents – sont de la compétence des tribunaux de grande instance.

315. à 319. - Réservés

PARTIE 2

Travail

La prestation de travail que le salarié s'engage à fournir est celle prévue au contrat de travail (Titre I) et effectuée en contrepartie d'un salaire, lequel sert d'assiette aux prestations de Sécurité sociale (Titre II).

TITRE I – Prestation de travail

TITRE II – Salaire et charges sociales

TITRE I – Prestation de travail

Elle est celle prévue au contrat et effectuée en contrepartie du salaire. Du point de vue qualitatif, la prestation de travail correspond à la qualification attribuée au salarié et à la nature du poste pour lequel il a été recruté. La qualification du salarié dépend de sa formation initiale, de son expérience, de son ancienneté et, le cas échéant, de la formation complémentaire qu'il a reçue. Néanmoins, il arrive que, sur un poste de travail, soit recruté un salarié surqualifié pour sa tâche; il peut aussi arriver qu'il soit insuffisamment préparé à une tâche qui requiert qualification: celle qui prévaut est celle figurant au contrat. La formation du salarié, problème majeur dans un État moderne, n'avait reçu jusqu'à maintenant qu'un traitement insatisfaisant; la loi du 4 mai 2004 a apporté des solutions qui ont suscité l'adhésion d'un grand nombre de partenaires sociaux (chapitre I).

Du point de vue quantitatif, le travail fourni doit être mesuré, ne serait-ce que pour le calcul du salaire. L'unité de mesure peut être le résultat obtenu (travail au rendement). Le plus souvent, elle correspond à une unité de temps (travail au temps). Se pose naturellement la question de la durée du travail (chapitre II).

Cette prestation de travail peut enfin se trouver interrompue par un événement fortuit, tel le risque maladie ou accident. Le relais est alors pris par la protection sociale, qui s'articule sur le contrat de travail; loin de disparaître, celui n'est que suspendu (chapitre III).

apitre 1

Formation professionnelle

Depuis 1970, l'État a compris l'importance de la formation professionnelle, mais il s'en est remis pour sa mise en œuvre aux partenaires sociaux. Dans ce domaine, l'oscillation est, depuis toujours, entre l'école – *via* l'enseignement technique ou professionnel – et l'entreprise – *via* la formation continue.

Concernant la formation initiale (section I), l'école l'emporte. Mais la formation doit être permanente (section II), accompagner l'homme tout au long de sa vie de travail; le citoyen s'est vu reconnaître à cet égard ce que l'on appelle un droit à (…), droit figurant parmi les «principes particulièrement nécessaire à notre temps». La jurisprudence, relayée par le législateur, a imposé à l'entreprise de veiller à l'adaptation du salarié aux transformations de son emploi. Les nouvelles technologies rendent cette adaptation plus nécessaire encore que jadis.

Section I - Formation initiale

Outre le système scolaire, elle a lieu dans le cadre de contrats de travail «d'un type particulier»:

1. il est possible d'abord de conclure un contrat d'apprentissage [art. 115-1 et s. (art. 4221-1 et s. C. trav.)] qui oblige l'employeur à envoyer le jeune travailleur dans un centre de formation des apprentis, en sus de son travail dans l'établissement, et à contribuer aux dépenses en découlant (taxe d'apprentissage).

2. Il est possible ensuite de conclure un contrat de formation en alternance, associant travail et formation et destiné à faciliter l'insertion du jeune dans l'entreprise [art. L. 981-1 et s. (art. L. 6325-1 et s. C. trav.)]. Dénommés «contrats de professionnalisation», ces contrats ont pour objet de permettre à leur bénéficiaire d'acquérir une des qualifications prévues à l'art. L. 900-3 (art. L. 6341-1 C. trav.) et de favoriser leur insertion ou leur réinsertion professionnelle.

3. Il peut enfin être recouru aux simples stages en entreprise, le stagiaire conservant la qualité d'élève ou d'étudiant.

L'étude de la formation initiale échappe de plus en plus au droit social. On est près du service public de l'Éducation nationale.

Section II - Formation permanente

320. Historique – La formation permanente trouve son origine dans une convention collective nationale de 1970, relayée par le législateur, souvent modifiée et encadrée par le livre IX du C. trav. (devenu partie VI). Il est fréquent dans cette matière que la révision des dispositifs procède des partenaires sociaux; un accord national interprofessionnel du 20 septembre 2003, suivi de la loi du 4 mai 2004, a profondément modifié le régime de la formation professionnelle.

321. Modalités d'organisation de la formation – La loi prévoit trois modalités principales d'encadrement de cette formation des salariés:

1. la participation des salariés aux formations est d'abord organisée dans le cadre d'un plan de formation, élaboré par l'employeur. Ce document, nécessairement soumis pour avis au comité d'entreprise, correspond aux besoins de l'entreprise. Le salarié qui part en stage est désigné par l'employeur. Trois types d'actions peuvent être prévus par le plan de formation: des actions d'adaptation au poste de travail, des actions liées à l'évolution des emplois ou participant au maintien de l'emploi, des actions de développement de compétences. Les deux premiers types d'actions permettent le maintien de la rémunération et sont suivis pendant le temps de travail. Le troisième type de formations peut être suivi, sur la base d'un accord écrit entre le salarié et l'employeur, en dehors du temps de travail dans la limite de 80 heures par salarié et par an. Ces heures donnent lieu au versement d'une allocation de formation.

2. Le départ en formation peut aussi se faire dans le cadre d'un congé individuel de formation (CIF). C'est ici le salarié qui prend l'initiative d'améliorer sa qualification et qui choisit l'organisme organisant «l'action de formation». Ce salarié voit son contrat suspendu pendant toute la durée du congé, il perçoit l'équivalent de son salaire de l'organisme paritaire collecteur agréé (OPCA), conformément aux stipulations de la convention collective applicable. Ce droit au congé formation est subordonné à des conditions assez strictes – notamment d'ancienneté – justifier d'une ancienneté d'au moins 24 mois consécutifs ou non en qualité de salarié, dont 12 mois dans l'entreprise –, et surtout en vue d'éviter un trop grand nombre d'absences simultanées. Pour bénéficier d'un CIF, le salarié doit présenter sa demande à l'employeur dans le respect de certains délais, l'employeur conservant la possibilité de reporter le congé s'il estime que l'absence aurait des conséquences préjudiciables pour l'entreprise – report maximal de 9 mois – ou si le nombre de salariés bénéficiant d'un CIF dans son entreprise dépasse un seuil variable selon la taille de l'entreprise. Le congé ne peut être supérieur à 1 an lorsqu'il est à temps complet; dans le cas contraire, il ne doit pas dépasser 1 200 heures.

Le financement des CIF est assuré par une taxe de formation, due par l'entreprise et affectée à l'OPCA, à laquelle s'ajoutent des fonds publics.

3. Tout salarié titulaire d'un contrat à durée indéterminée depuis 1 an dans une entreprise dispose depuis la loi du 4 mai 2004 d'un droit individuel à la formation (DIF); les salariés en contrat à durée déterminée peuvent bénéficier d'un DIF au prorata de leurs temps de présence à partir de 4 mois d'ancienneté dans l'entreprise au cours des 12 derniers mois.

Le DIF permet d'acquérir un crédit d'heures de formation de 20 heures par an, les droits pouvant, s'ils ne sont pas utilisés, se cumuler sur une durée de 6 ans. C'est le salarié qui est à l'initiative de la mise en œuvre du DIF; mais il doit solliciter l'accord de son employeur.

En principe, les actions de formations accessibles au moyen du DIF ont lieu en dehors du temps de travail, mais un accord collectif peut prévoir qu'elles soient prises pendant le temps de travail. Le salarié touche pendant les heures de formation une allocation correspondant à la moitié de sa rémunération. Les frais de formation sont pris en charge par l'employeur.
En cas de licenciement du salarié, sauf pour faute grave ou lourde, ou de démission, le salarié peut, avant la fin du préavis, demander à bénéficier, en utilisant les droits acquis au titre du DIF, d'une action de formation ou d'un bilan de compétences.

322. à 329. - Réservés

chapitre 2 Durée du travail

Section I - Détermination du temps de travail

Section II - Aménagement du temps de travail

Section III - Travail et repos

330. Détermination du temps de travail – Le temps consacré au travail se découpe en périodes connues:

– il renvoie à l'unité horaire, le SMIC étant un salaire horaire;

– il se décompte parfois en journées de travail et ne peut dépasser, dans une journée, un certain nombre d'heures travaillées;

– il s'organise parfois dans la semaine: c'est dans ce cadre qu'a été opérée la réduction de la durée du travail;

– il est parfois découpé en mois: le salaire payé est mensualisé, temps de travail et temps de repos étant alors confondus;
– il se calcule aussi sur l'année: le travail tend à être aménagé sur l'année avec des séquences d'interruption et un congé annuel;
– il intéresse enfin la vie entière: il faut un minimum d'années de travail pour avoir droit à une pension de vieillesse.
Le travail se mesure donc par unités de temps (section I).

331. Réduction et aménagement du temps de travail – L'étude du temps de travail sera précédée de trois remarques:

1. la demande des salariés irait plutôt vers une réduction de la durée du travail, à condition que cette réduction ne se traduise pas mécaniquement par une diminution de salaire – ce qu'une amélioration de la productivité autorise –. La demande des entreprises serait celle d'un aménagement du temps de travail (Section II), c'est-à-dire de sa meilleure répartition, le besoin de main-d'œuvre n'étant pas identique à chaque période – alternance de périodes de basse activité et de période d'intenses activités –, ni même toujours prévisible – commande inopinée –.
Les lois récentes, depuis 1982, associent ces deux exigences.

2. Quelles sont les autorités aptes à décider en la matière? L'État doit-il intervenir ou la question est-elle du ressort de la convention collective? La voie qui a été suivie est celle d'une action conjuguée entre l'État et les acteurs sociaux: la durée légale du travail dépend de la loi, alors que la durée effective du travail a souvent été déterminée par les partenaires sociaux.
Dès 1919, la loi fixait la durée légale du travail quotidien à 8 h. En 1936, la loi posait le principe de la semaine de 40 h, sans donner compétence aux partenaires sociaux pour négocier les adaptations nécessaires qui résultaient de décrets. Puis les nécessités économiques avaient contraint le législateur à ouvrir la faculté d'effectuer des heures supplémentaires. En 1982, la durée légale hebdomadaire du travail avait été fixée à 39 h, mais la convention de branche ou d'entreprise n'était pas tenue de s'aligner; des horaires au-delà de 39 h. étaient fréquemment pratiqués sous forme d'heures supplémentaires.
Les lois Aubry I (1998) et II (2000) ont fixé la durée légale à 35 h; la durée légale du travail ayant été réduite, ces lois incitaient les interlocuteurs sociaux à négocier le temps de travail pour le ramener à un niveau supérieur ou égal à la durée légale. Une distinction a été faite entre les entreprises en fonction de leur taille: les 35 heures s'appliquent depuis 2000 aux entreprises de plus de 20 salariés, depuis 2002 aux entreprises de moins de 20 salariés.

3. Les lois Aubry étaient fondées sur l'idée – reprise de la loi Robien du 11 juin 1996 – que réduire la durée du travail devait conduire à la création d'emplois. Elles ont voulu favoriser le processus de recrutement en recourant à des aides sous forme d'exonérations pour les entreprises qui réduisaient le temps de travail et embauchaient. Mais la reprise de l'embauche ayant précédé l'entrée en vigueur de la loi, on n'a jamais su si elle a eu cet effet. Cette logique de «partage du travail» est aujourd'hui remise en cause, le législateur s'étant orienté, par la baisse du coût des heures supplémentaires, vers une relance des heures supplémentaires.

332. Temps de travail et temps de repos – On ne peut plus dissocier le régime de la durée du travail de celui du repos. Plus on réduit la durée du travail, plus celuici devient intense et fatigant, plus il est impérieux de l'entrecouper de périodes de repos (section III).

Section I - Détermination du temps de travail

Qu'est-ce que le temps de travail (§ 1) ? Y a-t-il une durée maximale du travail (§ 2) ? Quelle est la signification d'une durée légale du travail (§ 3) ? Comment les accords collectifs décident-ils de la durée conventionnelle du travail (§ 4) ? Quelles sont les incitations à la réduction de la durée du travail (§ 5) ?

§ 1. *Qu'est-ce que le temps de travail?*

333. Définition – Le temps de travail s'entend du « temps de travail effectif » pris en compte pour le calcul des heures supplémentaires et des durées maximales. Ce qualificatif appelle des explications, car les lois Aubry I et II comme la jurisprudence en ont retouché plusieurs fois la définition, sans lever tous les doutes. Le temps de travail effectif est «*le temps pendant lequel le salarié est à la disposition de l'employeur et doit se conformer à ses directives sans pouvoir vaquer librement à des occupations personnelles*» [art. L. 212-4 (art. L. 3121-1 C. trav.)]. Mais une telle définition laisse subsister un certain nombre de difficultés d'application peu à peu résolues.

1. Le temps de restauration et le temps consacré aux pauses sont assimilés au temps de travail effectif, lorsque les critères de l'art. L. 3121-1 C. trav. sont réunis. Même lorsqu'ils ne sont pas reconnus comme du temps de travail, ils peuvent faire l'objet d'une rémunération par voie conventionnelle ou contractuelle.

2. Le temps nécessaire à l'habillage est de statut incertain: lorsque le port d'une tenue de travail est imposé et que l'habillage et le déshabillage doivent être réalisés dans l'entreprise ou sur le lieu de travail, le temps qui leur est nécessaire fait l'objet de contreparties – soit sous forme de repos, soit financières – déterminées par voie conventionnelle, par les contrats de travail ou par les usages. Conventions collectives, usages et contrats de travail peuvent aussi assimiler ces temps d'habillage et de déshabillage à du temps de travail effectif.

3. La loi du 19 janv. 2000 a légalisé le recours aux périodes d'astreinte; ces dernières s'entendent comme des périodes "pendant laquelle le salarié a l'obligation, sans être à la disposition permanente et immédiate de l'employeur, de demeurer à son domicile ou à proximité, afin d'être en mesure d'intervenir pour effectuer un travail au service de l'entreprise, la durée de cette intervention étant considérée comme un temps de travail effectif" [art. L. 212-4bis (art. L. 3121-5 C. trav.)]. Une période d'astreinte donne lieu à compensation financière spécifique. L'institution d'une période d'astreinte ne peut être décidée par l'employeur seul: elle nécessite au préalable la négociation d'un accord ou, à défaut d'accord, la consultation des élus. Le temps d'astreinte n'est donc exactement ni temps de travail ni temps de repos; c'est un temps «d'expectative» (une «disponibilité») rémunéré comme tel.

4. Le temps de déplacement pour se rendre sur les lieux du travail n'est pas du temps de travail. En revanche, s'il dépasse le temps normal de trajet entre le domicile et le lieu habituel de travail, il doit faire l'objet d'une contrepartie soit sous la forme d'un repos, soit financière (déterminée par accord collectif ou, à défaut, par décision unilatérale de l'employeur après avis des élus) sans être pour autant assimilé à du temps de travail effectif. Par contre le temps de déplacement d'un lieu de travail à un autre au milieu d'une journée de travail doit être considéré comme un temps de travail effectif.

5. Enfin, dans certains métiers, une période habituelle d'inaction sur les lieux de travail, sans être qualifiée de temps de travail effectif, peur avoir

pour conséquence d'allonger la durée du travail. C'est le régime d'équivalence qui s'applique par voie réglementaire dans certains secteurs d'activité (gardiennage, hôtellerie, salons de coiffure...) et institue une durée équivalente à la durée légale : 40 heures équivalentes à 35 heures par exemple, du fait de l'inaction entrecoupant des temps de travail. Seules les heures effectuées au-delà de cette durée équivalente sont des heures supplémentaires. Mais ce système est compromis (au moins lorsque les seuils et plafonds de calcul du travail effectif issus du droit communautaire ne sont pas respectés) depuis un arrêt de la CJCE du 1.12.2005.

§ 2. *Durée maximale*

334. Double limite – Il y a une durée maximale journalière et hebdomadaire. La norme est d'ordre public absolu pour des motifs de santé publique.

• La durée maximale journalière par salarié ne peut excéder 10 heures [art. L. 212-1 al. 2 (art. L. 3121-34 C. trav.)], sauf dérogations dans des conditions fixées par décret (art. D. 212-12 à D. 212-16 C. trav., lesquels permettent très exceptionnellement de porter cette durée maximale à 12 h par jour).

• L'article L. 212-7 (art. L. 3121-36 C. trav.) fixe un double plafond à la durée hebdomadaire:

1. au cours d'une même semaine, la durée du travail ne peut pas dépasser 48 h, sauf en cas de circonstances exceptionnelles, sans que ce dépassement puisse avoir pour effet de porter la durée du travail à plus de 60 heures par semaine.

2. La durée moyenne hebdomadaire de travail calculée sur une période de 12 semaines consécutives ne peut pas dépasser 44 h. Mais un décret pris après conclusion d'une convention ou d'un accord collectif de branche peut prévoir que cette durée hebdomadaire calculée sur une période de 12 semaines soit portée jusqu'à 46 heures.

§ 3. *Durée légale*

La raison d'être de la durée légale est de constituer le point de départ des heures supplémentaires. La durée légale était depuis 1982 de 39 heures par semaine. Depuis l'année 2000 – pour les entreprises de plus de 20 salariés – et l'année 2002 – pour les entreprises de moins de 20 salariés – elle est de 35 heures. Mais cela ne signifie pas que la durée effective soit nécessairement de 35 heures. Le recours aux heures supplémentaires (A) conduit à appliquer leur régime (B) à partir de la 36e heure; elles ouvrent droit à une rémunération particulière (C).

A. Notion d'heures supplémentaires

335. Seuil – Les heures supplémentaires sont les heures travaillées pour le compte d'un même employeur au-delà de la 35e heure. Toutefois échappent à cette qualification:

1. les heures correspondant à un régime d'équivalence [art. 212-4 (art. 3121-9 C. trav.)] dont la conformité à la directive 2003/88 du 4 nov. 2003 concernant le temps de travail, est nous l'avons vu, discutée [1].

1. CJCE 1.12.2005 préc.

2. Les heures récupérées qui sont des heures déplacées en compensation d'heures de travail perdues [art. L. 212-2 (art. L. 3122-47 C. trav.) et art. L. 212-2-2 (art. L. 3122-27 C. trav.)].

3. Les heures modulées, c'est-à-dire les heures effectuées au-delà de 35 heures en application d'un accord de modulation du temps de travail [v. art. L. 212-8 (art. L. 3122-9 C. trav.)].

B. Régime des heures supplémentaires

336. Conditions de recours – L'heure supplémentaire n'existe comme telle que sur ordre de l'employeur. La rémunération afférente n'est pas due s'il n'y a pas au départ son accord. De délicats problèmes de preuve sont fréquents. Par ailleurs, si des heures supplémentaires sont ordonnées, le salarié ne peut refuser de les accomplir (sauf si celles qu'il a précédemment effectuées n'ont pas été payées).

Chaque employeur dispose d'un contingent légal annuel de 220 heures supplémentaires par salarié (art. D. 212-25 C. trav.); l'employeur peut y recourir librement: elles peuvent être effectuées sans autorisation de l'inspecteur du travail; son information suffit. Les heures supplémentaires effectuées au-delà du contingent annuel nécessitent l'avis des représentants du personnel et l'autorisation de l'inspecteur du travail.

Le contingent est réduit à 130 heures par an et par salarié lorsque la durée hebdomadaire de travail varie dans le cadre d'une convention ou d'un accord collectif de modulation conclu en application de l'art. L. 212-8 (art. 3122-9 C. trav.); toutefois, cette réduction n'est pas applicable lorsque la convention ou l'accord collectif prévoit une variation de la durée hebdomadaire de travail dans la limite de 31 à 39 heures ou un nombre d'heures au-delà de la durée légale hebdomadaire inférieur ou égal à 70 heures par an.

Le contingent d'heures supplémentaires peut aussi faire l'objet d'une négociation: il peut être fixé par une convention ou un accord collectif de branche étendu ou par une convention ou un accord d'entreprise ou d'établissement à un volume supérieur ou inférieur à celui déterminé par décret.

C. Rémunération des heures supplémentaires

337. Promotion des heures supplémentaires - Les lois Aubry avaient mis en œuvre une politique de réduction du temps de travail dictée par des raisons économiques (« aménager » le temps de travail pour sa meilleure répartition en fonction des besoins de l'entreprise) et sociales (« partage » du travail pour remédier au chômage). Les résultats peu probants de cette politique, comme la nécessité de remédier à la baisse du pouvoir d'achat ont ouvert la voie à sa remise en cause par le gouvernement de droite issu de l'alternance de 2002. La remise en cause n'a pas été frontale, car la durée légale (qui constitue le point de départ des heures supplémentaires) demeure 35 heures. En revanche, de nombreuses mesures ont favorisé le recours aux heures supplémentaires: dans un premier temps, l'effort s'est porté en direction des entreprises, avec l'augmentation du contingent d'heures supplémentaires, la possibilité de modifier ce dernier et celle de fixer le tarif des heures supplémentaires par négociation collective. Par la suite, ont été créées (loi du 31 mars 2005) les «heures choisies» [1], que le salarié peut effectuer après épui-

1. Alors que c'est l'employeur qui ordonne l'exécution d'heures supplémentaires ou complémentaires – au demeurant inaccessibles aux salariés au forfait jour, annualisés, ou à temps partiel –.

sement de son contingent d'heures supplémentaires; introduites par voie de conventions collectives, d'accord de branche, de groupe, d'entreprise, d'établissement, ces heures font l'objet de majorations et de contreparties négociées par les protagonistes sociaux. Aujourd'hui, le souhait du gouvernement est d'abaisser «le coût du travail pour les entreprises qui augmentent la durée de travail de leurs salariés, tout en incitant ces derniers à travailler plus par la garantie d'une augmentation substantielle de leurs revenus» (exposé des motifs de la loi en faveur du travail, de l'emploi et du pouvoir d'achat votée pendant l'été 2007). Il est prévu une majoration de la rémunération des salariés à temps partiel qui effectuent des heures complémentaires. La rémunération des heures supplémentaires et des heures choisies s'accompagne pour les entreprises d'un allégement de cotisations patronales sur ces heures, sans diminution du taux d'exonération de l'allégement général sur les bas salaires. Les salariés bénéficieront aussi d'une réduction de cotisations sociales et d'une exonération d'impôt sur le revenu au titre des heures supplémentaires effectuées à compter du 1er octobre 2007.

Actuellement, l'heure supplémentaire est payée à un tarif majoré; chacune des huit premières heures supplémentaires donne lieu à une majoration de 25 % et les heures suivantes à une majoration de 50 %. Pour calculer cette majoration, on tient compte de la totalité de la rémunération horaire (primes incluses).

338. *Repos compensateur obligatoire* – Dans les entreprises de plus de 20 salariés, l'heure supplémentaire ouvre droit, au-delà de la 41e heure, à l'attribution complémentaire d'un repos compensateur dont la durée est égale à 50 % de ces heures supplémentaires. Par ailleurs, les heures effectuées au-delà du contingent d'heures supplémentaires ouvrent droit à un repos compensateur dont la durée est égale à 50 % de ces heures supplémentaires, dans les entreprises de 20 salariés au plus, et à 100 % pour les entreprises de plus de 20 salariés.

339. *Repos compensateur équivalent* – Les heures supplémentaires peuvent aussi donner lieu, plutôt qu'à un paiement majoré, à un repos compensateur global et équivalent.

340. *Convention de forfait* – Afin d'éviter des calculs complexes, les parties au contrat de travail peuvent convenir d'une somme forfaitaire globale correspondant à toutes les heures effectuées – comprenant aussi bien celles qui sont effectuées conformément à la durée légale que celles qui la dépassent –. Cette convention a été reconnue licite par la jurisprudence à condition qu'elle ne soit pas défavorable pour le salarié par rapport au système légal. Une comparaison sera toujours nécessaire.

Puis la convention de forfait a été reconnue par le législateur: elle est surtout pratiquée chez les cadres. Toutefois, pour éviter que le paiement forfaitaire des cadres ne fasse obstacle à la réduction de la durée du travail chez ces salariés, la loi Aubry II leur a consacré en 2000 un dispositif entièrement nouveau – art. L. 212-15-1, 2 et 3 (art. L. 3111-2, 3121-39 et 3121-38 C. trav.) – reposant sur une distinction elle-même nouvelle entre les différentes sortes de cadres [1].

---

1. V. *supra* n° 38 Titulaires du pouvoir dans l'entreprise: les trois catégories de cadres.

§ 4. *Réduction conventionnelle de la durée effective du travail*

C'est la seule réduction qui corresponde à une réalité, la réduction de la durée légale pouvant conduire à la simple transformation de l'horaire normal en heures supplémentaires.
C'est un des domaines très important de la nouvelle négociation collective [1]. En général, la réduction du temps de travail s'accompagne de contreparties: les employeurs accordent une réduction du temps de travail, les salariés acceptant de travailler plus à certaines périodes de l'année pendant lesquelles l'entreprise a une lourde charge de travail (aménagement du temps de travail contre réduction). C'est cette négociation qui a repris entre les deux lois Aubry. Elle a suscité deux discussions très conflictuelles: le salaire devait-il être réduit en conséquence de la réduction du temps de travail (A)? L'application d'un accord collectif de réduction du temps de travail devait-il entraîner modification des contrats de travail (B)?

A. Le salaire devait-il être réduit en proportion de la réduction du temps de travail ?

341. Alternative – Les négociations de ces 20 dernières années ont montré deux combinaisons possibles:

1. on peut rencontrer une compensation totale, le salaire n'étant pas diminué. Comme le nombre d'heures a été réduit, cela s'analyse en une majoration de salaire souvent doublée d'un gel des augmentations générales. La compensation est parfois partielle, pouvant bénéficier des augmentations salariales.

2. Si la négociation n'aboutit pas, la réduction de la durée effective du travail a lieu sans aucune compensation; il y a réduction du niveau mensuel du salaire. La loi Aubry II n'a pas voulu que cette réduction de salaire puisse concerner les salariés payés au SMIC. Aussi a-t-elle prescrit que leur salaire mensuel reste inchangé tel que calculé sur la base de 39 h. par semaine, alors même qu'ils étaient passés à 35 h. (ou plus). Leur a été versé un complément différentiel de salaire qui était égal à 169 h (39 h par semaine). C'est une majoration déguisée du SMIC qui a ainsi été opérée.

B. L'impact d'un accord collectif sur le contrat individuel de travail

342. Conséquence du refus du salarié – La loi Aubry II y a consacré un article contradictoire : la diminution du nombre d'heures en application d'un accord de réduction de travail ne constitue pas une modification du contrat de travail; ce qui signifie qu'elle constitue un simple changement des conditions de travail, laquelle s'impose aux salariés. Si un salarié refuse cette réduction du temps de travail (ce qui contredit la proposition précédente), le licenciement prononcé s'analyse en un licenciement pour motif personnel, non pas en un licenciement pour motif économique (ce qui est discutable).

§ 5. *Incitations à la réduction négociée*

343. Incitation financière – La loi a réduit la durée légale, mais la durée réelle dépend des accords. Pour pousser les négociateurs à réduire la durée réelle, la loi Aubry II prévoyait une incitation financière, comme l'avaient fait la loi de

1. V. *supra* n° 9 et n° 10 ????????????.

Robien du 11 juin 1996 et la loi Aubry I. Mais celle-ci était limitée aux accords d'entreprise réduisant la durée réelle du travail à 35 h ou à 1600 heures sur l'année, et qui s'engageaient à créer ou à préserver des emplois. Dans les entreprises de moins de 50 salariés, l'accord conditionnant l'incitation financière pouvait être un accord de branche étendu.
Ce dispositif a conduit la loi Aubry à remodeler le mécanisme de la négociation collective lorsqu'elle concernait la réduction de la durée du travail. On a pu parler d'accords collectifs à légitimité renforcée.
L'incitation financière consistait en une exonération partielle – un «allègement» – des cotisations sociales se substituant aux exonérations antérieurement existantes et reposant sur le mécanisme suivant: en bénéficiaient tous les salariés (CDI, CDD, intérimaires, temps partiel); l'allègement portait sur les seules cotisations patronales; il était à son maximum pour les salariés au SMIC (26 p. 100) et diminuait au fur et à mesure que le salaire mensuel brut s'écartait du SMIC; à 1,8 p. 100 du SMIC, l'allègement était forfaitairement plafonné à 4000 F et demeurait fixé à ce chiffre pour tous les salaires supérieurs.
Le dispositif était suivi par les URSSAF et l'inspection du travail. Mais aucune convention avec l'État n'était plus nécessaire pour bénéficier des exonérations qui étaient accordées de droit – alors que la loi Robien exigeait une convention entre l'entreprise et l'État –. Ce dispositif se voulait incitatif à l'emploi, principalement à l'emploi de travailleurs peu qualifiés parmi lesquels se recrutent les chômeurs; simultanément, il a satisfait une revendication patronale: réduire les cotisations de Sécurité sociale, donc le coût du travail.
Depuis, de nouveaux dispositifs d'allégements de charges ont été progressivement mis en place dans toutes les entreprises – avec une période transitoire du 1er juillet 2003 au 30 juin 2005 –, indépendamment de leur durée collective de travail. Depuis le 30 juin 2005, il ne demeure qu'un dispositif unique d'allégements, calculé en fonction du salaire horaire et destiné à soulager les charges sociales des bas revenus.

Section II - Aménagement du temps de travail

344. Répartition du travail dans le temps – Autrefois, elle obéissait à 4 directives:

1. le travail était discontinu, avec interruption généralement pour la nuit. Il tend aujourd'hui à devenir continu.

2. Le temps de travail ou horaire de travail était collectif ou uniforme. Il peut désormais s'individualiser.

3. Le temps de travail était un temps hebdomadaire. L'unité de mesure s'est aujourd'hui diversifiée.

4. Le temps de travail était uniforme pour tous. Si l'on travaillait 39 heures par semaine, tout le monde travaillait 39 heures à plein-temps. À l'heure actuelle, un salarié va pouvoir travailler une partie du temps ouvrable.

Du continu au discontinu (§ 1) ; du collectif à l'individuel (§ 2) ; d'une unité de mesure à une autre (§ 3) ; du temps partiel à côté du plein-temps (§ 4) : tels sont les traits les plus caractéristiques du processus en cours.

§ 1. *Travail en continu*

Il y a une tendance majeure au travail en continu. La machine ne doit pas s'arrêter. On se succèdera au poste de travail, par exemple dans le cadre du travail par équipes: 24 heures sur 24, 7 jours sur 7. Plusieurs figures sont envisageables:

1. les équipes successives: des équipes distinctes assurent le fonctionnement de l'entreprise sans interruption, la nuit, le dimanche et les jours fériés.

2. Les équipes chevauchantes et alternantes: un roulement est organisé entre les équipes pour éviter que les mauvais horaires pèsent toujours sur les mêmes.

3. Les équipes de suppléance: ce système permet une meilleure utilisation des équipements, ceux-ci travaillant 7 jours sur 7 malgré le repos hebdomadaire du personnel. Une équipe de salariés remplace une autre équipe pendant que les membres de celle-ci prennent leur repos en fin de semaine.

4. Le travail de nuit: le travail en équipes et en continu conduit à dire un mot du travail de nuit. Le travail de nuit des hommes a été admis depuis longtemps. La loi ne dit rien d'un taux majoré pour les heures de nuit, mais les conventions collectives le prévoient souvent. En revanche, le travail de nuit est interdit aux jeunes travailleurs de moins de 18 ans de l'un ou l'autre sexe [art. L. 213-7 (art. L. 3163-2 C. trav.), sauf exceptions. Quant au travail de nuit des femmes, il a été à l'origine d'une controverse juridique. Autrefois interdit, il a été ouvert aux femmes par la loi du 9 mai 2001. L'interdiction initiale du travail des femmes était en effet en contradiction avec le principe d'égalité des sexes. La CJCE avait donc jugé le droit français contraire à la Directive européenne sur l'égalité de traitement des hommes et des femmes, et la France a dénoncé la convention n° 89 de l'OIT interdisant le travail de nuit des femmes (elle aurait pu interdire le travail de nuit aux hommes et aux femmes).

§ 2. *Horaires individualisés*

345. Plages fixes et plages variables – Dans le cadre des «horaires individualisés» – très pratiqués en région parisienne, pour éviter que tous les salariés se précipitent en même temps sur les mêmes boulevards, les mêmes entrées et dans les mêmes ascenseurs –, la journée de travail est découpée en «plages», les unes fixes – tout le personnel devant être présent –, les autres variables – les salariés pouvant choisir leur temps d'absence ou de présence. Il faut que les représentants du personnel ne s'y opposent pas, que l'inspecteur du travail soit informé, que l'amplitude de la journée de travail ne dépasse pas 10 heures pour un salarié. Cela peut être commode pour mieux organiser la vie de famille et répartir les entrées et les sorties dans les grandes entreprises. L'inconvénient est qu'il n'y a plus de collectivité de travail présente en permanence sur les lieux. La loi Aubry II parle de calendrier individualisé.

§ 3. *Changement des unités de mesure: la modulation*

346. Annualisation du temps de travail – La seule unité de mesure du temps de travail était autrefois la semaine, jadis la journée – on désignait ainsi les ouvriers qui louaient leur force de travail à la journée des «journaliers». Aujourd'hui, les unités de temps se multiplient. On a abandonné le cadre de la semaine pour celui du mois, du trimestre, du semestre, de l'année dans le cadre d'accords de modulation. Nés de la pratique, ces accords ont été consacrés progressivement par le législateur: une première modulation a vu le jour en 1982; une seconde en 1987, la troisième en 1993. Les niveaux où ils pouvaient être valablement signés étaient différents; parce qu'ils étaient dérogatoires – moins favorables que la loi – le législateur avait très tôt autorisé les syndicats majoritaires à exercer un droit d'opposition. Aujourd'hui, la modulation répond à un seul régime, celui de l'annualisation du temps de travail, issu de la loi Aubry II du 19 janvier 2000 [art. L. 212-8 (art. L. 3122-9 et s. C. trav.)]. Dans le cadre de cette modulation instituée par voie de négociation collective, il y aura variation d'horaire d'une semaine à l'autre, d'un mois sur l'autre ou d'une saison sur l'autre, la durée du travail ne devant pas, sur une année, dépasser un plafond de 1 607 heures (l'accord ou la convention pouvant fixer un plafond inférieur).

Avec ce système se trouve satisfaite une «revendication» essentielle des employeurs, celle d'obtenir une plus grande liberté dans le recours à la force de travail; l'idée est de faire travailler non pas davantage, mais autrement: les salariés restent chez eux pendant les périodes de basse activité, sans qu'il soit nécessaire de recourir au chômage partiel; ils dépassent pendant les semaines d'intense activité le seuil de 35 heures, sans pouvoir bénéficier du régime des heures supplémentaires. La modulation du temps de travail est l'outil par excellence de la flexibilité (absolescence progressive des heures supplémentaires et chômage partiel permanent). Les bouleversements qu'elle apporte à la vie personnelle des salariés justifient l'existence de délais de prévenance en cas de modification du rythme de travail (7 jours) et l'information du comité d'entreprise avec justification nécessaire du dispositif de modulation.

347. Notion de cycles – La modulation permet ainsi la sortie du modèle hebdomadaire : il est possible d'organiser le temps de travail sur un modèle plus long que la semaine. On travaillera tantôt plus, tantôt moins en respectant une moyenne sur un cycle prédéterminé.

§ 4. *Temps plein et temps partiel*

348. Définition – La loi a redéfini en 2000 le temps partiel afin de mettre le droit français en conformité avec la directive européenne du 15 décembre 1997; désormais, il y a temps partiel lorsque la durée du travail est inférieure – même de peu – à la durée légale.

349. Conditions de recours – Le recours au temps partiel doit en principe résulter d'un accord collectif [art. L. 212-4-2 (art. L. 3123-2 C. trav.)]. À défaut d'accord, il peut résulter d'une décision unilatérale de l'employeur après avis des représentants du personnel. Il peut aussi être introduit à la demande du salarié [art. L. 212-4-9 (art. L. 3123-5 et s. C. trav.).

350. Exigence d'un écrit – Nécessairement écrit [art. L. 212-4-3 (art. L. 3123-14 C. trav.)], le contrat de travail doit apporter au salarié une pleine connaissance de la répartition des durées travaillées entre les jours et les semaines; il définit en outre les cas dans lesquels une modification éventuelle de cette répartition peut intervenir ainsi que la nature de cette modification; toute modification doit être notifiée au salarié 7 jours au moins avant la date à laquelle elle doit avoir lieu.

Le contrat de travail à temps partiel peut aussi contenir une clause de recours à des heures complémentaires que le salarié ne peut pas, dans cette hypothèse, refuser d'accomplir si elles ne dépassent pas les quotas autorisés (10% de la durée prévue au contrat).

351. Modulation du temps de travail – Le temps partiel peut être modulé, comme le prévoyait la loi depuis 1993 sous le nom de travail à temps partiel de longue durée ou annualisé; on tombe alors dans ce que la loi Aubry appelle soit du temps partiel modulé [art. L. 212-4-6 (art. L. 3123-25 C. trav.)], soit – en faisant ressurgir un procédé abandonné — du travail intermittent [art. L. 212-4-12 et s. (art. L. 3123-31 et s. C. trav.)]. Ce dernier est fait d'alternance de périodes travaillées et non travaillées. Il nécessite la conclusion d'un accord collectif caractérisant les emplois qui par nature comportent une telle alternance.

352. Droits du salarié à temps partiel – Celui qui travaille à temps partiel est à égalité de régime avec le travailleur à temps plein, moyennant réduction proportionnelle de ses droits (art. L. 212-4-5 C. trav.). Lorsqu'il souhaite passer à temps plein, il bénéficie d'une priorité en cas d'emplois disponibles (art. L. 212-4-9 C. trav.); il en va de même d'un salarié travaillant à temps complet qui souhaite passer à temps partiel.

353. Pluri-activité – On signalera qu'un salarié peut occuper une pluralité d'emplois à temps partiel. Ce phénomène dit de pluri-activité – occupation de deux emplois salariés ou d'une activité salariée et d'une activité indépendante – a même été protégé par la loi Aubry II, puisque le salarié peut s'opposer dans une certaine mesure à un changement de la répartition de la durée du travail: *«Lorsque l'employeur demande au salarié de changer la répartition de sa durée de travail dans un cas et selon les modalités préalablement définis par le contrat de travail, le refus du salarié d'accepter ce changement ne constitue pas une faute ou un motif de licenciement dès lors que ce changement n'est pas compatible avec des obligations familiales impérieuses, avec le suivi d'un enseignement scolaire ou supérieur, avec une période d'activité fixée chez un autre employeur ou avec une activité professionnelle non salariée (...) ».*

Section III - Travail et repos

Les normes régissant la durée du travail ont été progressivement obligées de définir les temps encadrant le travail, ceux que l'on qualifie temps de repos. De même que la loi fixe un maximum à la journée de travail et à la durée hebdomadaire de travail, ou traite de la durée annuelle du travail, elle a été conduite à instituer un repos quotidien, un repos hebdomadaire, un repos annuel appelé congés (§ 1). Au surplus survit l'ancienne pratique des jours fériés – jours de fête – éventuellement accompagnée d'une dispense de travail – jours dits chômés – (§ 2). Le législateur a créé des repos spécifiques prélevés sur le temps de travail et destinés à harmoniser vie de travail et vie de famille, tels que le congé de maternité ou le congé parental (§ 3). L'accomplissement d'un travail supplémentaire (heures supplémentaires) est accompagné d'un repos compensateur. La récente réduction de la durée du travail peut prendre la forme de journées de repos (§ 4). Couronnant le tout, le mécanisme du compte épargne-temps réalise une interpénétration, tout au long de la vie de travail, de périodes d'activité et de périodes de repos (§ 5).

§ 1. *Repos quotidien, hebdomadaire, annuel*

354. Repos quotidien – Le salarié bénéficie d'un repos quotidien d'une durée minimale de onze heures consécutives. Au surplus, au bout de six heures de travail, un repos d'une durée minimale de 20 minutes – appelé pause – est de droit [art. L. 220-1 (art. L. 3131-1 C. trav.) et L. 220-2 (L. 3121-33 C. trav.)].

355. Repos hebdomadaire – Plus ancien que le repos quotidien, le repos hebdomadaire résulte de ce qu'il est interdit de faire travailler plus de six jours sur sept [art. L 221-2 (art. 3132-1 C. trav.)]. Ce repos est de 24 heures consécutives. Ajouté aux 11 heures de repos quotidien, il correspond à 35 heures consécutives. Il est normalement donné le dimanche et collectivement par voie de fermeture [art. L. 221-5 (art. L. 3132-3 C. trav.)]. La règle a été édictée dans l'intérêt du salarié, mais c'est aussi une règle se rattachant au droit de la concurrence justifiant, lorsqu'elle est violée, l'action des syndicats patronaux ou de l'inspecteur du travail devant le juge des référés. Exceptionnellement, le repos hebdomadaire peut être fixé un autre jour que le dimanche: il existe en la matière des dérogations permanentes (dans certains secteurs d'activités), des dérogations par décision préfectorale, des dérogations par décision municipale, enfin des dérogations dans l'industrie résultant d'un accord collectif ou d'une décision de l'inspecteur du travail.

356. Congés annuels – Le repos de fin d'année ou congé annuel n'existe que depuis 1936. Il était à l'origine de 12 jours ouvrables (plus les dimanches, soit deux semaines). Aujourd'hui, il a cessé de soulever les difficultés d'interprétation qu'il a longtemps suscitées.

Tout salarié a droit chaque année à un congé payé à charge de l'employeur, dès lors qu'il a travaillé au cours de l'année au minimum un mois [art. L. 223-1 (art. L. 3141-3 C. trav.)]. Sa durée est fonction de la durée d'emploi: elle est de deux jours ouvrables et demi de congé par mois de travail, à quoi s'ajoutent les dimanches et jours fériés chômés. Une maladie du salarié n'a pas pour effet de prolonger cette durée. La période habituelle des congés est fixée par voie d'accord collectif ou de convention collective. Cette dernière peut prévoir des congés supplémentaires en fonction de l'ancienneté. Faute de convention, la période des congés est fixée par l'employeur après consultation des représentants du personnel. Au-delà de 24 jours ouvrables, le congé est fractionné; par ailleurs le congé ne dépassant pas 12 jours ouvrables doit être continu.

Le congé annuel ne suspend pas le paiement de la rémunération. Il s'accompagne du versement d'une «indemnité de congé payé» qui n'est que le salaire correspondant au temps de l'inactivité. Elle est égale au dixième de la rémunération globale du salarié au cours de l'année de référence; elle ne peut être inférieure au salaire qu'il aurait perçu s'il avait travaillé pendant le congé [art. L. 223-11 (art. 3141-22 C. trav.)]. On tient compte de tous les éléments compris dans la rémunération, sauf des primes qui seraient versées annuellement sans distinction entre les périodes de travail et celles des congés payés.

Si le salarié vient à être licencié avant d'avoir pu prendre son congé, il a droit à une indemnité dite compensatrice de congés payés, calculée de manière comparable à la précédente. Néanmoins celle-ci cesse d'être due au cas de faute lourde: distincte de la faute grave privative de l'indemnité de licenciement et du préavis, la faute lourde est celle qui révèle l'intention de nuire à l'entreprise ou à l'employeur (par ex. destruction volontaire du matériel de l'employeur, notamment au cours d'un conflit collectif). Cette privation peut être analysée comme une peine privée: sa justification reste incertaine, puisque le droit au congé a été acquis mois par mois tout au long de l'année.

§ 2. *Jours fériés*

357. Définition – Ce sont au sens exact du terme des jours de fête, au nombre de 11 selon l'art. L. 222-1 (art. L. 3133-1 C. trav.), d'origine religieuse – par ex. le lundi de Pâques – ou laïque – par exemple le 14 juillet –. Selon la loi, ils ne donnent pas nécessairement lieu à suspension du contrat de travail. Cependant, le premier mai est un jour férié obligatoirement chômé [art. L. 222-5 (L. 3133-4 C. trav.)] ; au surplus, le chômage du 1er mai ne donne lieu à aucune retenue sur le salaire; par ailleurs, de nombreuses conventions collectives ont prévu qu'un certain nombre de jours fériés seraient chômés. L'employeur ne peut alors imposer le travail et le salaire reste dû. Aucune récupération – c'est-à-dire un remplacement de la journée perdue – n'est possible. Si travail il y a, le salaire est majoré.

358. «Ponts» – Il existe enfin dans certains secteurs des «ponts» – jours ouvrables situés entre un dimanche et un jour férié – qui sont parfois dispensés de travail en vertu d'un usage ou d'un accord collectif.

359. Journée de solidarité – La loi du 30 juin 2004 a créé une journée de solidarité en vue d'assurer le financement des actions en faveur de l'autonomie des personnes âgées ou handicapées. Elle prend la forme d'une journée supplémentaire de travail non rémunéré pour les salariés et d'une contribution particulière pour les employeurs.

C'est par voie de convention collective qu'il faut déterminer la date de la journée de solidarité; l'accord collectif peut prévoir soit le travail d'un jour férié précédemment chômé (sauf le 1er mai), soit le travail d'un jour de réduction du temps de travail tel que prévu à l'art. L. 212-9 (art. L. 3122-6 C. trav.), soit toute autre modalité permettant le travail d'un jour précédemment non travaillé en application de dispositions conventionnelles ou des modalités d'organisation de l'entreprise.

Lorsque l'entreprise travaille en continu ou est ouverte tous les jours de l'année, l'accord collectif ou, à défaut, l'employeur peut fixer, le cas échéant, une journée de solidarité différente pour chaque salarié.

En l'absence d'accord collectif fixant ce jour, la journée de solidarité est placée le lundi de Pentecôte.

§ 3. *Congés familiaux*

360. Diversité – Leur régime est variable et ils se sont multipliés, sans avoir tous pour finalité le repos; ne seront ici présentés que des exemples:

1. le plus ancien est le repos des femmes en couches (dit surtout congé de maternité). Indépendamment du régime de protection de la maternité qui s'accompagne d'une suspension du travail, les femmes salariées ont le droit de ne pas travailler pendant six semaines avant la date présumée de l'accouchement et pendant les dix semaines qui suivent l'accouchement [art. L. 122-26 (art. L. 1225-17 C. trav.)].

En toute hypothèse, il existe à l'art. L. 224-1 (art. L. 1225-29 C. trav.) un délai incompressible que toute salariée en couches doit respecter elle-même et pouvoir faire respecter: les salariées ne peuvent être occupées pendant une période de huit semaines au total avant et après leur accouchement; il est également interdit d'employer des femmes en couches dans les 6 semaines qui suivent leur délivrance; ces délais ont été institués pour des raisons de santé publique. Un repos supplémentaire bénéficie à celles qui allaitent un enfant [art. L. 224-2 (art. L. 1225-30 C. trav.)].

Le père s'est vu reconnaître avec la loi du 21 déc. 2001 un congé de paternité d'une durée de 11 jours.

2. Le congé parental d'éducation fait suite au congé de maternité. Mais alors que celui-ci n'interrompt pas le paiement de la rémunération, le congé parental d'éducation – qui peut bénéficier à l'un comme à l'autre des parents – ou son diminutif – la période d'activité à temps partiel – entraîne perte ou diminution de la rémunération. Il dure jusqu'à ce que l'enfant ait l'âge de 3 ans. Il consiste essentiellement dans le droit de récupérer alors l'emploi suspendu [art. L. 122-28-1 et s. (art. L. 1225-47 et s. C. trav.)].

3. Le congé pour événements familiaux [art. L. 226-1 (art. L. 3142-1 C. trav.)] n'est qu'une autorisation d'absence à l'occasion du mariage, d'une naissance, d'un décès, sans réduction de rémunération.

§ 4. *Repos compensateur et «journées de repos»*

361. Notion de repos – Le concept juridique de repos qui est ici en cause ne coïncide pas exactement avec le sens usuel. Le salarié n'est pas tenu de se reposer: le repos dont il est question lui permet seulement d'échapper à la subordination; le salarié peut se livrer à l'activité de son choix, relevant des loisirs, de la culture ou du sport.

362. Repos compensateur – Il existe deux modalités de repos compensateur:
a. le «repos compensateur obligatoire» est celui qui s'ajoute, à partir de la 41e heure supplémentaire, à la majoration de salaire; il est alors égal à 50% du temps accompli en heures supplémentaires. Par ailleurs, les heures effectuées au-delà du contingent d'heures supplémentaires ouvrent droit à un repos compensateur dont la durée est égale à 50% de ces heures supplémentaires, dans les entreprises de 20 salariés au plus, et à 100% pour les entreprises de plus de 20 salariés. Le repos compensateur obligatoire est pris par journées entières dans un délai de six mois. Ici, le temps accordé à titre de repos vient en compensation du temps supplémentaire donné à l'employeur.
b. Le repos compensateur peut aussi remplacer, si l'accord ou la convention étendue en décident ainsi, la majoration afférente aux heures supplémentaires, en totalité ou partiellement; dans cette hypothèse, le temps de repos se substitue à l'argent: il est dit «repos compensateur équivalent».

363. «Journées de repos» – Les «journées de repos» – voire les "demi-journées de repos" – ne sont pas liées aux heures supplémentaires, mais à une réduction conventionnelle de la durée du travail conforme à la loi Aubry [art. L. 212-9 (art. L. 3122-6 C. trav.)]. Communément appelées les «RTT», elles se présentent comme une modalité de la réduction du temps de travail, éventuellement dans le cadre d'une annualisation de celui-ci. On est proche des congés annuels.

§ 5. *Compte épargne-temps*

364. Finalité – Il peut être créé par convention ou accord collectif étendu ou accord d'entreprise un compte épargne-temps. Sa finalité est de permettre l'accumulation des droits à repos ou à congé rémunéré [art. L. 227-1 (art. L. 3151-1 C. trav.)]. Il peut aussi constituer une épargne financière dont le salarié pourra disposer dans certaines conditions, immédiatement ou plus tard.
Il peut être alimenté par un report de congé annuel – maximum 10 jours –, par une conversion «en temps» de primes ou d'intéressement ou même d'une

augmentation de salaire, par les repos compensateurs et journées de repos, enfin par des compléments accordés par l'employeur.

Il peut être utilisé pour accompagner un congé sans solde du type congé parental, pour anticiper le départ en retraite, pour prendre un repos désiré ou pour rémunérer un temps de formation.

Le compte épargne-temps peut également servir à alimenter un plan d'épargne salariale, en particulier en vue de financer des droits ou des prestations de retraite.

Il peut enfin permettre au salarié, notamment dans le cadre de la loi du 31 mars 2005, de convertir certains de ses droits en une somme d'argent.

En cas de changement d'employeur, des difficultés apparaissent; un transfert des droits du salarié peut être organisé d'une entreprise à une autre, si un accord collectif le prévoit; mais si le salarié reste sans emploi ou si, en cas de nouvelle embauche, aucun accord ne prévoit le transfert du compte épargne-temps, sa liquidation peut intervenir : le salarié perçoit alors une indemnité compensatrice d'un montant correspondant aux droits acquis à la date de la rupture.

365. à 369. - Réservés

Chapitre 3

Interruption du travail

Section I - Risques économiques

Section II - Risques professionnels

§ 1. *Risques*

§ 2. *Réparation*

§ 3. *Suspension du contrat de travail et maintien dans l'emploi*

Section III - Risques personnels

§ 1. *Maladie*

§ 2. *Maternité*

370. Suspension du contrat de travail – Lorsqu'elle est indépendante de la volonté du salarié, une interruption du travail de nature temporaire se traduit non pas par la cessation du contrat, mais seulement par sa suspension: le contrat de travail, qui survit pendant l'interruption sans pouvoir déployer ses effets, retrouve toute sa force obligatoire après l'interruption.

371. Diversité des situations – La notion de suspension dissimule de nombreuses situations dont le régime est différent.
Les périodes de repos et de congés s'analysent en une suspension, ici plutôt de la prestation, que du contrat lui-même, puisque le salaire reste dû.
En matière de maladie, la situation est différente: l'interruption du contrat entraîne sa suspension sans maintien de rémunération, sauf si la convention collective le prévoit. Pendant le congé de maternité, la situation juridique du salarié est comparable.
La grève entraîne la suspension à la fois de la prestation et du contrat. Mais le salaire n'est jamais dû.

372. Obstacle au licenciement – Plus que la conservation du salaire, c'est le lien entre suspension et licenciement qui caractérise les différents cas de suspension. La suspension joue comme un obstacle au licenciement dans le cas de la grève, de la maternité. La maladie de brève durée n'autorise pas le licenciement, mais sa prolongation et la nécessité de remplacer le salarié malade peuvent toutefois justifier le licenciement. La mise à pied provisoire d'un représentant du personnel – qui entraîne pendant un temps la suspension du contrat – est un prélude à son licenciement.

L'assimilation des périodes de suspension à des périodes de travail effectif – par exemple pour le calcul de l'ancienneté – est tantôt admise (accident du travail, congé de maternité), tantôt récusée (maladie, grève). Il arrive aussi que deux causes de suspension opèrent en concurrence : maladie pendant une grève, ou pendant les congés payés. La jurisprudence utilise un critère chronologique : la cause de suspension qui est apparue la première impose son régime propre.

373. Garantie contre les risques – En fait, l'idée originaire de la suspension est en connexion avec celle de risque ; le travailleur est exposé à des risques multiples :

– le risque peut être de nature économique ; l'employeur n'a plus de travail à donner en raison du ralentissement économique ; il mettra les salariés en chômage partiel, mal dénommé, car il n'y a pas privation d'emploi, comme dans la situation de chômage, mais suspension du contrat (section I).

– Le risque peut être de nature professionnelle : sont ici concernés l'accident du travail ou la maladie professionnelle, qui sont à l'origine de la suspension du contrat de travail (section II).

– Le risque peut être de nature personnelle, sans lien avec l'activité professionnelle : tel sera le cas de la maladie ou de l'accident de droit commun ; est également concernée la maternité (section III).

C'est la réalisation de ces risques, par ailleurs indemnisés de manière variable, qui provoque la suspension du contrat. Leur prise en charge, non par l'employeur mais par la Sécurité sociale, manifeste l'externalisation de ces risques.

Section I - Risques économiques

374. Modalités du chômage partiel – Tous les risques économiques de l'entreprise ne menacent pas nécessairement l'existence du contrat de travail ; en cas de ralentissement économique, l'employeur peut user de la mise au chômage partiel, qui, en cas de fermeture de l'entreprise, entraîne suspension du contrat de travail. Ce risque n'est pas mutualisé, ni externalisé. Il est réparti entre les salariés, l'entreprise et l'État. La décision de mise au chômage partiel est prise par l'employeur, après consultation du comité d'entreprise. Elle entraîne la fermeture temporaire de l'établissement ou, plus simplement, la réduction imposée de la durée du travail en dessous de 35 heures, du fait d'une conjoncture difficile pour l'entreprise.

375. Simple changement des conditions de travail – Pendant longtemps, on a considéré que le contrat de travail se trouvait modifié par la mise au chômage partiel ; si le salarié acceptait cette modification – pour ne pas perdre son emploi –, le contrat était suspendu. S'il refusait, il y avait licenciement pour motif économique. Mais la jurisprudence a mis fin à cette alternative en décidant que la mise au chômage partiel ne constituait pas une modification du contrat de travail (Cass. soc. 18 juin 1996): elle peut donc être imposée aux salariés.

376. Indemnisation – Dans l'hypothèse d'une mise au chômage partiel, la durée du travail peut être seulement réduite: le salaire est alors réduit d'autant. Afin d'atténuer l'incidence de cette réduction, il a été prévu, en dehors de l'UNEDIC et des régimes de Sécurité sociale, un système d'indemnisation des salariés. Ce dernier est d'abord à charge de l'État: le salarié bénéficie d'une allocation horaire dont le taux est fixé par décret – plafond 600 h annuelles –; payée dans un premier temps par l'entreprise, cette allocation fait l'objet d'un remboursement par l'État. Une convention conclue avec l'État permet en effet à l'entreprise d'être déchargée de sa part d'indemnité qui est alors supportée par l'État. Si l'employeur a négligé de respecter la procédure d'instruction du dossier administratif, lésant ainsi les salariés, il engage sa responsabilité et sera débiteur des salaires.

Le salarié obtient aussi un complément, mis à charge de l'employeur en vertu de la convention collective nationale interprofessionnelle du 21 février 1968. Ajouté au montant de l'indemnisation étatique, ce complément doit couvrir au moins 50 % du salaire, sans pouvoir être inférieur au SMIC.

Si le chômage partiel se prolonge au-delà de quatre semaines, les salariés ont vocation à percevoir les allocations de chômage de l'UNEDIC. Au-delà de trois mois, les salariés sont considérés comme ayant été licenciés (art. R. 350-5, 4e C. trav.).

Section II - Risques professionnels

377. Généralités – À l'origine, l'accident du travail a été conçu dans le cadre exclusif de la responsabilité et de la réparation: il s'agissait d'une régime de responsabilité sans faute, fondé sur la notion de risque professionnel, ce risque étant mis à la charge de l'employeur.

En contrepartie, la réparation était, non pas intégrale mais forfaitaire, donc incomplète – loi du 9 avril 1898 –. L'employeur s'assurait contre les conséquences de sa responsabilité.

En 1945 le risque accident du travail est intégré dans la Sécurité sociale – loi 30 octobre 1946 – et cependant, subsistent des traces de l'ancienne responsabilité: la cotisation pèse exclusivement sur l'employeur, à l'instar d'une assurance de responsabilité; en principe forfaitaire, la réparation peut être intégrale lorsqu'il est prouvé, à l'origine de l'accident, l'existence d'une faute particulièrement répréhensible. Mais, hors cette exception, le recours au droit commun de la responsabilité civile reste en principe impossible (art. L. 451-1 du Code de la Sécurité sociale).

Progressivement, la nécessité de réadapter, de rééduquer et de reclasser les victimes d'accidents du travail est venue compléter le dispositif originaire: indemniser ne suffit pas.

La prévention des accidents apparut aussi indispensable que d'assurer leur réparation. D'où la préoccupation croissante d'assurer la sécurité sur les lieux de travail (loi 6 décembre 1976, loi 31 décembre 1991 transposant la directive eur. 89/391). Les règles essentielles figurent à l'art. L. 230-2 et 3 (art. L. 4121-1 à L. 4122-1 C. trav.); concernant autant l'employeur que le salarié – lequel a le droit de se retirer d'une situation de travail dont il a un motif raisonnable de penser qu'elle présente un danger grave et imminent pour sa vie ou sa santé ou la vie ou la santé des autres salariés [art. L. 231-8-1 (art. L. 4131-1 C. trav.)] – , elles revêtent un caractère technique très poussé et font intervenir une institution particulière, le Comité d'hygiène, de sécurité et des conditions de travail (CHSCT).

La question du maintien de l'emploi du salarié accidenté n'a été abordée que tardivement – loi 7 janvier 1981, qui est à l'origine de la règle de l'art. L. 122-32 (art. L. 1225-34 C. trav.); elle fait intervenir la technique de la suspension du contrat de travail.

Enfin, la Sécurité sociale, comme la victime, disposent d'une action contre le tiers extérieur à l'entreprise, lorsque ce dernier est l'auteur de l'accident; pour la Sécurité sociale, ce recours prend la forme d'une action récursoire; pour la victime, il s'agit d'une action propre visant à obtenir un complément d'indemnisation, la Sécurité sociale n'assurant pas la réparation de tous les préjudices. Ces voies de recours relèvent de l'étude du droit civil.

On se limitera ici à l'examen des risques (§ 1), de la réparation (§ 2), et du sort de l'emploi de la victime (§ 3).

§ 1. *Risques*

Au risque d'accident du travail *stricto sensu (A)*, sont venus s'adjoindre celui de maladie professionnelle (B) et celui de l'accident de trajet (C).

A. L'accident du travail

378. Définition – L'accident de travail suppose l'intervention d'une cause extérieure et soudaine, à la différence d'une maladie ou d'un état pathologique latent; cet accident doit ensuite être en relation avec le travail. La jurisprudence applique ici le critère de la subordination juridique; elle considère comme lié au travail l'accident survenu sur les lieux et au temps du travail, lorsque la victime est sous l'autorité de l'employeur. Dès lors qu'une lésion est établie et que le fait matériel de l'accident, quelle qu'en soit la cause, n'est pas discuté, il y a présomption d'imputabilité de cet accident au travail si le salarié se trouvait sur les lieux et pendant le temps du travail. Cette dispense de preuve était nécessaire. Les difficultés actuelles concernent les salariés en mission hors de l'entreprise: pendant longtemps, la jurisprudence a distingué selon que le salarié s'adonnait à un acte professionnel ou à un acte de la vie courante; si l'accident survenait alors que le salarié exerçait son activité professionnelle, il s'agissait d'un accident du travail; s'il survenait alors que la victime était sortie de ce cadre et avait recouvré son indépendance, le juge retenait que la présomption d'imputabilité ne jouait plus. Par deux arrêts rendus le 19 juillet 2001, la Cour de cassation a reconsidéré sa jurisprudence: le salarié a droit à la protection des accidents du travail pendant tout le temps de la mission qu'il accomplit pour l'employeur; il importe peu que l'accident soit survenu à l'occasion d'un acte professionnel ou d'un acte de la vie courante. Mais l'employeur ou la caisse de Sécurité sociale ont la possibilité de faire tomber la présomption d'imputabilité en apportant la preuve que la mission a été interrompue pour un motif personnel.

B. La maladie professionnelle

379. Définition – La loi du 25 octobre 1919 avait pris acte que diverses maladies étaient directement liées au travail, en dressant une liste – régulièrement mise à jour – de celles-ci et en désignant les métiers qui y correspondaient. Dès lors qu'un salarié était atteint d'une de ces affections morbides et avait exercé l'activité mentionnée dans un délai prévu, il était dispensé d'établir tout lien de cause à effet entre son activité et la maladie pour être couvert par le régime des maladies professionnelles.

Mais des activités nouvelles, des maladies nouvelles inconnues, éventuellement en corrélation avec celles-ci, rendaient ces listes – présentées sous forme de tableaux – régulièrement incomplètes. La loi du 27 janvier 1993 a admis la possibilité de faire reconnaître, quoique de manière restrictive et après expertise, le caractère professionnel d'une maladie innomée, non inscrite sur la liste. Mais la preuve de la causalité est ici exigée.

C. L'accident de trajet

380. Définition – L'accident de trajet est un accident qui survient entre le lieu de travail et la résidence du salarié, le lieu où il prend ses repas ou celui où il se rend pour motifs familiaux; en d'autres termes, le trajet protégé par le régime des accidents de trajet doit avoir été effectué pour les besoins du travail. Encore faut-il que le parcours habituel n'ait été ni interrompu ni détourné pour un motif personnel. À ces conditions, l'accident de trajet, devenu distinct de l'accident de droit commun, est considéré comme un accident de travail. Cependant il ne lui est pas entièrement assimilé : ni du point de vue du tarif – les cotisations patronales –, ni du point de vue des recours contre les tiers, ni du point de vue de la protection de l'emploi de la victime. Quoique juridiquement défini, le trajet est apprécié par le juge du fond avec un contrôle minimum de la Cour de cassation.

§ 2. *Réparation*

381. Vers une réparation complète – De la réalisation du risque peut résulter une incapacité temporaire; dans ce cas, outre l'indemnité journalière, la victime a droit à la prise en charge de ses frais médicaux par la caisse de Sécurité sociale. Le régime est celui de la maladie avec dispense de l'avance des frais.

Si l'incapacité de travail est durable, il y a lieu, par expertise médicale, d'évaluer le taux d'incapacité. Le régime est légèrement plus favorable que celui de l'invalidité. La victime reçoit une rente périodique. Enfin en cas de décès, les ayants-droit – enfants, ascendants, conjoint – ont également droit à une rente, très différente du simple capital décès qui leur est versé dans le cas ordinaire. Les rentes sont calculées non sur le préjudice réel mais en fonction d'un salaire de base, auquel on applique un taux variable. Il n'y a donc pas réparation intégrale du préjudice, alors que celle-ci s'applique aux victimes d'accidents de la circulation.

Néanmoins, il a été jugé qu'une réparation intégrale pouvait être revendiquée par tous ceux qui, sans agir du chef de la victime, invoquaient un préjudice propre, tel un préjudice moral [1].

Au surplus, les arrêts de l'Ass. Plén. rendus le 28 fév. 2002 à l'occasion des maladies professionnelles provoquées par l'amiante reconnaissent le principe de la réparation intégrale, dès lors qu'est reconnue une violation par l'employeur de son obligation de sécurité laquelle a le caractère d'une obligation de résultat. Ce simple constat équivaut à la reconnaissance d'une faute inexcusable, celle-

1. Arrêt Carlat de l'Ass. Plen. 2 février 1990.

là même qui autorisait déjà à faire jouer le principe de la responsabilité intégrale. En d'autres termes, la Cour de cassation considère que toute maladie ou tout accident du travail constitue un manquement à l'obligation de sécurité de résultat – ayant en conséquence le caractère d'une faute inexcusable – lorsque l'employeur avait ou aurait dû avoir conscience du danger auquel était exposé le salarié et qu'il n'a pas pris les mesures de prévention ou de protection nécessaires pour l'en préserver. La Cour de cassation vient d'affirmer que l'employeur est présumé auteur d'une faute inexcusable quand il n'a pas fait bénéficier de la formation à la sécurité renforcée les salariés sous contrat de travail à durée déterminée ou temporaire qui ont été victimes d'un accident du travail [1].
La faute intentionnelle de l'employeur est rare ; considérée comme la faute la plus grave, elle suppose un acte volontaire révélant l'intention de son auteur de causer des lésions corporelles à autrui ou de se les causer à soi-même. Lorsqu'elle est caractérisée, cette faute justifie une action en réparation intégrale du préjudice. Elle justifie, spécialement lorsqu'il s'agit de travailleurs précaires qui connaissent peu l'entreprise, outre une majoration des rentes par la caisse – avec la possibilité d'un recours de celle-ci contre le fautif –, la réparation des préjudices normalement non réparés – par la voie d'un recours contre le fautif –.
Les mécanismes de la responsabilité civile réapparaissent donc progressivement dans le droit de la Sécurité sociale. Le droit de s'assurer contre ses propres fautes est lui-même reconnu, tant pour celles de l'employeur que pour celles imputables à ceux qu'il s'est substitué.

§ 3. *Suspension du contrat de tavail et maintien dans l'emploi*

382. Distinctions – Trois situations sont à distinguer depuis la loi du 7 janvier 1981 :

1. l'arrêt de travail consécutif à l'accident du travail suspend le contrat, pendant toute sa durée et la durée de la rééducation [art. L. 122-32-1 (art. L. 1226-7 C. trav.)]. La solution doit être étendue à toute la durée d'une maladie professionnelle. L'employeur ne peut licencier le salarié, sauf faute grave ou impossibilité de maintenir le contrat; si un licenciement intervient, il est nul, le salarié sera, s'il le souhaite, réintégré. Cette période de suspension – qui offre aux accidentés du travail une garantie d'emploi – prend fin avec la décision du médecin du travail.

2. La décision du médecin du travail ouvre une seconde période. Il estime soit que le salarié est apte à réoccuper son emploi, soit qu'il ne l'est pas. Si cet avis du médecin est contesté, la décision appartient à l'Inspecteur du travail. Jugé apte, le salarié doit retrouver son emploi antérieur ou un emploi similaire. Jugé inapte, il doit être reclassé, en conformité avec les indications fournies par le médecin, dans un emploi différent. Les délégués du personnel doivent être consultés. Le droit au reclassement s'exerce dans le cadre du groupe auquel appartient l'entreprise.

3. Si tout reclassement s'avère impossible, soit parce que l'inaptitude est telle qu'elle fait obstacle au reclassement, soit parce que le salarié a refusé l'offre de reclassement, l'employeur peut procéder au licenciement; ce dernier obéit à des règles particulières : l'indemnité de licenciement est doublée et en l'absence

1. Cass. soc. 24 mai 2007, n° 05-21355.

de cause réelle et sérieuse, l'employeur doit des dommages-intérêts égaux au minimum à douze mois de salaire. S'il tarde à prononcer le licenciement, l'employeur devra continuer à payer le salaire dans sa totalité.

Section III - Risques personnels

Les risques personnels – par hypothèse sans lien avec l'activité professionnelle – sont : la maladie – à laquelle on assimile l'accident de droit commun (§ 1) – et la maternité (§ 2).

§ 1. *Maladie*

383. Du point de vue du droit du travail – La situation du salarié malade dépend essentiellement des conventions collectives. La loi est quasi silencieuse, même si une loi 31 déc. 1992 a modifié les art. L. 122-45 (art. L. 1131-1 C. trav.), L. 122-24-4 (art. L. 1226-2 à L. 1226-4 C. trav.) et L. 241-10-1 (art. L. 4624-1 C. trav.). L'essentiel du régime juridique résulte de la jurisprudence.

Le contrat de travail est suspendu temporairement, ce qui comporte, depuis l'ANI sur la mensualisation, une garantie partielle des ressources (laquelle a provoqué l'apparition d'un contrôle de l'absentéisme renforcé, effectué par des médecins appointés par l'entreprise ou la compagnie d'assurance qu'elle s'est substituée) et une garantie d'emploi de durée variable, à condition de fournir à l'employeur un certificat médical. Dès le retour du salarié dans l'entreprise, l'art. L. 241-10 (art. R. 4624-1 C. trav.) confère au médecin du travail la mission de proposer, après les visites de reprise, des changements de poste que l'employeur doit examiner, la question étant, en cas de refus, soumise à la décision de l'Inspecteur du travail. Ce reclassement peut intervenir après une maladie, si celle-ci est constitutive d'un état d'inaptitude à l'issue de la suspension [art. L. 122-24-4 (art. 1226-2 C. trav.)]; c'est alors le droit commun de la modification du contrat qui s'applique: le refus par le salarié du reclassement ne constitue pas une faute, mais peut justifier son licenciement; ce dernier est également envisageable lorsque le salarié est déclaré définitivement et totalement inapte.

Mais la question du licenciement du salarié malade s'est également posée avant son retour dans l'entreprise; l'employeur peut-il invoquer les dysfonctionnements résultant de l'absence prolongée ou répétée du salarié pour envisager son licenciement? À bien suivre l'art. L. 122-45 (art. L. 1132-1 C. trav.), le licenciement pour raison de santé est nul, ce que les juges affirment parfois. Mais le plus souvent l'employeur se fonde non pas sur la maladie, mais sur les conséquences de la maladie – l'absence du salarié – pour envisager la rupture. Il est acquis aujourd'hui que la maladie n'est pas en elle-même une cause réelle et sérieuse de licenciement, mais si par leurs prolongations ou leurs répétitions, les absences pour maladie désorganisent l'entreprise en rendant nécessaire le remplacement définitif du salarié, l'employeur est autorisé à se séparer de son salarié. La jurisprudence tient compte, en définitive, des effets de la maladie sur le fonctionnement de l'entreprise pour justifier la rupture.

384. Du point de vue de la Sécurité sociale – Le salarié a droit au versement d'une indemnité égale à un demi-salaire – prestation en espèces – pendant le temps d'arrêt de travail fixé par le médecin traitant; il a droit également à la prise en

charge des frais exposés – prestations en nature –: frais médicaux, pharmaceutiques, d'hospitalisation, y compris pour l'IVG, d'examens de laboratoire…
Ce qui caractérise actuellement le système français actuel d'assurance maladie, c'est le libre choix de son médecin traitant et l'avance des frais par l'assuré, sauf dans les cas où le «tiers payant» fonctionne (paiement des frais directement par la caisse d'assurance maladie); le plus souvent, l'assuré participe aux dépenses par le biais de ce que l'on appelle le ticket modérateur (sauf exceptions concernant les traitements de maladies graves et coûteuses).
Le remboursement par la caisse des dépenses de santé répond à un triple mécanisme de régulation afin que celles-ci ne progressent pas plus rapidement que le PIB:

1. les tarifs pratiqués par les médecins sont déterminés par des conventions entre le corps médical et les caisses de Sécurité sociale; elles s'apparentent à des conventions collectives et sont à l'origine de conflits renouvelés entre les caisses et les professions de santé.
2. L'État pratique une stricte rationalisation des prescriptions médicales et de la gestion des hôpitaux tant publics que privés, les premiers à l'aide d'un budget global et d'une répartition géographique appropriés, les seconds à l'aide de la fixation d'un prix de journée.
3. Le contrôle des dépenses de santé implique une maîtrise de l'admission au remboursement des médicaments en fonction de leur réelle efficacité thérapeutique.

À ces conditions seulement, la Sécurité sociale – dont le budget est dorénavant voté par le Parlement et dont le financement est partiellement public – peut parvenir à équilibrer dépenses et recettes.
Sur aucun de ces trois points, la situation actuelle n'est satisfaisante. Ces différentes questions relèvent du droit de la santé publique, du droit médical, du droit hospitalier ou pharmaceutique qui ne peuvent être ici exposés.
On doit ajouter que l'assurance maladie couvre aussi la famille de l'assuré et qu'elle est, sous le nom de Couverture Maladie Universelle (CMU), généralisée – sur le seul critère de la résidence – à tous ceux qui, faute d'emploi ou de cotisations suffisants, n'avaient pas accès aux soins (loi du 27 juin 1999).
Les progrès de la thérapeutique rendent celle-ci de plus en plus onéreuse; la maîtrise des dépenses de santé n'a pas encore trouvé son efficacité. Devant l'insuffisance du remboursement des dépenses de santé par les régimes de base, se sont corrélativement développés des régimes complémentaires ou des régimes de prévoyance collective sous forme d'affiliation du personnel d'une entreprise à une mutuelle, une institution de prévoyance ou une assurance groupe; cette garantie de remboursement complémentaire ne freine pas la consommation de soins. La santé est devenue un marché, qu'il s'agisse des actes médicaux ou des médicaments, l'hôpital restant quant à lui un service public.

§ 2. *Maternité*

Non tenue de révéler son état de grossesse en cours de recrutement, la femme enceinte bénéficie du droit de ne pas travailler; et pendant la période de suspension de son contrat, est protégée contre le licenciement (A). Au surplus, l'assurance maternité (B) lui garantit certaines prestations. À travers la femme salariée c'est aussi l'enfant à venir qui préoccupe la loi. La plus ancienne institution sociale française – les allocations familiales – se rattache naturellement à la maternité (C).

A. La suspension renforcée du contrat de travail

385. Dispense de travail – En début de grossesse, elle bénéficie d'une réduction ou d'un aménagement de son temps de travail. Par la suite s'applique, outre un arrêt de travail imposé d'une durée minimale de 8 semaines [art. L. 224-1 (art. L. 1225-29 C. trav.)], le congé de maternité [art. L. 122-26 (art. L. 1225-17 C. trav.)]; il commence 6 semaines avant la date présumée de l'accouchement et se termine 10 semaines après, avec prolongation éventuelle dans des cas particuliers ou s'il y a d'autres enfants au foyer.

386. Garantie d'emploi – La femme enceinte ne peut être licenciée pendant l'intégralité de la période de suspension prévue à l'art. L. 122-26 (art. L. 1225-17 C. trav.) et les quatre semaines qui suivent. La loi rétablit toutefois le droit de licencier l'intéressée dans deux hypothèses: la faute grave – identique à celle qui prive des indemnités de rupture – et l'impossibilité de maintenir le contrat pour un motif étranger à la grossesse. L'interdiction de licencier concerne l'hypothèse de la grossesse, dès lors qu'elle a été médicalement constatée et que l'employeur en a été régulièrement informé. Si l'employeur procède toutefois au licenciement de la femme enceinte pendant la période de garantie d'emploi, la loi déclare le licenciement nul; pendant longtemps, la jurisprudence n'a pas imposé à cette hypothèse de nullité la sanction de la réintégration. Elle s'est contentée d'allouer à la femme, outre des dommages-intérêts, tous les salaires qu'elle aurait dû percevoir jusqu'à la fin de la période de protection. Il a été mis fin à cette jurisprudence contestable par un arrêt du 30 avril 2003. Désormais la réintégration de la salariée dont le licenciement est nul en application de l'art. L. 122-25-2 (art. L. 1225-4 et L. 1225-5 C. trav.) doit être ordonnée si elle le demande.

B. L'assurance maternité

387. Prestations en espèces et en nature – Comme pour la maladie, elle comporte remboursement des frais – médicaux, pharmaceutiques, d'hospitalisation – liés à la grossesse et à l'accouchement, sous la condition d'une surveillance médicale – ce qui implique pour la femme enceinte de se prêter à une série d'examens –. Elle comporte en outre au profit de la salariée, une compensation à la perte de salaire liée à l'interruption de travail; c'est l'indemnité journalière de repos, égale au gain journalier. Si l'employeur continue à verser le plein salaire, il exerce un recours en remboursement auprès de la caisse de Sécurité sociale. Un congé d'adoption a été calqué sur le congé de maternité.
Mais l'assurance maternité garantit contre un risque par essence limité dans le temps. Il faut ensuite assurer l'entretien des enfants. Le droit français y est attaché depuis les années 1930, pour des motifs alors liés à la protection de la natalité.

C. La charge d'enfants

388. Diversité des prestations familiales – Afin d'assurer une vie heureuse aux enfants, le Code du travail prévoit un congé parental d'éducation [art. L. 122-28-1 (art. L. 1225-47 C. trav.)], mais la possibilité de subvenir à l'entretien des enfants résulte avant tout des prestations familiales figurant au Code de la Sécurité sociale. Allocations d'entretien à vocation générale à l'origine, elles se sont progressivement spécialisées afin de répondre à des besoins précis et la tendance est de subordonner leur versement à un critère de ressources. Elles constituent l'élément central d'une politique de la famille, laquelle n'est plus une simple politique de la natalité. Le destinataire final des prestations est l'enfant, mais le titulaire du droit aux prestations est celui ou celle qui en a la charge jusqu'à un âge limite. Aucune condition d'activité professionnelle n'est exigée de sa part. Le montant des allocations devrait compenser les dépenses liées à l'entretien de l'enfant; cependant sur un demi-siècle, elles n'ont cessé de perdre de leur valeur. Le paiement est assuré par la caisse d'allocations familiales.

389. Prestations versées après la naissance – La naissance elle-même – ou l'adoption – donne lieu à la prestation d'accueil au jeune enfant (PAJE), qui s'est substituée à l'allocation pour le jeune enfant (APJE), à l'aide aux familles pour l'emploi d'une assistance maternelle agréée (AFEAMA), à l'allocation de garde d'enfant à domicile (AGED), à l'allocation parentale d'éducation (APE) et à l'allocation d'adoption. La prestation d'accueil au jeune enfant se caractérise par la combinaison d'une prime à la naissance (ou à l'adoption) et d'une allocation de base, versées sous condition de ressources; elle est assortie de deux compléments alternatifs – versés sans exigence de conditions de ressources – qui répondent à l'ambition de concilier vie professionnelle et vie familiale : il s'agit du complément libre choix d'activité, qui permet à l'un des parents de cesser son activité professionnelle, ou du complément libre choix du mode de garde, qui s'adresse aux parents désireux de continuer leur activité professionnelle et vise à compenser le coût du mode de garde.

390. Prestations d'entretien – L'entretien des enfants constitue le noyau du système; à partir du 2e enfant, il est versé des allocations familiales dont le montant s'accroît avec le nombre des enfants; le complément familial s'y ajoute – sous condition de ressources et à partir du 3e enfant. L'allocation de soutien familial est due lorsque les parents n'accomplissent pas leur devoir d'entretien (abandon), généralement à celui des parents qui supporte seul la charge de l'enfant. L'allocation de parent isolé est propre à la famille monoparentale.

391. Prestations à affectation spéciale – Ces prestations doivent aider à faire face à des besoins précis : l'allocation d'éducation spéciale est due pour un enfant handicapé; lui fait suite l'allocation aux adultes handicapés. L'allocation de présence parentale s'adresse à la personne qui suspend ou réduit son activité professionnelle dans le cadre d'un congé de présence parentale en vue de s'occuper de son enfant atteint d'une maladie, d'un handicap grave ou victime d'un accident grave. L'allocation de rentrée scolaire, versée sous condition de ressources, vise à couvrir une partie des frais exposés lors de la rentrée scolaire.

392. Aides au logement – Des aides au logement peuvent aussi être attribuées; elles relèvent de la politique du logement «social» – sous condition de ressources et de qualité du logement –: sont concernées l'allocation de logement familial, l'allocation de logement social et l'aide personnalisée au logement.

393. à 399. - Réservés

ITRE II – Salaire et charges sociales

En échange de sa prestation de travail, le salarié reçoit un salaire dont le régime juridique (étendue, taux, paiement) doit être précisé (chapitre I).

Le salaire sert également d'assiette au calcul des cotisations et contributions sociales. Certains d'entre elles sont d'origine légale et servent à financer la Sécurité sociale. Les autres sont prévues par une convention collective et sont destinées à financer les retraites complémentaires, la prévoyance complémentaire, les mutuelles ou l'indemnisation du chômage (chapitre II).

apitre 1

Salaire

Section I - Étendue du régime du salaire

§ 1. *Exclusions*

§ 2. *Inclusions*

Section II - Taux du salaire

§ 1. *SMIC*

§ 2. *Détermination conventionnelle du montant des salaires*

§ 3. *Contrat individuel de travail*

Section III - Paiement de la dette de salaire

§ 1. *Règles impératives s'appliquant au paiement du salaire par l'employeur solvable*

§ 2. *Paiement du salaire au cas d'insolvabilité de l'employeur: l'AGS*

400. Définition – La jurisprudence considère le salaire comme un élément essentiel du contrat individuel de travail. C'est le loyer de la force de travail, ou le prix de la prestation de travail, sa contrepartie en argent.

Il en résulte que, si le travail n'est pas fourni, en principe, le salaire n'est pas dû: ainsi lorsque le salarié fait grève. Toutefois il existe des hypothèses de plus en plus nombreuses de «salaire d'inactivité» prévues par les accords collectifs, par exemple en cas de maladie ou de mise en préretraite. S'il y a réduction de la durée du travail, le salaire est *ipso facto* diminué, sauf compensation prévue.

La dénomination du salaire est variable et indifférente: traitement, gages, rémunération. De même, son mode de calcul est indifférent: il peut être calculé au rendement – ce qui est devenu rare – ou au temps – à l'heure ou au mois. Le salaire est réglementé aux art. L. 140-1 à L. 148-3 (art. L. 3211-1 à L. 3253-23 C. trav.).

Pour l'entreprise, le coût du travail comprend non seulement le salaire mais aussi les charges sociales qui sont calculées en fonction du salaire; on parle quelquefois à leur propos de salaire «indirect».

Pour le travailleur, le salaire a un caractère alimentaire: généralement sans autre revenu que celui de son travail, en lui réside son pouvoir d'achat. Le salaire revêt un caractère forfaitaire, son montant restant le même quels que soient les résultats de l'entreprise.

Pour l'État, la maîtrise de la masse salariale est nécessaire au contrôle de l'inflation; sans oublier que l'État paie lui-même des salaires.

Avant d'étudier les règles qui gouvernent la fixation (section II) et le paiement du salaire (section III), il convient de déterminer l'étendue de son régime (section I).

Section I - Étendue du régime du salaire

Dans la masse des sommes d'argent dont l'employeur est débiteur et le salarié créancier, le salaire *stricto sensu* est soumis à un régime juridique spécifique:

1. il doit être au moins égal au SMIC.
2. Il sert de base de calcul aux indemnités de rupture, à l'indemnité de congés payés.
3. Il est régi par une prescription quinquennale; sa compensation avec une dette du salarié est restreinte et sa saisie également.
4. Faute de paiement par l'entreprise, il est garanti par l'AGS et bénéficie en cas de règlement judiciaire d'un privilège et d'un super-privilège.
5. Il constitue l'assiette de la plupart des prestations sociales et des cotisations dues par l'entreprise à la Sécurité sociale. Le salaire est en principe identique au regard du droit du travail et au regard de la Sécurité sociale.
6. L'exactitude de son paiement doit pouvoir être vérifiée par le bulletin de paye.
7. Fiscalement, les revenus du travail sont distincts des revenus de l'épargne (du capital).

Il est nécessaire de délimiter ce qui constitue un salaire et ce qui échappe à cette qualification: de procéder à un certain nombre d'exclusions (§ 1) et d'inclusions (§ 2).

§ 1. *Exclusions*

Ne sont pas des éléments de salaire les diverses formes de participation financière aux profits réalisés: sont ici concernés l'intéressement (A) et la participation (B). Échappent également à la qualification de salaire les prestations sociales (C) et les indemnités versées en vue de réparer un préjudice (D).

A. Intéressement

401. Définition et régime – L'intéressement n'est pas un salaire, notamment parce que l'art. L. 441-4 (art. L. 3312-1 C. trav.) lui prête un caractère facultatif. L'entreprise peut mettre en place un système d'intéressement soit par accord avec les syndicats soit par vote du comité d'entreprise, soit par référendum à la majorité des 2/3, en choisissant librement le critère (intéressement aux résultats, à la productivité). L'accord d'intéressement doit s'adresser à tous les salariés: l'intéressement est nécessairement collectif. Il donne lieu au versement immédiat d'un revenu disponible (il n'y a pas épargne salariale obligatoire). Il a un caractère aléatoire: ce n'est pas la contrepartie du travail, mais des résultats collectifs atteints. Or ceux-ci peuvent être bénéficiaires ou non. C'est là son originalité par rapport au salaire qui, de nature forfaitaire, est dû même en cas de pertes. Les sommes versées n'étant pas un salaire ne sont pas passibles de cotisations sociales, mais exceptionnellement, et explicitement elles sont garanties par l'AGS en cas d'insolvabilité de l'employeur. Les versements au titre de l'intéressement ne peuvent se substituer au salaire, mais seulement s'y ajouter. Les critères utilisés pour la répartition sont multiples (celui de l'ancienneté dans l'entreprise par exemple).

B. Participation aux «fruits de l'expansion»

402. Définition et régime – Elle est obligatoire (à la différence de l'intéressement) dans les entreprises de plus de 50 salariés (facultative en deçà). Les salariés se partagent au prorata de leurs salaires dans la limite d'un plafond (4 fois le plafond de Sécurité sociale) une fraction des bénéfices dénommée *réserve spéciale de participation*, et qui correspond à une fraction du bénéfice fiscalement déclaré. Les droits correspondants sont indisponibles pendant 5 ans (à la différence de l'intéressement); sauf si l'intéressé se trouve dans une situation autorisant le déblocage anticipé: mariage, divorce, cessation du contrat... En contrepartie, l'entreprise et les salariés bénéficient d'une exonération totale de prélèvements fiscal et social.

La participation est mise en place par voie d'accord collectif. Celui-ci peut exceptionnellement être conclu au sein du comité d'entreprise ou par ratification à la majorité des 2/3 du personnel du projet présenté par le chef d'entreprise. Il peut prévoir l'attribution d'actions de l'entreprise, le placement des sommes dans un compte courant (bloqué) au nom du salarié, le versement à un fonds commun de placement, extérieur à l'entreprise. Il peut s'accompagner d'un plan d'épargne d'entreprise.

Ne constitue pas non plus un salaire, l'épargne dite pourtant "salariale". Il s'agit de la possibilité ouverte aux salariés de se constituer un portefeuille collectif de valeurs mobilières, appelé plan d'épargne d'entreprise (PEE).

Celui-ci est constitué à la fois par les sommes dues au titre de l'intéressement et de la participation, par des versements individuels du salarié et par une éventuelle contribution de l'entreprise (abondement). Ce plan est géré soit par l'entreprise, soit par un mandataire (banque – compagnie d'assurance); normalement une indisponibilité de 5 ans s'impose.

Une loi du 19 février 2001 s'est efforcée de rendre ces PEE familiers et plus attrayants: elle en a rendu l'approche plus facile pour les PME (plans interentreprises); elle a associé les syndicats, jusque-là réservés, à leur mise en œuvre (gestion paritaire de certains plans bénéficiant du label syndical).

Le risque inhérent à toute épargne est celui de la baisse des investissements réalisés, que les avantages fiscaux et sociaux ne peuvent prétendre éliminer. Sont notamment concernés par ces aléas les stock-options: les options d'achat d'actions ouvrent aux salariés la possibilité d'acheter un certain nombre d'actions de l'entreprise à un prix d'ores et déjà fixé, en leur permettant de lever l'option à une date décidée par eux lorsque les cours auront monté; cette formule a été notamment utilisée pour associer les cadres supérieurs aux répercussions positives de leur gestion. Le régime fiscal de la plus-value ainsi réalisée est en débat. Mais il ne s'agit évidemment pas d'un salaire; le salarié bénéficiaire est un actionnaire, dont le titre est sujet à plus values ou à moins values, du fait des oscillations de la Bourse.

Une diversification des placements est nécessaire, ce qui conduit à proscrire un portefeuille constitué des seules actions de l'entreprise

C. Prestations sociales légales ou complémentaires

403. Exclusion du salaire – Versées par une caisse, elles n'ont pas la nature juridique de salaire, même si elles s'y substituent: ainsi des prestations dues en cas de maladie, de départ en retraite, d'accident du travail, de chômage. Mieux: elles ne peuvent se cumuler avec un salaire.

Même les prestations complémentaires de prévoyance ou de retraite ne sont pas un salaire, mais sont exceptionnellement soumises pour partie à cotisations de Sécurité sociale.

D. Indemnités

404. Nature – Les indemnités au sens strict, dont la fonction est de réparer un préjudice, sont à distinguer du salaire.

405. Distinctions – Le mot indemnité n'a pas en droit social un sens rigoureux. Certaines prétendues indemnités, dès lors qu'elles sont versées par l'employeur, sont des éléments du salaire auquel elles se substituent: les indemnités de congés payés ou compensatrices; les indemnités de préavis ou compensatrices; les indemnités complémentaires de maladie. Mais on rencontre parfois de véritables dommages-intérêts réparant le préjudice subi: indemnités pour licenciement sans cause réelle et sérieuse ou abusif, ou irrégulier en la forme; indemnités de licenciement ou de départ à la retraite, indemnités de départ volontaire. Il y a alors exclusion du régime des salaires, sauf quelquefois du point de vue fiscal.

406. Remboursements de frais – Quant aux indemnités correspondant à des remboursements de frais (qu'elles remboursent sur justification des frais réels ou qu'elles soient forfaitaires), étant liées à l'activité professionnelle, elles sont exclusives de toute idée de rémunération (primes de panier ou indemnités de déplacement).

§ 2. *Inclusions*

Même si le mot «salaire» n'est pas utilisé pour les désigner – on évoque plutôt la notion d'accessoires ou de compléments de salaire –, le régime du salaire s'applique aux avantages en nature (A), aux gratifications (B), aux pourboires (C) et aux primes (D).

A. Avantages en nature

407. Exemples – La nourriture – y compris la remise d'un chèque-restaurant payé par l'entreprise –, le logement, le chauffage, la fourniture d'un véhicule peuvent constituer un élément de la rémunération et sont soumis au régime juridique du salaire. Ces avantages posent toujours le problème de leur évaluation en argent afin de faire jouer les règles applicables au salaire (le SMIC est-il respecté? Comment calculer les cotisations de Sécurité sociale?).

B. Gratifications

408. Définition – Elles sont dénommées de façon variable: 13e mois, étrennes, primes de bilan ou de fin d'année, primes exceptionnelles, primes de vacances…

La gratification peut être une libéralité lorsqu'elle a un caractère facultatif, bénévole et variable. Elle est alors à la discrétion de l'employeur: le salarié ne peut pas en exiger le renouvellement. Mais ce type de rétribution reste exceptionnel.

Le plus souvent, la gratification prend la forme d'un complément de salaire que l'employeur verse en vertu d'un usage constant dans l'entreprise. Cet usage est source d'un droit pour le salarié s'il présente trois caractères: généralité – versée à tous –, constance – versée chaque année – et fixité – d'un montant fixe ou déterminé à partir de critères objectifs –; l'élément psychologique est exclusif de toute intention libérale et, lors de l'embauchage, le salarié sait que la gratification lui sera versée. Comme conséquence de son caractère salarial, il est dû un *prorata*, au cas de départ en cours d'année, sauf si formellement un accord la réserve à ceux présents dans l'entreprise à une date précise.

C. Pourboire

409. Définition – C'est une somme d'argent versée non par l'employeur lui-même, comme la gratification, mais par les clients. À l'origine, il était considéré comme une libéralité. La généralisation de la pratique fait du pourboire l'une des modalités du contrat conclu entre, d'une part, le client et l'employeur et, d'autre part, l'employeur et les membres de son personnel. Le pourboire individuel a disparu au profit d'une rémunération fixe (10 p. 100) du service collectif porté sur la facture, centralisée par l'employeur et reversée obligatoirement par lui à une masse qui doit être intégralement répartie entre le personnel. Si l'employé est rémunéré au seul pourboire, un salaire minimum doit lui être garanti.

D. Primes

410. Diversité – La politique des salaires d'une entreprise s'exprime à travers de multiples primes: certaines visent à obtenir un meilleur résultat: primes de rendement (supplément proportionnel à l'élévation de la production); primes à l'économie du carburant ou des matières premières…; d'autres servent à récompenser la fidélité du salarié: primes d'ancienneté (calculées en fonction du temps passé dans l'entreprise), prime d'assiduité pour lutter contre l'absentéisme (perdue en totalité ou en partie en cas de maladie, de mise à pied, de grève) ; d'autres encore tiennent compte des conditions d'exécution du travail: prime de pénibilité (travail dans le froid ou la chaleur…), prime d'insalubrité, prime tenant à l'éloignement (expatriation); d'autres enfin ont un caractère «paternaliste»: primes de vacances, de fin d'année, de rentrée scolaire.

Nombreuses primes sont prévues par les conventions collectives et font indiscutablement partie du salaire; même résultant du contrat individuel, leur simple périodicité entraîne leur assimilation au salaire.

Section II - Taux du salaire

411. Principes de liberté et d'égalité – La fixation des salaires répond aux deux principes fondamentaux de liberté et d'égalité.

Le principe de liberté renvoie à l'idée – assez fictive – de la libre détermination du montant du salaire par les parties (art. 1134 du Code civil). Mais d'une part, le face à face travailleur-employeur menant à l'acceptation du salaire offert sous la pression de la nécessité – ce que traduit l'expression "contrat d'adhésion" que l'on prête au contrat de travail –, la liberté n'a ici de sens que si la discussion est collective, ce qui implique un syndicalisme fort. D'autre part, le montant des salaires tendra vers la baisse si le chômage connaît un niveau élevé, ou vers la hausse si on manque de main-d'œuvre dans telle ou telle profession. La conjoncture économique et sociale a donc plus d'importance que la liberté des parties dans la détermination du montant de la rémunération.

Le second principe s'énonce comme le principe «à travail égal, salaire égal» [1]. Ce principe égalitaire s'oppose à toute discrimination qui serait fondée sur un élément extérieur à la difficulté de la tâche à accomplir, tel que le sexe ou l'activité syndicale (le salaire et surtout la progression du salaire ne doivent pas pénaliser l'appartenance à un sexe ou l'appartenance syndicale). La charge de la preuve de l'inégalité pèse sur l'employeur, celui-ci devant prouver que «sa décision est justifiée par des éléments objectifs étrangers à toute discrimination». Mais l'égalité des salaires ne joue qu'à égalité de qualification. De fait, les salaires sont fortement «hiérarchisés». L'ouverture de «l'éventail» des revenus de l'opérateur non qualifié au PDG, en est une manifestation évidente qui reflète l'état d'une société.

Le taux du salaire dépend, en droit positif, du taux minimum fixé par la loi et le décret – correspondant au SMIC (§ 1) –, du processus de diversification opéré par les conventions collectives (§ 2), enfin de l'ajustement individuel réalisé par le contrat de travail (§ 3).

§ 1. *SMIC*

412. Généralités – Le SMIC est un chiffre théorique qui fixe le niveau au-dessous duquel il est interdit de rémunérer un travail salarié. Ce salaire minimum est national et interprofessionnel : il est dû sans que soient pris en considération l'activité du salarié, son mode de rémunération ou le lieu géographique où il exerce.

Malgré la mensualisation des salaires, le SMIC reste un salaire horaire ; il y a donc lieu de le multiplier par le nombre d'heures effectuées dans le mois pour savoir s'il est respecté. Pour les travailleurs à temps partiel, pour les apprentis, leur salaire minimum est une fraction du SMIC mensuel. Les travailleurs contractuels du secteur public, non régis par le Code du travail, y ont droit en vertu d'un principe général du droit du travail découvert par la jurisprudence administrative.

Lors de la réduction du travail à 35 h, afin d'éviter un trop grand préjudice pour les salariés payés au SMIC, la loi a prévu le versement d'une indemnité différentielle leur assurant une garantie mensuelle identique à leur ancien salaire – dite Garantie Mensuelle de Rémunération –. Cette mesure était applicable au *prorata* aux salariés à temps partiel. Mais les salariés venant à être ultérieure-

1. Cass. soc. 29 octobre 1996.

ment embauchés avec horaire de 35 h. n'y avaient pas droit; depuis la loi du 13 juin 1998, se sont succédés 5 garanties mensuelles de rémunération. Devant la multiplication de ces SMIC différents dans leur montant mensuel, la loi du 17 janvier 2003 avait prévu l'extinction de ces différentes garanties de telle façon à les aligner sur un montant unique, celui déterminé par la garantie mensuelle n° 5 – celle qui était calculée pour les salariés qui ont bénéficié de la réduction du temps de travail après le 1er juillet 2002 –; le retour au SMIC unique s'est fait à compter du 1er juillet 2005.
Le SMIC assure à ses bénéficiaires une stabilité de leurs ressources, malgré une hausse éventuelle des prix, et même une éventuelle amélioration de leurs ressources si l'économie est en état de croissance.

413. Fixation du SMIC – Il ne doit pas être fixé à un niveau trop élevé afin de ne pas peser sur les entreprises utilisant une main-d'œuvre non qualifiée, ce qui créerait un chômage supplémentaire — ni trop bas afin qu'un écart suffisant existe avec le RMI et autres minima sociaux: un trop faible écart dissuaderait de rechercher du travail. La loi distingue deux procédures:

1. il est procédé à un relèvement automatique annuel du SMIC en cas de hausse des prix à la consommation supérieure à 2 p. 100, par simple arrêté. Le procédé correspond à la garantie du pouvoir d'achat.

2. Il peut être procédé à un relèvement facultatif du SMIC par décret, après consultation de la commission supérieure de la négociation collective, afin d'assurer aux salariés une «participation au développement économique»; on tient compte ici de l'accroissement des salaires horaires moyens.

414. Vérification du respect du SMIC – Le payement d'un salaire inférieur au SMIC est pénalement réprimé, mais avec la multiplication des formes de rémunération, comment savoir s'il est respecté? Selon l'art. R. 141-4 C. trav. il y a lieu de tenir compte des compléments de salaires, des avantages en nature, à l'exclusion des remboursements de frais. Mais de nombreuses controverses subsistent: selon la jurisprudence il convient d'imputer sur le SMIC toutes les sommes liées au travail – telles les primes de rendement – mais non celles qui ont une finalité autre que le travail et spécifique – telles les primes d'ancienneté ou d'assiduité –. Un 13e mois ne s'intègre pas dans le calcul du SMIC, sauf lorsqu'il est question de contrôler le respect du SMIC pendant le mois de versement [1]. Quant à l'indemnité qui compense une réduction de la durée du travail, elle correspond à une hausse de salaire, elle s'impute donc sur le SMIC.

§ 2. *Détermination conventionnelle du montant des salaires*

Ce mode de détermination est fonction de la nature de l'activité de l'entreprise (le pétrole est prospère, le textile l'est moins) et de la qualification plus ou moins recherchée du salarié. Les deux aspects sont du domaine de la convention collective : de branche (A) et d'entreprise (B).

A. Convention collective de branche

415. Minima conventionnels – La convention collective de branche fixe un salaire minimum conventionnel (qui correspond à une sorte de SMIC dans la branche) et le tableau des différentes qualifications utilisées dans la branche (les métiers, les spécialités). À chaque qualification correspond un coefficient qui s'applique

1. Cass. crim. 27 janvier 1987.

au minimum conventionnel. Le montant de ces salaires conventionnels est révisable par avenant à la convention.

B. Convention collective d'entreprise

416. Négociation annuelle – La loi oblige à négocier annuellement les salaires dans l'entreprise. Ceux-ci dépendent essentiellement de la situation financière de l'entreprise. Les salaires concernés restent des minima.
Trois règles d'ordre public sont à respecter dans ces négociations tant dans la branche que dans l'entreprise :

1. est sanctionnée par la nullité absolue toute clause d'indexation automatique, que ce soit sur les indices de prix ou le SMIC, à moins que l'indice retenu ne soit en relation avec l'activité de l'entreprise. L'indexation des salaires n'est plus revendiquée depuis la disparition de l'inflation (ce qui n'empêche pas les demandes de majoration). Seul le SMIC lui-même reste indexé.
2. Est sanctionnée par la nullité toute mesure mettant en cause le principe d'égalité des salaires, notamment celle qui doit exister entre les hommes et les femmes et plus généralement la non-discrimination.
3. La négociation d'entreprise ne peut porter atteinte aux minima prévus par la convention collective de branche.

§ 3. *Contrat individuel de travail*

417. Contrat et individualisation du salaire – C'est le contrat de travail qui est la source principale de l'individualisation des salaires, car de lui dépend le salaire effectif. Mais dans la pratique, le montant du salaire n'est pas négocié : l'employeur le fixe lors du recrutement et est libre d'accorder ou non des augmentations de salaires au-delà du SMIC et des minima conventionnels. Est-il libre de le modifier, de le réduire ? Il faut appliquer les règles relatives à la modification du contrat, le salaire en constituant un élément essentiel. Mais en aucun cas l'employeur ne pourra descendre en dessous du SMIC ou des minima conventionnels.
En pratique pour le salarié jeune ou sans qualification, le contrat individuel renvoie au salaire de la convention collective. Pour les qualifications recherchées ou pour les salariés ayant une certaine ancienneté, le salaire individuel est supérieur au salaire conventionnel. Pour les cadres supérieurs et dirigeants, il s'en affranchit sans limites.

Section III - Paiement de la dette de salaire

Le régime de la créance de salaire, notamment celui de son paiement, est enserré par des règles d'ordre public – (§ 1), à la différence de son montant où domine la liberté contractuelle, individuelle ou collective –. Il faut toutefois distinguer la situation de l'entreprise solvable et celle de l'entreprise en état de cessation de paiement (§ 2).

§ 1. *Règles impératives s'appliquant au paiement du salaire par l'employeur solvable*

Les règles gouvernant le paiement du salaire ont pour finalité à la fois d'assurer au salarié un règlement fiable, régulier, vérifiable du salaire qui lui est dû (A),

et de restreindre les modalités d'extinction de la dette autres que le paiement, lesquelles priveraient le salarié d'une ressource attendue (B).
Ces règles particulières s'expliquent par le caractère «alimentaire» de la créance du salarié.

A. Paiement ponctuel et vérifiable

418. Paiement ponctuel – La périodicité du paiement est une règle ancienne. Sauf l'hypothèse de l'exploitation agricole familiale où le paiement du salaire peut être différé jusqu'à l'ouverture de la succession du chef de famille, le paiement doit s'effectuer avec régularité; naguère, il avait lieu deux fois par mois pour les ouvriers, il est versé dorénavant mensuellement pour toutes les catégories de salariés. Résultant de l'Accord National Interprofessionnel du 10 décembre 1977 et de la loi du 19 janvier 1978, cette mensualisation a eu pour effet de rapprocher la situation de l'ouvrier de celle de l'employé; si elle a espacé les dates de paiement, elle a permis de neutraliser certaines absences, notamment celles des jours fériés, en rendant le salaire relativement indépendant des heures effectives de travail.
Tout retard dans le paiement constitue une faute pour l'employeur et peut justifier une grève – sans retenue de salaire – de la part du personnel.
Cette périodicité n'empêche pas le versement éventuel d'un acompte – qui n'est pas assimilé à un prêt – entre deux payes. Le salaire est payé sur les lieux de travail: il est «quérable», non pas «portable».

419. Mode de paiement – Le numéraire peut être utilisé pour les petites sommes. Au-dessus d'un certain seuil, la loi impose le paiement par monnaie scripturale – chèque ou virement – ce qui a grandement diffusé le compte en banque, même chez les personnes modestes. Le paiement ne peut avoir lieu sous forme de bons d'achat.
Le chèque emploi service universel est utilisé pour le personnel de maison ou pour certains services afin de réduire la pratique du travail non déclaré. Ce mode de paiement mensuel unique inclut une fraction des congés payés et les cotisations sociales.

420. Paiement vérifiable – Remis lors de la paie, le bulletin de paie est destiné à permettre au salarié de s'assurer que ce qui lui est dû a bien été payé. Il mentionne la convention collective applicable, l'organisme de Sécurité sociale auquel les cotisations ont été versées, la qualification professionnelle du salarié, le nombre d'heures normales et supplémentaires effectuées, la rémunération brute, primes et accessoires compris, les déductions opérées (diverses cotisations ouvrières et CSG), la rémunération nette. Il ne doit pas mentionner les retenues pour grève ni les heures consacrées à leurs fonctions par les représentants du personnel.
Le bulletin de paie n'a pas à être signé par le salarié. S'il l'accepte sans protestation ni réserve, cela ne signifie pas qu'il en approuve le contenu.
Autrement dit, la remise du bulletin de paie sans réclamation immédiate ne vaut pas présomption de paiement de la totalité des sommes dues [1].
Le bulletin de paie peut servir à justifier des droits du salarié au regard des organismes de Sécurité sociale; il peut aussi servir comme commencement de preuve de l'existence d'un contrat de travail.

1. Cass. soc. 2 février 1999.

B. Restriction des modes d'extinction de la dette autres que le paiement

En raison du caractère alimentaire du salaire, le législateur contrôle étroitement les modes d'extinction de la dette autres que le paiement: il en va ainsi de la prescription, de la saisie et de la compensation.

421. Prescription – C'était le mode d'extinction le plus fréquemment invoqué par l'employeur; celle-ci est de cinq ans, conformément à l'art. 2277 du Code civil, et reste susceptible d'être interrompue. Mais la tendance actuelle est de multiplier les délais de prescriptions particuliers; tel est le cas d'un litige concernant un contrat «Nouvelles embauches», qui doit être engagé dans les 12 mois suivant la date d'envoi de la lettre de rupture.

422. Saisie de rémunérations – Le salarié peut avoir contracté des dettes – s'il est locataire, s'il a acheté à crédit son logement –. Ses créanciers peuvent vouloir saisir son salaire s'ils ne sont pas payés; ils vont, à cet effet, informer l'employeur – en tant que tiers saisi – qui leur versera directement une partie de son salaire. La procédure est portée devant le juge d'instance.
Il eut été concevable de déclarer le salaire insaisissable dans son entier. Le législateur n'a pas voulu priver le salarié de ce moyen d'apparaître solvable; depuis l'origine, il a limité la saisissabilité du salaire à une certaine fraction: *«(...) Les sommes dues à titre de rémunération ne sont saisissables ou cessibles que dans des proportions et selon des seuils de rémunérations affectés d'un correctif pour toute personne à charge, fixés par Décret en Conseil d'État»*. Plus précisément, la loi a divisé le salaire en tranches; ainsi les petits salaires ne seront saisissables qu'à hauteur d'un vingtième et plus le salaire est élevé, plus l'indisponibilité diminuera jusqu'à la tranche supérieure qui est entièrement saisissable par les créanciers (v. art. R. 145-2 C. trav.).
Pour la détermination de la fraction insaisissable, il est tenu compte du salaire principal et de ses accessoires, après déduction des cotisations et contributions obligatoires; il est en outre tenu compte d'une fraction insaisissable, égale au montant de ressources dont disposerait le salarié s'il ne percevait que le RMI; sont exceptées les indemnités insaisissables, les sommes allouées à titre de remboursement de frais exposés par le travailleur et les allocations ou indemnités pour charges de famille.
Cette insaisissabilité n'est pas opposable aux créanciers de pensions alimentaires.

423. Compensation – Si l'employeur est créancier du salarié, peut-il compenser la dette de salaire avec sa créance, c'est-à-dire effacer les deux créances à concurrence de la plus faible? Le Code du travail ne règle que partiellement cette difficulté: est interdite toute compensation du salaire avec des fournitures – sauf instruments nécessaires au travail –; n'est licite que dans la limite du dixième la compensation du salaire avec un prêt d'argent – distinct d'un acompte –. Pour le reste, on applique plus ou moins facilement la compensation du Code civil; sont par exemple concernées les dettes du salarié envers l'employeur – trop perçu ou somme due au titre de la réparation d'un dommage causé à l'employeur –. De cette compensation, on distinguera les retenues sur le salaire imposé par la loi ou la convention collective – cotisation ASSEDIC, cotisation à une caisse de retraite complémentaire – ou les retenues pour absence.

§ 2. *Paiement du salaire au cas d'insolvabilité de l'employeur : l'AGS*

L'entreprise peut faire des pertes et se trouver en cessation de paiements. Le salaire étant forfaitaire – indépendant des bénéfices et des pertes – reste dû. Le règlement judiciaire doit pourvoir au paiement des dettes, et parmi elles, à celle des salaires impayés.

Longtemps la loi s'était contentée de conférer un rang favorable aux salariés parmi les autres créanciers, à raison du caractère alimentaire de la créance salariale; ce privilège existait depuis l'adoption du Code civil en 1804; elle y avait ajouté, en 1935, un droit à un paiement immédiat avant toute autre créance pour une fraction de la somme due – ce que l'on appelle le superprivilège.

L'affaire LIP a été à l'origine d'une nouvelle orientation, consacrée par la loi 27 décembre 1973 [art. L. 143-11-1 (art. L. 3253-6 C. trav.)] : il a été créé une assurance de la créance de salaire – dite Assurance garantie des salaires (AGS) – contre le risque d'insolvabilité, financée par une cotisation régulière de l'entreprise; cette institution a été remodelée par la loi du 25 janvier 1985 sur le règlement et la liquidation judiciaire, et par la loi du 26 juillet 2005 créant une nouvelle procédure collective, la procédure de sauvegarde des entreprises. Elles mettent le droit français en conformité avec les directives européennes de 1980 et 2002. Avant d'étudier le fonctionnement (B) de cette assurance particulière, il convient d'en déterminer le champ d'application (A).

A. Champ d'application

424. Entreprises assujetties – Sont exclues de l'obligation d'assurance les entreprises qui ne peuvent être mises en règlement judiciaire, c'est-à-dire celles qui appartiennent au secteur public. Sont tenues d'y cotiser les entreprises sans but lucratif – telles les caisses de retraite –, les sociétés commerciales et, depuis la loi du 26 juillet 2005, les personnes physiques exerçant une activité professionnelle indépendante.

425. Bénéficiaires – Les bénéficiaires de l'AGS sont toutes les personnes liées à l'entreprise par un contrat de travail (CDI ou CDD). Pour déterminer les salariés, on applique le critère de la subordination juridique. Sont exclus du bénéfice de l'assurance les mandataires sociaux.

426. Créances garanties – La loi instituant l'AGS couvre de sa garantie les «créances dues en exécution du contrat de travail»: l'AGS est donc tenue de payer les salaires échus lors de l'ouverture de la procédure de règlement judiciaire et restés impayés, salaires qui figurent sur le relevé des créances salariales, ainsi que les indemnités de rupture. Sont également couverts les primes, l'indemnité de congés payés, de même que les frais professionnels. Quoique de nature non salariale, les sommes dues au titre de l'intéressement et de la participation sont expressément garanties. Sont en revanche exclues de cette assurance la créance de dommages-intérêts contre l'employeur qui est extérieure au contrat de travail ou l'indemnité compensatrice d'une clause de non-concurrence. Les principales hésitations concernent les arrérages échus d'une préretraite ou retraite d'entreprise ou encore la prestation de prévoyance complémentaire, telle que le capital décès ou une rente due à la veuve par l'effet d'une assurance souscrite par l'entreprise défaillante dans le paiement des cotisations.

B. Fonctionnement de l'assurance

427. Compétence de l'ASSEDIC – L'assurance est financée par une cotisation assise sur le salaire, versée à l'ASSEDIC – qui s'est vue confier par l'AGS le mandat de gérer ce régime d'assurance – et périodiquement ajustée aux dépenses.

428. Limitations – Les prestations versées par l'ASSEDIC sont doublement limitées :

1. elles le sont d'abord dans le temps. Initialement, seules étaient garanties les sommes dues au jour de l'ouverture de la procédure de règlement judiciaire. La poursuite d'exploitation par l'administrateur était de ce fait pénalisée. Aussi, depuis 1985 sont venues s'y ajouter : les indemnités de rupture si celle-ci a lieu pendant la période d'observation, dans le mois du plan de redressement, dans la quinzaine de la liquidation et une fraction du salaire des périodes correspondantes.

2. Elles le sont ensuite par la règle de plafonnement prévue à l'art. D. 143-2 C. trav. : «*Le montant maximum de la garantie prévue à l'art. L. 143-11-8 (art. L. 3253-17 C. trav.) est fixé à 6 fois le plafond mensuel retenu pour le calcul des contributions au régime d'assurance-chômage. Ce montant est fixé à 5 fois ce plafond lorsque le contrat de travail dont résulte la créance a été conclu moins de 2 ans et 6 mois au moins avant la date du jugement d'ouverture de la procédure collective, et à 4 fois ce plafond si le contrat dont résulte la créance a été conclu moins de 6 mois avant la date du jugement d'ouverture*».

L'ASSEDIC remet les sommes dues non pas aux salariés directement, mais au représentant des créanciers qui assure la répartition. Une fois les versements opérés, l'AGS est subrogée dans les droits des salariés désintéressés, ce qui lui permet parfois de récupérer ce qu'elle a payé dans les fonds de la faillite, en utilisant le privilège propre aux salaires.

429. à 439. - Réservés

apitre 2 Charges sociales

Les cotisations de Sécurité sociale constituent le cœur du financement de la protection sociale, mais elles n'en sont plus le seul élément. Leur étude doit donc s'accompagner de celle des autres procédés de financement: impôts et taxes. On opposait le prélèvement social – qui se traduit par des cotisations professionnelles (section I) – au prélèvement fiscal (section II), mais ce dernier est maintenant appelé à relayer le premier; de l'un à l'autre, les différences s'estompent, notamment parce qu'il est prévu dans la Constitution que le Parlement se prononce chaque année sur toutes les ressources servant au financement de la Sécurité sociale – loi constitutionnelle du 22 fév. 1996 –, comme c'est le cas en matière d'impôt.

Section I - Cotisations professionnelles

Les unes résultent de la loi (§ 1) et sont destinées à financer la Sécurité sociale. Les autres sont prévues par une convention collective (§ 2) et servent à financer les retraites complémentaires, la prévoyance complémentaire, les mutuelles ou l'indemnisation du chômage.

§ 1. *Cotisations légales*

440. Définition – Les cotisations sociales sont des sommes prélevées sur le revenu professionnel – le salaire ou tout autre revenu découlant d'une activité professionnelle – et affectées au financement des prestations versées par le régime d'affiliation. Il leur est reproché de nuire à la compétitivité des entreprises et d'avoir un effet négatif sur l'embauche. C'est pourquoi on a cherché à les alléger et à les remplacer par d'autres sources de financement.

441. Règles générales – La cotisation dans le régime général est partagée entre l'employeur et le salarié, à l'exception de celle finançant les prestations familiales et celle qui est fixée en matière d'accident du travail – ces dernières étant exclusivement patronales –.
La cotisation a pour assiette la rémunération au sens de l'impôt sur le revenu: y sont comprises les sommes versées en contrepartie ou à l'occasion du travail – art. L. 242-1 du Code de Sécurité sociale –, de même que les accessoires et compléments de salaires; sont en revanche exclus de cette assiette les dispositifs d'intéressement et de participation, de même qu'une partie des cotisations versées par l'employeur à des régimes de retraite et prévoyance complémentaires (seuil d'exonération très bas). Concernant les indemnités, il y a lieu de distinguer entre les indemnités ayant la nature de dommages-intérêts – indemnité de licenciement, indemnité de licenciement sans cause réelle et sérieuse – de celles qui ont un caractère salarial – indemnité de préavis, de congés payés –; seules les secondes sont intégrées à l'assiette des cotisations. Sont enfin déduits de cette assiette les frais professionnels, dès lors qu'ils ont été utilisés conformément à leur objet.
La cotisation est de taux variable selon les branches d'assurance; elle croît donc proportionnellement au montant de la rémunération, parfois dans la limite d'un plafond – dit plafond de la Sécurité sociale. La tendance est à la suppression de ce plafond qui ne subsiste plus qu'en matière de cotisations d'assurance-vieillesse et d'assurance accidents du travail.
La cotisation ouvrière est «précomptée» – c'est-à-dire retenue – lors de chaque paie par l'employeur et versée à l'organisme de recouvrement – l'URSSAF: Union pour le Recouvrement des cotisations de Sécurité sociale et d'Allocations Familiales – en même temps que la cotisation patronale. Cet organisme est également chargé du contrôle du recouvrement et en l'absence de règlement volontaire, il procède à des mesures comparables à celles qui prévalent pour le recouvrement forcé de l'impôt (contrainte, majorations de retard). L'employeur en faute s'expose en outre à devoir rembourser les prestations que la caisse aura versées à l'assuré pendant la période de non-paiement des cotisations.

442. Règles propres aux différentes branches de la Sécurité sociale – La loi distingue quatre types de cotisations sociales:

1. il existe d'abord une cotisation finançant la branche maladie, maternité, invalidité, décès qui pèse à la fois sur l'employeur (12,80%) et sur le salarié (0, 75%). Cette cotisation frappe aussi les pensions de retraite (revenus de remplacement).
2. La cotisation d'accident du travail est à la charge du seul employeur. C'est celle qui se rapproche le plus d'une prime d'assurance. Elle varie avec l'intensité du risque, son taux étant différent d'un établissement à un autre, en fonction de l'activité poursuivie et des risques qu'elle comporte. Les cotisations complémentaires ou les ristournes attribuées contribuent ainsi à une prévention du risque.
3. Il existe aussi une cotisation d'assurance vieillesse et veuvage qui pèse sur l'employeur à hauteur de 8,30% et sur le salarié à hauteur de 6,65%, dans la limite du plafond (à laquelle s'ajoute une légère cotisation sur le salaire déplafonné).
4. La cotisation d'allocations familiales est mise à la charge exclusive de l'employeur. Cette cotisation est due également par les travailleurs indépendants, à un taux identique (5,4%). Elle n'a cessé de baisser depuis l'origine.

443. Exonérations – On a assisté depuis une vingtaine d'années à la multiplication des mesures d'exonération des cotisations sociales, dont on espère qu'elles auront un effet incitateur sur l'embauche: ces mesures correspondent par exemple à l'allé-

gement de cotisations patronales sur tous les bas salaires ou à l'exonération de cotisations dans le cadre de contrats concourant à l'emploi des personnes connaissant des difficultés d'insertion (contrat d'accompagnement dans l'emploi, contrat d'avenir, contrat d'insertion-revenu minimum d'activité); ces différents contrats sont connus aujourd'hui sous la dénomination de «contrats aidés».
Des exonérations peuvent aussi être accordées à des entreprises s'installant dans certaines zones géographiques.
S'y ajoutent les nombreuses catégories d'individus qui sont légalement assurées sans être redevables de cotisations.
Ces exonérations se traduisent par des pertes de recettes pour la Sécurité sociale qui ne sont pas toujours ou clairement compensées par l'État. Le «déficit» de la Sécurité sociale trouve là une de ses origines.

§ 2. *Cotisations conventionnelles*

444. Retraite complémentaire – Les cotisations qui sont versées aux caisses de vieillesse gérant les régimes de retraite complémentaire AGIRC et ARRCO sont obligatoires en vertu des conventions collectives fondatrices; leur assiette est la même qu'en matière de Sécurité sociale. Le taux est fixé par les responsables de la gestion du régime. Il varie dans le régime AGIRC selon les tranches de la rémunération.

445. Prévoyance – Peuvent s'y ajouter, lorsque l'entreprise a adhéré à un régime de prévoyance – en matière de maladie, d'invalidité et de décès –, une cotisation de prévoyance (rarement facultative).

446. Mutuelle – Il faut aussi retenir une cotisation mutualiste si l'affiliation à une mutuelle a été décidée ou obtenue.

447. Chômage – Est également retenue la cotisation versée à l'ASSEDIC – Association pour l'Emploi dans l'Industrie et le Commerce. D'origine conventionnelle, cette cotisation est assise sur la rémunération et répartie entre l'employeur et le salarié (actuellement pour un total de 6,40 % du revenu); son taux est fonction de la situation financière du régime, laquelle dépend largement de l'équilibre existant entre les personnes occupant un emploi et les demandeurs d'emploi. Le recouvrement de cette cotisation relève de l'ASSEDIC. S'y ajoutait une contribution spéciale – dite contribution Delalande – correspondant à tout licenciement d'un salarié âgé de plus de 50 ans (art. L. 321-13 C. trav., non repris par le nouveau Code du travail, art. D. 321-8 C. trav.).

Section II - Prélèvements fiscaux affectés à la Sécurité sociale

448. Finalité – Leur caractéristique commune est de ne pas peser exclusivement sur l'entreprise et ses salariés, donc de ne pas alourdir le coût du travail.

449. Taxes fiscales affectées – La Sécurité sociale a bénéficié – et bénéficie encore pour certaines d'entre elles – de contributions exceptionnelles de nature temporaire: on peut citer à titre d'exemples la contribution sur les primes d'assurance automobile

(1967), la taxe sur les alcools (1983), la taxe sur la publicité pharmaceutique (art. L. 245-1 CSS), la contribution exceptionnelle des industries pharmaceutiques (art. L. 5121-178 du Code de la santé publique), la contribution sur les dépenses de promotion des fabricants de dispositifs médicaux (art. L. 245-5-1 CSS) et la contribution sur les "préretraites amiante".

450. CSG – La Contribution Sociale Généralisée (CSG) est d'une importance majeure. Sa création date de 1993; son augmentation et son extension progressives – elle s'applique à une fraction déductible du revenu et à une fraction non déductible – manifestent ce qu'on a appelé une fiscalisation des ressources de la Sécurité sociale: la CSG tend à remplacer peu à peu les cotisations, lesquelles ne frappaient que les seuls salaires ou revenus professionnels.

La Contribution Sociale Généralisée est un impôt qui frappe tous les revenus, mais dont le produit est destiné aux régimes de Sécurité sociale; dérogeant au principe gouvernant habituellement le droit fiscal, la CSG est donc un impôt à affectation définie. Il est proportionnel au revenu, en général retenu à la source; son taux est modulé en fonction de la nature du revenu concerné; son recouvrement est confié soit au Fisc, soit aux URSSAF.

Cet impôt frappe le salaire, des sommes – telles que la participation et l'intéressement – qui échappent aux cotisations sociales et les revenus professionnels des indépendants; il concerne également les «revenus de remplacement», tels que les indemnités journalières, les pensions de retraite et les allocations de chômage; sont aussi assujettis à cet impôt les revenus du patrimoine, les produits des placements – par exemple, les loyers, les revenus de valeurs mobilières et les plus-values – et les produits des jeux.

451. CRDS – Est venue s'y adjoindre depuis 1996, une Contribution au Remboursement de la Dette Sociale (CRDS), laquelle a la même assiette que la CSG, mais un taux différent (0,5%). Elle est théoriquement temporaire et s'explique par la situation préoccupante de la trésorerie de la Sécurité sociale, lourdement endettée.

452. Projet de TVA sociale – L'instauration d'une TVA sociale procède de l'idée d'élargir les sources de financement de la sécurité sociale, en atteignant non plus le seul travail, mais les produits de consommation; cet élargissement des sources de financement se justifie par le fait que la protection sociale a vu son champ d'application dépasser le seul cercle des cotisants (la solidarité professionnelle laissant la place à une solidarité nationale); la TVA sociale accentuerait la fiscalisation de la protection sociale en touchant le monde des consommateurs, plus large que celui du travail; surtout, elle permettrait de taxer à la fois la production nationale et les biens issus de l'importation: cet outil fiscal deviendrait un mécanisme protecteur de la compétitivité de nos entreprises.

En France, la TVA sociale ne trouve à s'appliquer que dans les départements de la Réunion, de la Guadeloupe et de la Martinique. Son extension à l'ensemble de la métropole rencontre une forte opposition politique: atteignant sans distinction tous les consommateurs, elle conduit à uniformiser la contribution de chacun au financement de la sécurité sociale et deviendrait, à ce titre, source d'inégalités (à la différence, par exemple, de l'impôt sur le revenu qui, par sa progressivité, fait varier la contribution de chacun en fonction de ses ressources personnelles).

453. à 459. - Réservés

Action collective

PARTIE 3

Si la grève (la coalition) est, dès le début de l'ère industrielle, le premier moyen d'action des travailleurs subordonnés pour faire valoir leurs revendications auprès du chef d'entreprise, elle est d'abord un fait antisocial et même un délit pénal (loi Le Chapelier des 14-17 juin 1791), avant de devenir un droit constitutionnel (préambule de la constitution de 1946). Historiquement, la reconnaissance juridique de l'action collective est d'abord celle de la liberté syndicale (loi Waldeck-Rousseau du 21 mars 1884), sans distinction entre les syndicats ouvriers et les syndicats d'intérêts commerciaux ou industriels (Titre I). Par la suite, des institutions représentatives élues du personnel ont également été reconnues pour assurer l'expression collective des intérêts des salariés auprès de l'employeur, pour qu'il soit tenu compte de ces intérêts dans les décisions de gestion (Titre II). Le droit français fait de la négociation des conditions de travail et d'emploi avec le patronat une prérogative syndicale (Titre III), distinguant ainsi les fonctions de la représentation syndicale (négociation des conditions de travail, d'emploi et des garanties sociales) de celles de la représentation élue (concertation préalable à la décision de gestion). Le droit positif est encore bien éloigné du droit constitutionnel « de tout travailleur à participer à la détermination collective des conditions de travail ainsi qu'à la gestion des entreprises » (préambule de la constitution de 1946). Si la grève est devenue plus rare, surtout dans le secteur privé, elle est toujours un moyen de faire aboutir une négociation collective lorsque l'obligation légalement faite aux protagonistes sociaux d'engager une négociation n'a pas suffi à elle seule à la signature de la convention ou de l'accord qui régira les nouvelles conditions de travail et d'emploi. Elle demeure donc une liberté publique fondamentale, tout particulièrement dans un contexte de crise et de reconstruction du droit du travail (Titre IV).

TITRE I – Droit syndical

TITRE IV – Conflits collectifs du travail et droit de grève

chapitre 1 Définition jurisprudentielle de la grève

Section I - Notion de grève
Section II - Abus ou service anormal du droit de grève

chapitre 2 Effets de la grève sur le contrat de travail

Section I - Grève et emploi
Section II - Grève et salaire

chapitre 3 Ripostes patronales à la grève abusive

Section I - Exercice du pouvoir disciplinaire
Section II - Exercice du pouvoir de direction
Section III - Recours au juge
Section IV - Avenir de l'action collective

TITRE I – Droit syndical

Depuis la loi du 21 mars 1884, ces associations à objet spécifique que sont les syndicats peuvent se créer librement. La Constitution a conféré à la liberté syndicale valeur constitutionnelle (chapitre 1).
Syndicats d'entrepreneurs et syndicats de salariés dialoguent depuis plus d'un siècle. Leur statut juridique – concernant les modalités de leur constitution et leur fonctionnement – est comparable (chapitre 2).
Cependant depuis 1968, les syndicats de salariés sont investis de prérogatives qui leur sont propres dans l'entreprise même [art. L. 410-1 et s. (art. L. 2111-1 et s. C. trav.)] (chapitre 3)

Chapitre 1 Liberté syndicale

La liberté syndicale est consacrée tant dans sa dimension individuelle (section I) que dans sa dimension collective (section II) par le préambule de la constitution, le droit international et le Code du travail.

Section I - Liberté individuelle du salarié

La liberté syndicale est protégée par des textes spéciaux (§ 2) pour l'ensemble de ses manifestations (§ 1).

§ 1. *Manifestations*

460. Manifestations positives – Pour tout salarié comme pour toute personne exerçant une activité professionnelle, la liberté syndicale se comprend positivement comme la liberté d'adhérer à un syndicat; elle implique aussi le libre choix de son syndicat et la liberté d'avoir une activité syndicale.

461. Manifestation négative – La liberté syndicale implique, négativement, la liberté de ne pas adhérer à un syndicat ou de s'en retirer; ainsi un syndicat ne peut faire pression sur un employeur pour qu'il réserve ses emplois aux seuls syndiqués; de même, un employeur ne peut licencier un salarié pour le motif tiré de son refus d'adhérer à un syndicat. Sont également nulles les clauses des conventions collectives obligeant un employeur à n'embaucher que des syndiqués ou obligeant les salariés à adhérer à un syndicat avant leur embauche.

§ 2. *Garanties*

462. Fondements textuels – L'article L. 412-2 (art. L. 2141-5 C. trav.) s'oppose à toute discrimination en faveur ou à l'encontre de salariés en fonction de leur affiliation syndicale; ce texte interdit à tout employeur de prendre en considération l'appartenance à un syndicat ou l'exercice d'une activité syndicale pour arrêter ses décisions «en ce qui concerne notamment l'embauchage, la conduite et la répartition du travail, la formation professionnelle, l'avancement, la rémunération et l'octroi d'avantages sociaux, les mesures de discipline et de congédiement»; il fait obstacle également à ce que l'employeur prélève les cotisations syndicales sur les salaires de son personnel et les paye au lieu et place de celui-ci; il interdit enfin à l'employeur et à ses représentants d'employer des «moyens de pression» en faveur ou à l'encontre d'une organisation syndicale quelconque.

463. Sanctions – Le dernier alinéa de l'art. L. 412-2 (art. L. 2141-8 C. trav.) précise que les mesures prises par l'employeur en violation de ce texte sont considérées comme «abusives» et ouvrent droit à indemnisation. La formule qui date d'une loi de 1956 est aujourd'hui inexacte. Aux termes de l'article L 122-45 (art. L. 1132-1) du Code du Travail (loi du 16 novembre 2001), toute mesure de discrimination syndicale est désormais nulle de plein droit. Le salarié licencié pour motif syndical pourra demander sa réintégration. Cette sanction civile n'est pas exclusive des condamnations pénales prévues à l'article L 481-3 du Code du Travail (art. L. 2146-2).

464. Difficultés de preuve – Cet arsenal de sanctions est toutefois difficile à mobiliser, la victime se heurtant le plus souvent à des difficultés de preuve; c'est par exemple le cas lorsqu'un militant syndical est écarté, à la différence de ses camarades, d'une chance de promotion. C'est pourquoi le législateur a aménagé le régime de la charge de la preuve de la discrimination, dérogeant ainsi au droit commun. Dans un premier temps, la victime peut se contenter de présomptions: le salarié concerné ou le candidat à un recrutement, à un stage ou à une période de formation en entreprise «présente les éléments de fait laissant supposer l'existence d'une discrimination directe ou indirecte»; il incombe ensuite au défendeur, au vu de ces éléments, de «prouver que sa décision est justifiée par des éléments objectifs étrangers à toute discrimination»; le juge forme enfin sa conviction après avoir eu recours, «le cas échéant», aux mesures d'instruction qu'il a jugé utiles d'ordonner.

Section II - Liberté collective du groupement

465. À l'égard de l'État – L'indépendance des syndicats à l'égard de l'État est une autre manifestation de la liberté syndicale. En droit français, le syndicalisme est politiquement comme financièrement indépendant de l'État et, depuis peu, des partis politiques. La jurisprudence administrative a affirmé catégoriquement le caractère privé du groupement syndical: un conseil municipal ne peut allouer une subvention à un syndicat. Cependant la loi autorise désormais les communes, les départements et les régions à attribuer des subventions aux syndicats représentatifs sous réserve du respect du principe de non-discrimination entre eux. L'autonomie syndicale s'accommoderait-elle d'un contrôle sur l'utilisation de ces subventions? En outre les syndicats reçoivent des subventions destinées à la formation notamment des conseillers prud'hommes. Et ils sont souvent consultés par les pouvoirs publics.

466. *À l'égard de l'employeur* – L'indépendance des syndicats existe également par rapport à l'employeur. Le «syndicat maison» favorisé par l'employeur – dit également «syndicat jaune» – ne sera pas représentatif faute d'indépendance. La loi interdit le *check-off*, méthode qui consiste pour l'employeur à prélever les cotisations syndicales sur la paie; mais la jurisprudence ne s'oppose pas à ce qu'un employeur attribue à l'ensemble des syndicats présents dans l'entreprise des moyens, notamment financiers, lesquels s'ajoutent aux moyens matériels qu'il doit leur attribuer en vertu de la loi, tels qu'un local syndical aménagé ou des crédits d'heures de délégation. Elle a notamment accepté la pratique du «chèque syndical» que chaque salarié peut faire endosser par l'organisation de son choix. Lorsque l'avantage reconnu aux syndicats a pour support une convention collective, le principe d'égalité conduit au versement de cette subvention à tous les syndicats, signataires ou non [1].

467. à 469. - Réservés

1. Cass. soc. 29 mai 2001.

chapitre 2 Constitution et fonctionnement des syndicats

Le législateur a mis peu de conditions à la constitution des syndicats (section I). Dominé par un principe de liberté, leur fonctionnement se trouve lui aussi facilité (Section II).

Section I - Constitution

La constitution d'un syndicat passe par le respect de certaines formalités (A); une fois constitué, le syndicat ne peut exister que pour la réalisation d'un objet syndical (B).

§ 1. *Formalité de dépôt*

470. Acquisition de la personnalité morale – Les formalités se résument dans la rédaction des statuts et leur dépôt à la mairie de la localité où le syndicat est établi. Ce dépôt fait acquérir de plein droit la personnalité morale, condition pour avoir un patrimoine et agir en justice.

§ 2. *Réalisation d'un objet syndical*

471. Objet légal – Seules les personnes exerçant une profession peuvent fonder un syndicat ou y participer. Aux termes de l'art. L. 411-1 (art. L. 2131-1 C. trav.), le syndicat a pour objet exclusif la défense des droits et intérêts matériels et moraux, tant collectifs qu'individuels, de ses membres. Son objet est professionnel, à la différence d'une association. Il peut unir aussi bien ceux qui exercent le même métier – par exemple, les pilotes – que ceux qui travaillent dans la même branche d'activité – par exemple, la chimie. Des regroupements nombreux sont en cours en fonction des changements intervenus dans la vie économique. Seuls sont prohibés les syndicats réunissant employeurs et salariés. Depuis 1946, les syndicats de fonctionnaires sont pleinement licites.

472. *Prohibition des activités politiques* – La loi s'appuie sur le principe de spécialité afin d'éviter toute confusion entre syndicat et parti politique. L'art. L. 481-1 (art. L. 2135-1 C. trav.) prévoit à ce sujet qu'une violation des dispositions de l'art. L. 411-1 (art. L. 2131-1 C. trav.) peut justifier une condamnation pénale des directeurs et administrateurs du syndicat concerné (amende de 3750 euros) et sa dissolution sur décision du procureur de la république. À la suite de la multiplication des syndicats créés par le Front National, la jurisprudence a également considéré qu'il fallait dénier la qualité de syndicat au groupement poursuivant un but politique, même s'il était régulièrement constitué: par application des articles 1131 du Code civil, L. 411-1 (art. L. 2131-1) et L. 411-2 (art. L. 2131-2 C. trav.), la chambre mixte de la Cour de cassation a décidé qu'un syndicat ne peut être «fondé sur une cause ou en vue d'un objet illicite» ; il ne peut poursuivre des objectifs essentiellement politiques ni agir contrairement aux dispositions de l'article L. 122-45 (art. L. 1132-1 C. trav.), aux engagements internationaux, comme à la Constitution, en faisant figurer la discrimination entre salariés français et salariés étrangers dans ses statuts (Cass. ch. mixte 10 avril 1998).

Section II - Fonctionnement

473. *Regroupement syndical* – Le fonctionnement des syndicats est gouverné par un principe de liberté. Ils sont libres de se rassembler au sein d'unions locales, de fédérations professionnelles et de confédérations ou centrales (CGT, FO, CFDT, CFTC, CGC-CFE pour les cadres). L'adhésion à une confédération internationale – CES, CISL – est également libre.

474. *Vie interne* – La loi ne dit rien de l'élection des dirigeants syndicaux, celle-ci étant uniquement régie par les statuts, librement adoptés, des syndicats. Elle est également muette sur les conditions de perception des cotisations syndicales. En ce qui concerne l'organisation de stages pour la formation et l'éducation des militants et des conseillers prud'hommes, les syndicats disposent également d'une liberté de choix dans les programmes.

475. *Scissions* – Les désaccords internes portant sur les grandes orientations peuvent conduire soit à la constitution de minorités internes, soit à une scission; par exemple, le syndicat SUD est né d'une scission de la CFDT-PTT; l'UNSA a été créée après la scission de l'UD-FO de Paris. Auparavant la CFDT était apparue en 1964 à la suite d'une division entre les adhérents de la CFTC; la CGT-FO s'était formée en 1947 à la suite d'un conflit d'orientations au sein de la CGT. Parce qu'il favorise le pluralisme syndical, le droit français entraîne aussi un éclatement des forces syndicales; actuellement, le syndicalisme français est le plus divisé d'Europe.

476. à 479. - Réservés

chapitre 3 Prérogatives des syndicats

Les prérogatives du syndicat sont multiples. Le syndicat est apte à «représenter» non seulement ses adhérents, mais tous les salariés, à la condition d'être représentatif; il est en quelque sorte le porte-parole des intérêts des salariés auprès des employeurs et auprès des pouvoirs publics; il peut aussi défendre les intérêts des demandeurs d'emploi et des retraités.

La représentativité est la condition des pouvoirs étendus des syndicats (section I). Historiquement situés hors de l'entreprise (section II), les syndicats peuvent aussi désormais exercer leurs actions dans l'entreprise (section III).

Section I - Représentativité des syndicats

Certaines fonctions (§ 1) sont exclusivement réservées aux syndicats représentatifs (§ 2).

§ 1. *Fonctions dévolues aux syndicats représentatifs*

480. Activités de gestion – Les syndicats représentatifs ont qualité pour gérer certaines institutions: ils participent à la gestion de la sécurité sociale et des régimes complémentaires de retraite; à celle de l'UNEDIC, où les syndicats patronaux et ouvriers sont présents paritairement.

481. Rôle consultatif – Ils jouent également un rôle consultatif, par exemple au sein de la Commission nationale de la négociation collective et du Conseil économique et social.

482. Négociation collective – Ils disposent du monopole de conclusion des conventions collectives au plan national, à celui de la branche, comme à celui de l'entreprise.

483. Prérogatives dans l'entreprise – Au niveau de l'entreprise, les syndicats représentatifs peuvent constituer des sections syndicales et désigner des délégués syndicaux, lesquels deviennent les négociateurs obligés des accords collectifs. La présentation des candidats au premier tour des élections professionnelles est également réservée aux syndicats représentatifs.

484. Déclenchement d'une grève – Dans les entreprises appartenant au secteur public, ils disposent seuls du pouvoir de déclencher une grève.

§ 2. *Critères de la représentativité*

485. Fondements textuels – Ces critères sont ceux que vise l'art. L. 133-2 (art. L. 2121-1 C. trav.) dans le cadre de la négociation des conventions collectives susceptibles d'extension. Ils peuvent être généralisés aux autres domaines d'intervention du syndicat.

486. Critères quantitatifs – Certains sont quantitatifs, tels que les effectifs, l'audience électorale et les cotisations. Le chiffre des adhérents, souvent gardé secret, est difficile à connaître. Le taux de syndicalisation en France est faible. Aussi cet indice a-t-il reculé au profit du critère jurisprudentiel de l'audience électorale. Celle-ci peut être considérée comme la limite maximale des effectifs. Pour la calculer une pluralité de résultats électoraux sont pris en compte – notamment ceux des élections dans l'entreprise et des conseillers prud'hommes –. Enfin, les cotisations offrent un indice précieux de représentativité – révélateur notamment de l'indépendance syndicale –, mais elles sont aujourd'hui d'un faible niveau, difficiles à connaître et s'additionnent à d'autres ressources.

487. Critères qualitatifs – D'autres critères sont d'ordre qualitatif, telles l'indépendance, l'expérience et l'ancienneté. L'indépendance vis-à-vis de l'employeur s'exprime notamment à travers ce que les arrêts nomment l'«activité dans l'entreprise» (revendications, grèves…). Le critère de l'expérience et l'ancienneté sont toujours d'actualité, même s'il est en léger recul. Un syndicat, de création récente né d'un mouvement social ou d'une scission, n'aura pas vocation à être immédiatement traité comme représentatif. Il faut attendre qu'il ait une réelle activité, une influence se reflétant dans les résultats électoraux.

488. Représentativité prouvée – Lorsqu'il est en mesure de rapporter un certain nombre de ces critères – non cumulatifs –, le syndicat peut se prétendre représentatif. Un contentieux important s'est développé sur cette question, opposant souvent les syndicats entre eux, parfois un employeur et un syndicat. Sur le plan de l'entreprise, c'est le juge d'instance – juge des élections – qui tranchera le contentieux de la représentativité. L'autorité administrative, sous le contrôle du juge administratif, détermine les organisations représentatives au niveau national.

489. Représentativité présumée – La représentativité syndicale peut également être acquise par affiliation d'un syndicat à l'une des organisations citées par l'arrêté du 31 mars 1966 (CGT-FO, CGT, CFDT, CFTC, CGC pour les cadres) ; à cette affiliation est attachée une présomption irréfragable de représentativité.

490. Représentativité catégorielle – Un syndicat peut aussi choisir de défendre les intérêts d'une seule catégorie de personnel. Par exemple, la CFE-CGC bénéficie d'une présomption de représentativité en vue des élections professionnelles dans le collège «cadres» ; mais, paradoxalement, elle peut faire la preuve de sa représentativité dans le collège des ouvriers et des employés [1]. Cette extension de représentativité reste très discutable. La même CGC ne pourrait signer une convention collective que si elle concerne les seuls cadres.

491. Représentativité et pluralisme syndical – Le système français de représentativité syndicale s'accommode enfin de la présence de plusieurs syndicats représentatifs au sein d'une même collectivité. Dans ces conditions, chaque syndicat concerné peut à part entière s'exprimer pour la totalité des personnels de la collectivité qu'il représente, même s'il reste minoritaire; par exemple, un syndicat largement minoritaire peut signer seul une convention collective et la rendre ainsi opposable à l'ensemble des personnels compris dans le champ de sa représentativité; dès 1936 n'a pas prévalu une conception majoritaire conduisant à ne reconnaître que le syndicat le plus représentatif. Cette conception de la représentativité a été l'objet de critiques virulentes. Pour renforcer la légitimité du pouvoir des syndicats de négocier et de conclure les conventions collectives, la loi du 4 mai 2004 a apporté plusieurs remèdes. Il a été institué un système de majorité d'opposition à tous les niveaux, mais les partenaires sociaux peuvent opter pour un système de validation majoritaire dans le cadre de la branche ou de l'entreprise :

1. au niveau interprofessionnel, les accords peuvent résulter de la signature d'une seule organisation syndicale représentative; leur validité est subordonnée à l'absence d'opposition de la majorité des organisations syndicales de salariés représentatives dans le champ d'application de l'accord.

2. Au niveau de la branche, les accords naissent aussi de la signature d'une seule organisation syndicale, leur validité étant, là encore, subordonnée à l'absence d'opposition de la majorité des organisations syndicales représentatives des salariés. Mais les partenaires sociaux peuvent aussi, par voie de convention collective ou d'accord professionnel étendu, préférer le système de la majorité d'engagement en subordonnant la validité des accords «à leur signature par une ou des organisations syndicales représentant une majorité de salariés de la branche».

1. Ass. plen. 15 mars 1985.

3. Enfin, au niveau de l'entreprise, le système de la majorité d'opposition est également retenu à titre de principe et de manière généralisée, sans être réservé à la négociation des accords dérogatoires et des avenants de révision. Mais il reste possible d'instituer par accord de branche un système de majorité d'engagement, la convention ou l'accord d'entreprise devant alors être signé par une ou des organisations syndicales de salariés ayant recueilli au moins la moitié des suffrages exprimés au premier tour des dernières élections.

492. Réformes de la représentativité - La réforme de 2004 permet toujours à un syndicat faiblement représentatif de conclure seul une convention collective. Le système reposant sur une «majorité d'engagement» a été très peu utilisé, les partenaires sociaux préférant en rester au système de la «majorité d'opposition». Pour renforcer la légitimité de la négociation collective - devenue, en complément ou à côté de la loi, une des premières sources du droit du travail -, il est désormais urgent de réformer directement les modes d'appréciation de la représentativité syndicale. Après le rapport Chertier de mars 2006, le rapport Hadas-Lebel de mai 2006 propose de nouvelles pistes de réformes: il s'agirait notamment d'instaurer une révision périodique de la liste officielle des syndicats représentatifs; par ailleurs, la représentativité serait établie à la suite d'un vote, rendant ainsi moins rigide le système de la présomption irréfragable de représentativité.

Section II - Prérogatives du syndicat hors de l'entreprise

Traditionnellement implanté en dehors de l'entreprise, le syndicat déploie une action essentiellement revendicative (§ 1), qu'il soutient le cas échéant d'actions en justice (§ 2) ; il participe également à la gestion de nombreux organismes (§ 3).

§ 1. *Action revendicative*

493. Changement du droit – L'action revendicative – qui poursuit un changement du droit, non pas seulement son application – demeure une mission essentielle à tous les niveaux, y compris aujourd'hui au plan international. Spécialement le syndicat dispose d'un rôle premier dans la négociation des conventions collectives et maîtrise dans les services publics le déclenchement des grèves même si le droit de grève est individuel. Son rôle est important – en fait – dans le secteur privé également. À travers notamment la diffusion des mots d'ordre de grève et lors du dénouement du mouvement collectif, par la négociation du procès-verbal de fin de conflit.

§ 2. *Actions syndicales en justice*

494. Défense des intérêts propres – Le syndicat peut d'abord agir en son nom propre pour défendre ses intérêts personnels; par exemple, il dispose, en tant que signataire d'une convention collective, du pouvoir d'agir en exécution pour obtenir le respect de celle-ci par l'autre partie.

495. Défense des intérêts d'autrui – Le syndicat peut aussi exercer certaines actions à la place des salariés pour défendre, sans mandat de leur part, leurs intérêts individuels. Ces actions de substitution demeurent l'exception ; le législateur les a autorisées dans 11 domaines : le droit de substitution peut être exercé pour demander le respect d'une convention collective [art. L. 135-4 (art. L. 2262-9 C. trav.)] ou défendre un travailleur à domicile [art. L. 721-19 (art. L. 7423-2 C. trav.)] ; il peut aussi servir à protéger la victime d'un harcèlement moral ou sexuel [art. L. 122-53 (art. L. 1154-2 C. trav.)], d'une discrimination [art. 122-45-1 (art. L. 1134-2 C. trav.)], d'un marchandage [art. L. 125-3-1 (art. L. 8233-1 C. trav.)], d'un licenciement pour motif économique [art. L. 321-15 (art. L. 1235-8 C. trav.)], il peut enfin être mis au profit de travailleurs étrangers [art. L. 341-6-2 (art. L. 8255-1 C. trav.)], de salariés attachés à un groupement d'employeurs [art. L. 127-6 (art. L. 1253-16 C. trav.)], de salariés sous contrat à durée déterminée [art. L. 122-3-16 (art. L. 1247-1 C. trav.)] ou liés par un contrat de travail temporaire [art. L. 124-20 (art. L. 1251-9 C. trav.)]. Le syndicat n'a pas à justifier d'un mandat de l'intéressé – sauf en matière de harcèlement moral ou sexuel –, mais le salarié dûment averti ne doit pas s'y être opposé.

496. Défense de l'intérêt collectif de la profession – Le syndicat peut enfin agir en défense de l'intérêt collectif de la profession [art. L. 411-11 (art. L. 2131-2 C. trav.)]. Au moyen de cette action découverte par la jurisprudence [1] et reconnue par le législateur en 1920, il s'agit de défendre les intérêts de la profession à chaque fois qu'un acte ou un fait lui porte préjudice ; le syndicat est alors en droit de faire constater le préjudice et de recevoir des dommages et intérêts, fussent-ils minimes ; le syndicat salarié, lorsqu'un employeur viole les règles de sécurité ou porte atteinte aux droits collectifs des salariés (action sociale) ; le syndicat patronal, lorsqu'une entreprise ne respecte pas la règle du repos dominical [2] (action économique).

497. Répartition du contentieux – Le syndicat agit le plus souvent au civil, spécialement devant le conseil de prud'hommes ; c'est précisément le cas lorsqu'il intervient dans une instance individuelle aux côtés d'un salarié, si l'intérêt collectif est en jeu. Il est parfois amené à saisir le tribunal d'instance – notamment en matière électorale – ou le tribunal de grande instance – spécialement en matière de conflits collectifs. Il lui est possible de se constituer partie civile devant le juge pénal en vue de faire respecter la législation du travail, ce qui conduit au déclenchement des poursuites ; le syndicat peut aussi agir par voie de citation directe. Les recours en annulation d'actes administratifs seront connus des juridictions administratives.

§ 3. *Gestion du secteur social*

498. Gestion paritaire – La fonction des syndicats est aussi, sous le nom de paritarisme, de cogérer les grands systèmes de protection sociale : UNEDIC, ASSEDIC, système de la formation professionnelle continue, administration des organismes de sécurité sociale et des régimes complémentaires de retraite et de prévoyance.

1. Cass. ch. Réunies 5 avril 1913.
2. Ass. plen. 7 mai 1993.

Section III - Prérogatives du syndicat dans l'entreprise

L'action syndicale était ignorée, voire interdite dans l'entreprise jusqu'à la loi du 27 déc. 1968 sur l'exercice du droit syndical dans l'entreprise, texte par lequel furent reconnus la section syndicale d'entreprise (§ 1) et le délégué syndical (§ 2).

§ 1. *Section syndicale d'entreprise*

499. Existence d'une section – Dans toute entreprise et tout établissement, même lorsque leurs effectifs sont inférieurs à 50 salariés, chaque syndicat représentatif peut décider de constituer une section syndicale; il s'agit ici d'une simple faculté, non d'une obligation, reconnue aux syndicats effectivement représentatifs et à ceux qui peuvent se prévaloir d'une présomption de représentativité. En l'absence de tout formalisme pour constituer cette section se pose une question de preuve. Le syndicat qui entend se prévaloir des avantages liés à l'existence d'une section syndicale doit apporter la preuve de la création de cette dernière. Mais comment éviter que les syndiqués aient à produire leur carte d'adhérent pour faire reconnaître cette section? La jurisprudence a nettement simplifié le régime de cette preuve en 1997: «Lorsqu'un syndicat représentatif désigne un délégué syndical dans une entreprise qui emploie au moins 50 salariés, l'existence d'une section syndicale est établie par cette seule désignation» [1].

500. Nature – La doctrine et la jurisprudence s'accordent pour dénier à la section syndicale la personnalité juridique. Personne ne souhaite qu'elle bénéficie d'une personnalité qui serait source d'autonomie totale. Dans le cas contraire, elle deviendrait un syndicat d'entreprise. Or la section syndicale n'est qu'une émanation subordonnée du syndicat qui la constitue.

501. Moyens d'action – La section syndicale peut collecter les cotisations à l'intérieur de l'entreprise. Les tracts syndicaux peuvent être librement diffusés dans l'enceinte de celle-ci aux heures d'entrée et de sortie du travail. L'affichage syndical est libre sur les panneaux réservés et distincts pour chaque section syndicale. Le contenu des tracts et affiches est librement déterminé: l'employeur n'exerce pas de contrôle sur le contenu des informations diffusées, mais les documents doivent lui être simultanément transmis (La distribution de tracts à l'extérieur de l'entreprise est libre, dans les limites de la loi du 29.7.1881 sur la liberté de la presse. Elle peut donc concerner des clients de l'entreprise). La loi est restée longtemps muette sur l'emploi des moyens informatiques et audiovisuels pour l'information syndicale. C'est donc la négociation collective, à défaut, la jurisprudence, qui ont d'abord réglé cette question. La loi du 4 mai 2004 a réservé aux accords d'entreprise la possibilité d'autoriser la mise à disposition de publications et tracts syndicaux soit sur un site syndical mis en place sur l'intranet de l'entreprise, soit par diffusion sur la messagerie électronique de l'entreprise [article L. 412-8 al. 7 (art. L. 2142-6 C. trav.)].
Un local syndical est prévu au-delà de 200 salariés. L'employeur doit mettre un local commun à la disposition de l'ensemble des sections. Au-delà de

1. Cass. soc. 27 mai 1997.

1 000 salariés, chaque section syndicale dispose d'un local individuel, convenable et doté du matériel nécessaire à son fonctionnement. Les réunions que peut organiser la section syndicale sont soumises à des régimes variables selon qu'elles sont «fermées» ou «ouvertes» au public.

§ 2. *Délégués syndicaux*

502. Désignation – Le délégué syndical n'est pas élu par la section, mais désigné par le syndicat lui-même. Concrètement, il est désigné par l'union locale, l'union départementale ou la fédération au moyen d'une lettre recommandée adressée à l'employeur. Cette désignation n'est possible que dans les entreprises dotées d'un effectif de plus de 50 salariés. Si l'entreprise compte moins de 50 salariés, les syndicats peuvent désigner un délégué du personnel comme délégué syndical. Le nombre de délégués de chaque section est fixé par décret, compte tenu de l'effectif des salariés.

503. Fonctions – Le délégué syndical jouit d'une compétence générale de représentation de son syndicat dans l'entreprise; dans le cadre de cette mission, il assure la défense des intérêts du personnel dans tous les domaines: salaires, durée du travail, sécurité, etc. Sa mission est plus vaste que celle des délégués du personnel. Il doit être choisi comme interlocuteur de la partie patronale dans le cadre de la négociation collective annuelle d'entreprise Il est aussi un intermédiaire en cas de conflits individuels et collectifs, et peut engager sa responsabilité civile ou pénale en cas de dommages provoqués par son action.

504. Moyens – Pour exercer sa mission, le délégué syndical dispose de moyens que lui ouvre la loi, éventuellement améliorée par voie de négociation collective. Il est en droit de s'absenter et de se déplacer, sans que l'employeur puisse s'y opposer. Il bénéficie d'un crédit d'heures variable – dit crédit d'heures de délégation – que l'employeur doit rémunérer comme du temps de travail; ces heures de délégation sont présumées être utilisées en conformité avec l'objet de sa mission; il appartient donc à l'employeur (qui ne peut opérer *a priori* une retenue de salaire en cas de doute sur la bonne utilisation de ces heures) de contester en justice *a posteriori* les conditions d'utilisation de ce temps pour espérer obtenir un remboursement; le délégué syndical est enfin couvert par un statut protecteur contre le licenciement, comme les élus. Son mandat n'est pas limité dans le temps et dure jusqu'à son remplacement.

505. à 519. - Réservés

TITRE II – Représentation du personnel dans l'entreprise

Dans l'entreprise, la représentation syndicale coexiste avec une représentation élue, celle-ci étant elle-même plurielle. La plus ancienne forme de représentation mise en place par l'élection est constituée par les délégués du personnel, autrefois appelés délégués ouvriers (1936). Sont venus s'y ajouter les comités d'établissement et d'entreprise (1945), même si, dans les PME, il est maintenant possible d'y substituer une représentation unique, appelée délégation unique (1993). Par la suite, le législateur a créé une représentation spécialisée dans l'étude des conditions d'hygiène et de sécurité – le CHSCT (1982) – et, pour tenir compte de la concentration croissante des entreprises capitalistes, le comité de groupe (1982), enfin le comité européen d'entreprise (1994). Hormis l'institution des délégués du personnel, qui reste une assemblée de personnes physiques, toutes ces institutions représentatives ont la personnalité morale.

Les fonctions du syndicat – organe de négociation avec le patronat des conditions d'emploi, de travail, et des garanties sociales – sont distinctes de celles du comité d'entreprise – organe de concertation avec la direction de l'entreprise dans l'ordre économique. Il existe toutefois des passerelles d'une institution à l'autre: chaque syndicat désigne un représentant auprès du comité d'entreprise ; le comité de groupe, comme le comité d'entreprise européen sont issus d'une négociation avec les syndicats.

Cette présentation générale appelle trois questions: quelles sont les particularités de ces élections professionnelles (chapitre 1)? Quel est le statut du représentant du personnel (chapitre 2)? Quelles sont les attributions de chacune des institutions élues (chapitre 3)?

apitre 1 Particularités des élections professionnelles

Dans quel cadre – dans quelle circonscription électorale – l'élection a-t-elle lieu (section I) ? Est-il tenu compte de la taille de l'entreprise (section II) ? En quoi ces élections sont-elles originales par rapport aux élections politiques (section III) ? Y répondre, c'est vouloir indiquer leur régime.

Section I - Cadre de l'élection

520. Diversité – Les cadres de l'élection sont constitués, selon le cas, de l'établissement, de l'entreprise, du groupe national ou du groupe européen. Les tribunaux ont été amenés à les définir et parfois, à en créer de plus appropriés, telle l'unité économique et sociale, quitte à voir leur formule reprise ensuite par le code.

521. Établissement distinct – L'établissement distinct sert de cadre d'implantation aux délégués élus et au comité d'établissement. Longtemps calqué sur la mission dévolue à ces institutions, – et donc variable – l'établissement se définit aujourd'hui comme le lieu où travaille une collectivité de salariés, ayant des intérêts communs et sous une direction qui soit apte soit à répondre à leurs réclamations, soit à les transmettre à l'autorité compétente.

522. Entreprise – L'entreprise, qui sert de cadre d'implantation au comité d'entreprise, se confond souvent avec la société employeur. Mais, comme la personnalité juridique est susceptible de manipulation à l'infini ; ce qui autorise l'employeur à diviser son entreprise en plusieurs sociétés pour échapper à la mise en place de certaines institutions, la jurisprudence est à l'origine de la notion «d'unité économique et sociale» (UES) qu'elle applique pour rassembler ce qui a été artificiellement divisé. L'UES peut donc comprendre plusieurs sociétés juridiquement distinctes, dès lors qu'il y a, sur le plan économique, une unité de gestion, de moyens et d'activités et, sur le plan social, une similitude des conditions de travail, voire une certaine interchangeabilité du personnel. L'UES peut ainsi devenir le cadre de mise en place d'un comité d'entreprise, voire d'un comité central d'entreprise.
523. Groupe – Le groupe est l'ensemble constitué par une société mère, ses filiales – les sociétés dont elle détient tout ou partie du capital et qu'elle contrôle – et ses sous-filiales. Mais il y a parfois des filiales communes : il faut alors faire le choix d'un rattachement à l'un ou l'autre des groupes concernés.

En conséquence, dans une société X, il y aura normalement autant de comités d'établissement et de délégués de personnel que de sites où l'on travaille, avec un comité central d'entreprise au niveau du siège de la société, et si elle est membre d'un groupe Y, une participation au comité de groupe. Les restructurations de la société et du groupe auront des répercussions sur la représentation du personnel, qui devra sans cesse être remodelée.

524. Entreprise de dimension communautaire – L'entreprise de dimension communautaire est celle qui emploie au moins mille salariés dans les États membres de la Communauté européenne ainsi que dans les États membres de l'Espace économique européen comportant au moins un établissement de 150 salariés dans au moins deux de ces États. Cette entreprise de dimension communautaire sert de cadre à la mise en place du comité d'entreprise européen.

Ainsi le «comité d'entreprise» existe aux différents degrés où se prennent les décisions : établissement, entreprise, groupe, et entreprise (ou groupe) de dimension communautaire. L'organisation de la représentation du personnel est fédérale.

Section II - Conditions d'effectifs

525. Seuils d'effectifs – Le système français de représentation du personnel prend en compte la dimension des entreprises, la volonté étant manifeste de ne pas imposer la présence d'organismes élus aux petites structures. Plus exactement, c'est le dépassement d'un seuil d'effectifs qui va déclencher l'obligation de mettre en place telle ou telle institution; les principaux seuils sont ceux de 11 salariés pour la mise en place des délégués du personnel, 50 salariés pour la mise en place du comité d'hygiène, de sécurité et des conditions de travail et du comité d'entreprise. De multiples seuils secondaires – tel celui de 200 salariés pour la mise en place de la délégation unique – ont vu le jour et la technique des seuils a essaimé dans d'autres domaines du droit du travail (celui du licenciement, de la formation professionnelle, etc.)
Par ailleurs, plus l'entreprise est de vaste dimension, plus nombreux sont les représentants à élire.

Section III - Déroulement des élections

526. *Droit commun électoral et principes généraux* – Si les délégués syndicaux et les représentants syndicaux auprès du comité d'entreprise sont désignés par l'organisation syndicale, les représentants du personnel sont élus par le personnel. La réglementation des élections professionnelles par le Code du travail étant parcellaire, on applique dans l'entreprise le droit commun électoral – issu du Code électoral applicable aux élections politiques – et les principes généraux du droit électoral. Néanmoins, les élections professionnelles présentent quelques particularités : leur organisation fait l'objet d'un protocole d'accord préélectoral négocié et conclu avec tous les syndicats représentatifs ; ces derniers disposent du monopole de présentation des candidats au 1er tour, les candidatures étant libres au 2e tour ; les électeurs sont répartis en deux, voire trois collèges – collège des ouvriers et employés ; collèges des techniciens et agents de maîtrise ; collège des cadres, à l'exclusion de ceux qui ont reçu une délégation de pouvoirs pour représenter l'employeur –. Afin de garantir une représentation fidèle des intérêts des salariés (on évoque ainsi l'existence d'une représentation catégorielle des individus), le nombre d'élus dépend de l'importance des effectifs. Autrefois organisées tous les 2 ans, les élections professionnelles ont désormais lieu tous les quatre ans, au scrutin de liste avec représentation proportionnelle, de telle manière à assurer la représentation la plus fidèle possible de la collectivité de travail.

527. *Contentieux* – C'est le juge d'instance qui est compétent pour connaître de la régularité des élections et de toutes les questions qui peuvent s'y rattacher – telle la contestation de la représentativité d'un syndicat participant à l'élection ou celle qui concerne l'électorat –.

528. *Élections directes et indirectes* – L'élection est directe pour la mise en place des délégués du personnel et des membres du comité d'entreprise, alors qu'elle devient indirecte pour l'institution du comité central d'entreprise – composé de représentants élus par les comités d'établissement – et du CHSCT – composé de salariés élus par les membres du comité d'entreprise et les délégués du personnel. Pour le comité de groupe comme pour le comité d'entreprise européen, l'intervention syndicale est nécessaire : le premier est composé d'élus des comités d'entreprise, désignés par chaque syndicat représentatif dans le groupe ; la composition du second est déterminée par accord entre le chef d'entreprise et un groupe spécial de négociation composé de salariés choisis par les organisations syndicales parmi leurs élus aux comités d'entreprise ou d'établissement ou leurs représentants syndicaux dans l'entreprise ou le groupe.

529. - *Réservés*

chapitre 2

Statut des représentants du personnel[1]

Parce que les représentants du personnel sont amenés à s'opposer à l'employeur dans l'exercice de leur mission représentative, il était indispensable de leur garantir la sécurité de l'emploi; on a pu parler à leur égard de salariés protégés – protégés contre le licenciement auquel ils sont exposés – (section I). Il n'était pas moins nécessaire de leur donner le temps nécessaire à l'exercice de leurs fonctions sans perte de salaire (section II).

Section I - Protection contre le licenciement

530. Personnes protégées – Le licenciement des représentants du personnel reste possible; il doit seulement être autorisé par l'administration. Bénéficient de cette protection les élus titulaires ou suppléants, les candidats qui se présentent aux suffrages, les anciens élus pendant six mois et, par extension, les personnes qui se trouvent dans une situation analogue: le conseiller du salarié en cas de licenciement, le délégué syndical, le représentant syndical au comité d'entreprise, certains représentants institués par accord collectif, et, en dernier lieu, le salarié mandaté par une organisation syndicale pour négocier avec l'employeur.

531. Domaine de l'autorisation – Il y a lieu de solliciter une autorisation administrative en cas de projet de licenciement ou, plus généralement, de rupture du contrat de travail; sont ainsi concernées les hypothèses de fin de contrat à durée déterminée, de mise à la retraite, de rupture d'un contrat à la suite du refus d'une modification du contrat; l'autorisation est également requise lorsque l'élu est englobé dans un licenciement économique, lorsque l'entreprise est en règlement judiciaire et lorsqu'elle est transférée. En définitive, il n'y a plus aucune

1. Le statut des élus du personnel et des délégués désignés par les syndicats est semblable (à quelques différences minimes près).

place pour l'effacement de la protection, à laquelle celui qui est investi d'une fonction élective ne peut même pas renoncer.

532. Autorité compétente – L'autorisation doit être sollicitée auprès de l'administration, représentée par l'inspecteur du travail. En même temps qu'il saisit celui-ci, l'employeur peut procéder à la mise à pied de l'élu à titre conservatoire (mais à ses risques et périls) et doit réunir le comité d'entreprise en vue de solliciter son avis.

533. Sanctions – Lorsque l'employeur se sépare d'un salarié protégé sans solliciter une autorisation administrative, le délit d'entrave aux fonctions représentatives est constitué et le licenciement est entaché de nullité. Par voie de conséquence, le représentant doit être réintégré dans ses fonctions et dans son emploi – en principe, il doit s'agir du poste qu'il occupait avant son licenciement –. Il appartient au conseil de prud'hommes de prononcer cette réintégration en formation de référé. Le représentant a droit en outre à une indemnité compensatrice de la perte de ses salaires pour la période comprise entre son licenciement et sa réintégration.
Si le représentant ne demande pas sa réintégration, il peut prétendre, au titre de la méconnaissance de son statut protecteur, à la rémunération qu'il aurait dû percevoir entre son éviction et l'expiration de la période de protection – soit jusqu'à 30 mois pour les élus et les conseillers prud'hommes ou 12 mois pour les délégués syndicaux, dont le mandat est donné pour une durée indéterminée, et les salariés mandatés de la loi Aubry –; il peut prétendre également, au titre de la rupture de son contrat de travail, non seulement aux indemnités de rupture – préavis et licenciement – mais encore à une indemnité au moins égale à l'indemnité pour absence de cause réelle et sérieuse de licenciement (6 mois).

534. Recours – Quelles sont les conséquences d'une autorisation accordée ou refusée? Dans les deux cas, des recours – hiérarchique et contentieux – sont possibles; le recours hiérarchique peut être formé devant le directeur départemental du travail, puis devant le ministre. Le recours contentieux est exercé devant le tribunal administratif et en appel devant le Conseil d'État. Si le juge annule une autorisation accordée, le représentant doit être réintégré dans son emploi ou un emploi équivalent, de même s'il y a rétractation de l'autorisation – si par exemple le ministre retire sa décision. Si le juge annule un refus d'autorisation, l'employeur licenciera. La jurisprudence administrative a – au fil des espèces – élaboré les directives qui doivent guider les décisions des autorités administratives. Lorsqu'elle est chargée d'évaluer le comportement du représentant sous l'angle disciplinaire, l'administration doit vérifier que les faits reprochés sont «d'une gravité suffisante» pour fonder la rupture; il existe sur ce point une possibilité de refuser l'autorisation si, malgré tout, l'intérêt général l'exige, à la condition que ne soit pas portée une atteinte excessive aux intérêts de l'employeur [1]. Lorsqu'elle est conduite à apprécier un contexte économique justifiant la rupture, l'administration doit vérifier qu'il n'existe pas une possibilité de reclasser le représentant [2].

1. Conseil d'État 5 mai 1976.
2. Conseil d'État 18 février 1977.

Section II - Rémunération des fonctions

535. Crédit d'heures de délégation – Les représentants élus et syndicaux se voient accorder par la loi ce qu'on appelle un «crédit» d'heures pour l'exercice de leur mandat: il s'agit d'heures consacrées non pas au travail, mais à l'exercice de la mission représentative que l'employeur doit rémunérer comme du temps de travail [art. L. 412-20 (art. L. 2143-17); 424-1 (art. L. 2315-3); 434-1 (art. 2325-7); 236-7 (4614-6 C. trav.)]. Ce crédit d'heures est mensuel, attribué individuellement – sauf pour les délégués syndicaux – et payé à même échéance que le salaire; il s'élève à quinze heures pour les délégués du personnel et vingt heures pour les membres du comité d'entreprise; concernant les délégués syndicaux, il est variable – de dix à vingt heures – selon l'effectif. Peut s'y ajouter un crédit conventionnel, ou un crédit supérieur en cas de circonstances exceptionnelles justifiant un dépassement: sont considérées comme telles les restructurations importantes entraînant menace de licenciements collectifs.

536. Contrôle patronal – La principale question juridique est celle de l'utilisation de ces heures de fonction et le contrôle que cherche à exercer l'employeur sur cette utilisation. Il est interdit à l'employeur de mettre en place un système d'autorisation préalable d'utilisation pour contrôler le départ en mission; est notamment illicite la pratique des «bons de délégation» délivrés par le supérieur hiérarchique. Il y a présomption d'emploi régulier des heures de délégation : le crédit d'heures doit être payé à son échéance. C'est seulement après avoir payé que l'employeur peut contester le mode d'utilisation. Il le fera en saisissant le juge, et la charge de prouver que l'emploi du temps n'a pas été conforme aux prescriptions légales pèsera sur lui. Cette preuve est difficile à établir car la loi ne dit pas avec rigueur ce qui entre ou ce qui n'entre pas dans la mission d'un délégué ou d'un membre du comité. Quelles activités sont «extérieures» aux fonctions? Quelles «justifications» un juge peut-il imposer à l'élu? À titre d'exemple d'incertitude, des juges ont pu estimer que l'assistance d'un salarié devant les prud'hommes n'entrait pas dans les fonctions d'un délégué élu; mais ils ont considéré que sa propre défense pouvait être imputée sur son crédit d'heures [1].

537. à 539. - Réservés

1. Ass. plen. 31 octobre 1996.

apitre 3

Compétences des instances élues

Section I - Comité d'établissement, comité d'entreprise, comité central d'entreprise, comité de groupe, comité d'entreprise européen, comité de la société européenne

§ 1. *Moyens d'action*

§ 2. *Compétence économique*

§ 3. *Compétence en matière de relations du travail*

§ 4. *Compétence sociale*

Section II - Délégués du personnel

§ 1. *Missions propres*

§ 2. *Mission de remplacement*

Section III - Comité d'hygiène, de sécurité et des conditions de travail

Section IV - Implication des salariés dans la société européenne

Seront successivement présentées les compétences du comité d'établissement, du comité d'entreprise, du comité central d'entreprise, du comité de groupe, du comité d'entreprise européen (section I), celles des délégués du personnel (section II), et celles du CHSCT (section III). Une loi du 26 juillet 2005 a transposé en droit interne les dispositifs d'implication des salariés dans la société européenne (section IV).

Section I - Comité d'établissement, comité d'entreprise, comité central d'entreprise, comité de groupe, comité d'entreprise européen

540. *Nature ambiguë de l'institution* – Parce qu'ils se ressemblent, ces différents comités feront l'objet d'une présentation unique ; ils sont implantés à différents niveaux de l'entreprise, en fonction du degré de centralisation des décisions patronales dont ils ont à connaître à titre consultatif. Leur particularité est d'être présidés par le chef d'entreprise ou son représentant, assisté de deux collaborateurs. Dans certains domaines, la délégation du personnel est seule admise à voter ; tel est le cas lorsque le comité est consulté sur une demande de licenciement d'un représentant du personnel ; dans d'autres domaines, le président prend part au vote. Il peut également prendre des engagements envers le comité qui, à cette occasion, tend à devenir un organe de négociation.

Le comité est pourvu de moyens de fonctionnement appropriés (§ 1) afin d'exercer ses compétences en matière économique (§ 2), professionnelle (§ 3) et sociale (§ 4).

§ 1. *Moyens d'action*

541. *Moyens matériels* – Disposant de la personnalité juridique et, par conséquent, d'un patrimoine, chaque comité peut ester en justice et recruter son propre personnel. Des moyens matériels lui sont attribués ; pour le comité d'entreprise, il s'agit d'un local et de ressources financières ; ces dernières sont constituées d'une subvention de fonctionnement versées par l'entreprise (0,2 % de la masse salariale) sans affectation précise, et d'une subvention spécialement affectée aux activités sociales ; le montant de cette dernière ne peut être inférieur à un minimum calculé en valeur absolue (il s'agit du montant des sommes consacrées par l'entreprise aux dépenses sociales avant qu'elles n'aient été prises en charge par le comité) et en valeur relative (il s'agit du montant déterminé par le rapport de la contribution patronale précédente au montant global des salaires payés). En pratique, la fixation de cette contribution résulte d'accords ou d'usages. La contribution est répartie entre les divers échelons – établissements, entreprise. De grands écarts existent d'une entreprise à l'autre. Certaines nouvelles entreprises ne versent rien.

Deux budgets distincts correspondent à ces deux subventions, sans interférence de l'un à l'autre.

542. *Moyens intellectuels* – Les comités disposent en outre de moyens intellectuels. Leurs membres doivent recevoir une formation appropriée. Surtout, ils peuvent bénéficier de l'assistance d'experts, pour analyser l'information souvent abstraite qui leur est fournie :

1. il peut s'agir de la prestation d'un expert comptable, nécessaire à l'interprétation des comptes et à l'évaluation de la situation de l'entreprise sur son marché. Choisi par le comité, il est rémunéré par l'entreprise, ce qui est source de litiges arbitrés par le président du tribunal de grande instance statuant en la forme de référés. L'expert-comptable peut intervenir à l'occasion d'évènements périodiques – notamment lors de l'examen annuel des comptes – ou être sollicité à l'occasion d'évènements ponctuels – telle une restructuration, accompa-

gnée de licenciements économiques. – Il a accès aux mêmes documents – comptabilité analytique, ou comptes des filiales étrangères d'un groupe s'ils sont consolidés – que les commissaires aux comptes.

2. Il peut également s'agir de la prestation d'un expert en technologie; le recours à ce type d'experts n'est possible qu'avec l'accord de l'employeur, lors de l'introduction de nouvelles technologies. Il est rémunéré par l'entreprise.

3. Il peut enfin s'agir de la prestation d'experts libres que le comité rémunère sur son propre budget.

Des commissions spécialisées peuvent être créées au sein de comités importants. Il est notamment prévu la constitution d'une commission économique, chargée de préparer les travaux du comité.

§ 2. *Compétence économique*

543. Généralités – La compétence économique des comités oscille entre coopération avec la direction et contrôle de celle-ci. Elle devrait permettre l'expression des intérêts des salariés afin qu'il en soit tenu compte dans la prise des décisions de gestion. Ce qui est certain, c'est qu'il n'y a pas cogestion; le rôle des comités, notamment celui du comité d'entreprise, se résume en deux formules: il doit être informé; il peut émettre des avis consultatifs [1]. La loi dit qu'il doit être consulté sur toute mesure concernant l'organisation, la gestion, la marche générale de l'entreprise; la formule étant générale et absolue, il n'y a pas lieu d'attendre le relais d'un texte spécial pour fonder le droit du comité à être informé ou consulté sur telle ou telle question. Les attributions s'exercent soit à l'occasion d'une opération déterminée, soit de manière permanente, et même si l'entreprise est en cessation de paiement.

Une directive européenne du 11 mars 2002 sur l'information et la consultation des travailleurs introduit une faculté de restreindre l'information sur un fondement de confidentialité que le Code du travail français ne prévoit pas sous cette forme: les États membres pourront exonérer l'employeur de l'obligation d'information dans les cas où elle porterait un préjudice au fonctionnement de l'entreprise. Cependant la directive précise aussi qu'elle ne saurait mettre en cause les dispositions nationales plus favorables aux travailleurs.

544. Information et consultation préalables sur une opération déterminée – Le comité doit être informé et consulté sur une réorganisation interne ou sur une opération externe [2], telle qu'une cession ou une fusion, une prise de participation, y inclus une nationalisation ou une privatisation. Si des cessions d'actions en bourse ont lieu, le comité doit en être informé dès lors que le contrôle de l'entreprise change de mains. La création avec une autre entreprise d'une filiale commune ou d'un GIE, l'externalisation d'un service ou d'une activité par voie de sous-traitance, de même qu'une OPA, une OPE ou une concentration doivent être portées à sa connaissance. Le rôle du comité a été renforcé dans ces trois dernières hypothèses; en cas d'OPA ou d'OPE, il est prévu l'organisation de deux réunions du comité de l'entreprise cible et l'assistance éventuelle de l'expert-

1. Une information précise et écrite, dans un délai suffisant, est la condition d'une consultation éclairée. Les données économiques et sociales nécessaires sont communiquées au comité à échéance régulière (annuelle, trimestrielle ou semestrielle, selon le cas).

2. Des données spécifiques doivent être communiquées en temps utile, pour permettre au comité d'émettre un avis éclairé.

comptable de son choix pour lui permettre de formuler des observations sur l'offre; le comité dispose de la possibilité d'auditionner le chef d'entreprise de la société ayant déposé l'offre. Au cas d'opération de concentration, le recours à un expert-comptable est également prévu, de même que la possibilité d'articuler deux réunions successives; dans tous les cas le comité peut se renseigner auprès de tout organisme, notamment public (Fisc, INSEE, AMF) et la délibération doit précéder la réalisation du projet. En effet, l'avis et la consultation du comité d'entreprise sont nécessairement préalables à la décision patronale.

L'on sait enfin l'importance de la consultation du comité sur tout projet de licenciement économique. Dans ce cas, on doit rappeler que la procédure d'information et de consultation du comité peut être modifiée par un accord de méthode [1].

545. Portée de l'avis – L'avis émis ne lie pas le chef d'entreprise, il l'éclaire seulement sur les réactions futures du personnel. Certes, en cas de projet de restructuration et de compression des effectifs, la loi de modernisation sociale avait offert au comité d'entreprise un droit d'opposition, accompagné d'un droit de formuler des propositions alternatives auxquelles l'employeur devait fournir une réponse motivée. Le droit d'opposition du comité se traduisait par la saisine d'un médiateur en cas de projet de cessation totale ou partielle d'activité d'un établissement ou d'une entité économique autonome ayant pour conséquence la suppression d'au moins 100 emplois. Pendant la durée de la mission du médiateur, le projet était suspendu. Ce mécanisme, qui fut pendant un temps reporté, a été finalement supprimé.

546. Sanctions – En cas de non-respect du droit à l'information et à la consultation, il est prévu certaines sanctions que d'aucuns jugent insuffisantes : faute de saisine, il y a bien délit d'entrave, mais le comité ne peut ni solliciter la nullité de l'opération commerciale qui a ignoré sa compétence, ni intervenir dans les instances pénales ouvertes pour abus de biens sociaux. Il peut cependant, dans certains cas, demander au président du TGI en référé la suspension de la mise à exécution de la mesure jusqu'à sa consultation régulière. En outre, en cas d'OPA ou d'OPE, la société ayant déposé une offre et dont le chef d'entreprise ne se rend pas à la réunion du comité d'entreprise à laquelle il a été invité ne peut pas exercer les droits de vote attachés aux titres de la société faisant l'objet de l'offre qu'elle détient ou viendrait à détenir [art. L. 432-1 (art. L. 2323-24 C. trav.)].

547. Information et consultation régulières – Des rapports doivent être régulièrement présentés au comité, afin que celui-ci dispose d'une documentation permanente sur l'entreprise, son organigramme, la composition du capital, sa situation sur son marché. Une fois par an, les résultats globaux lui sont communiqués : chiffres d'affaires, bénéfices et pertes, investissements, situation de la sous-traitance, aides reçues de l'État et des collectivités, aides européennes. Chaque année, dans les sociétés commerciales, les documents comptables qui sont présentés aux actionnaires lui sont communiqués (inventaire, bilan, compte de résultats, rémunération des dirigeants lorsqu'elle doit être indiquée à l'assemblée générale des actionnaires…). À cette occasion intervient l'assistance de l'expert-comptable qui s'étend aujourd'hui à d'autres hypothèses et ce, dans toutes les entreprises, pas seulement dans les sociétés anonymes.

1. V. *supra*, n° 9.

548. Information institutionnalisée – Actuellement, la loi prévoit que deux ou quatre membres du comité assistent avec voix consultative aux séances du conseil d'administration [art. L. 432-6 (art. L. 2323-62 C. trav.)]; dans les entreprises du secteur public et dans celles qui ont été privatisées, il est même prévu la présence d'administrateurs salariés. Ils doivent être convoqués à toutes les réunions. Depuis la loi du 15 mai 2001, deux membres du comité d'entreprise peuvent assister aux assemblées générales d'actionnaires et doivent, à leur demande, être entendus lors de toutes les délibérations requérant l'unanimité des associés. Le comité d'entreprise peut aussi demander en justice la désignation d'un mandataire chargé de convoquer l'assemblée générale des actionnaires «en cas d'urgence», ou requérir l'inscription de projets de résolutions à l'ordre du jour des assemblées [art. L. 432-6-1 (art. L. 2323-67 C. trav.)].

549. Entreprises en difficulté – Si la situation de l'entreprise est préoccupante, le comité peut, à l'instar des commissaires aux comptes, obliger les dirigeants à saisir le conseil d'administration pour qu'il apporte des réponses aux interrogations du comité [mécanisme du droit d'alerte: art. L. 432-5 (art. L. 2323-78 C. trav.)]. Si l'entreprise est en règlement judiciaire, le comité est maintenu pendant la procédure et doit être régulièrement informé et consulté; il le sera spécialement s'il y a des licenciements économiques ou si un plan de redressement ou de cession est adopté. Il peut exercer des voies de recours contre les décisions prises par le tribunal de commerce. Il subsiste avec des prérogatives inchangées jusqu'à une éventuelle liquidation de l'entreprise.

550. Obligation de discrétion – Dans ce domaine économique, les membres du comité sont tenus à une obligation de discrétion si l'information est donnée comme confidentielle. Mais les médias se chargeront vite de rendre vaine cette confidentialité qui, par ailleurs, ne concerne pas les syndicats.

§ 3. *Compétence en matière de relations du travail*

551. Domaine de compétence élargi – Organisation du travail en général, introduction de nouvelles technologies en particulier, relèvent de sa compétence consultative. De même toutes les décisions intéressant la gestion du personnel: méthodes de recrutement, techniques automatisées de gestion du personnel, plan de formation, gestion prévisionnelle des emplois et des compétences [1]. Il doit être informé régulièrement de la situation de l'emploi – y compris dans les entreprises sous-traitantes –, des projets de compression d'effectifs, du régime de prévoyance existant dans l'entreprise. Les accords de participation et d'intéressement peuvent être conclus par lui, même s'il n'a pas à intervenir en matière de rémunération. Il est informé et consulté sur la durée du travail et l'aménagement de celle-ci (temps partiel, horaires individualisés, modification de l'horaire). Il est consulté sur le règlement intérieur.

Dans tous ces domaines, le comité est le siège d'un échange de vues, d'un dialogue, qui souvent se développera parallèlement à la négociation d'un accord d'entreprise. Si l'employeur décide d'ouvrir une négociation collective, il doit préalablement en informer le comité [2]. Si un accord collectif portant sur une question de la compétence du comité d'entreprise – telle que l'aménagement du temps

1. V. *supra* Gestion prévisionnelle de l'emploi, n° 261 et s.
2. Cass. soc. 5 mai 1998.

de travail – est signé sans sa consultation préalable, la suspension de l'accord pourra être ordonnée en référé [1]. Régulièrement, le comité doit être tenu au courant de l'évolution des rémunérations et des prévisions en matière d'emploi. Un document spécial – le bilan social – doit permettre une appréciation chiffrée de toutes les données «sociales» (effectifs, nombre des accidents du travail, nombre des jours de grève; nombre des salariés masculins et féminins ; égalité des rémunérations ; état du recours à des intérimaires, nombre des CDD, etc.)
Finalement toute décision de l'employeur en matière professionnelle doit, comme en matière économique, être portée à la connaissance du comité, dès lors qu'elle intéresse la collectivité de travail, et si des décisions s'échelonnent dans le temps, la consultation s'impose à chaque phase.

§ 4. *Compétence sociale*

552. Gestion des activités sociales et culturelles – Les œuvres sociales ont été transférées en 1945 au comité, et rebaptisées ensuite activités sociales et culturelles. Le comité d'entreprise peut en créer de nouvelles à l'aide des ressources affectées. On appelle activité sociale ou culturelle une activité non obligatoire – ce qui exclut les actions en matière de sécurité et les activités d'un service médical – consistant en des prestations non salariales, destinées à améliorer les conditions de vie des salariés. Elle peut appartenir au domaine des loisirs, des sports, de la culture; ce peut être aussi la prestation d'une cantine, celle d'un centre de vacances, l'organisation de débats ou de séances théâtrales ou cinématographiques. Sont en revanche exclues les activités syndicales ou directement politiques. L'activité sociale doit profiter à tous les salariés sans discrimination. Ne sont pas à écarter les aides pécuniaires ou secours, sauf s'ils sont destinés à soutenir un mouvement de grève; ces versements en argent sont assujettis à cotisations de sécurité sociale, ce qui reste discutable en raison de leur qualification d'œuvre sociale.
Le comité a dorénavant une compétence et des pouvoirs exclusifs en matière d'activités sociales et culturelles, alors même que l'activité considérée a la personnalité juridique. Ces pouvoirs sont de gestion ou de participation à la gestion, plus rarement de simple contrôle de la gestion, comme celui qui s'exerce sur une mutuelle d'entreprise.
La subvention de l'entreprise qui finance les activités sociales et culturelles doit être versée à intervalles réguliers, à peine de délit d'entrave, et utilisée conformément à son affectation, à peine de détournement de fonds.

Section II - Délégués du personnel

Les délégués du personnel sont titulaires d'une mission qui leur est propre (§ 1) ; ils peuvent, le cas échéant, être amenés à se substituer aux autres institutions représentatives, lorsqu'elles font défaut (§ 2).

§ 1. *Missions propres*

553. Réclamations – Les délégués du personnel sont reçus chaque mois par l'employeur ou son représentant, et lui présentent à cette occasion les récla-

1. Cass. soc. 12 nov. 2001.

mations individuelles et collectives du personnel, portant notamment sur l'application d'une clause d'un accord collectif ou le montant d'un salaire ne correspondant pas à la qualification d'un salarié. En définitive, ils doivent s'assurer de l'application dans l'établissement du droit – lois, règlements et conventions –, sans pouvoir empiéter sur la mission des délégués syndicaux qui vise, à travers la présentation des revendications, à obtenir un changement du droit. Cette mission centrale ne fait pas obstacle à ce que chaque salarié présente lui-même ses propres réclamations. Normalement, la réclamation doit être portée à la connaissance de l'employeur par écrit deux jours avant la réunion.

554. Liberté de circulation et moyens – Institués au plus près des salariés, les délégués doivent être au contact régulier de leurs «mandants». À cet effet leur a été reconnu le droit de se déplacer librement, sans avoir à solliciter une autorisation. Ils disposent également du droit d'afficher une communication destinée au personnel, de distribuer une information par tract – autre que syndical –, de bénéficier d'un local pour recevoir les salariés; ils peuvent éventuellement sortir de l'établissement pendant le temps de travail pour entrer en contact avec l'inspecteur du travail.

555. Protection des droits de la personne et des droits fondamentaux – Une dernière mission s'est ajoutée aux précédentes: si un délégué constate une atteinte aux droits de la personne et aux libertés individuelles – résultant par exemple de la mise en place d'un système d'écoute ou de vidéo clandestin – ou une atteinte à la santé physique et mentale des salariés, il doit en saisir l'employeur. À défaut d'obtenir satisfaction, il saisira le conseil de prud'hommes qui tranchera selon les formes applicables au référé.

§ 2. *Mission de remplacement*

556. Polyvalence – Les délégués ont une sorte de vocation générale à se substituer à c'autres institutions de représentation du personnel, lorsqu'elles font défaut. Ainsi ils peuvent exercer la fonction de délégué syndical, s'ils sont désignés comme tels. Les délégués remplaceront le comité d'entreprise – si celui-ci n'a pu être élu – dans certaines de ses attributions. Ils se substitueront au CHSCT dans les entreprises de moins de 50 salariés. Ils peuvent même représenter les salariés des entreprises extérieures ou les intérimaires s'ils ont des réclamations à formuler, alors que ces derniers n'appartiennent pas au personnel de l'entreprise qui les a élus. Leur polyvalence fait d'eux une institution centrale.

557. Délégation unique – L'employeur peut aussi décider que les délégués du personnel constitueront la délégation du personnel au comité d'entreprise, si l'entreprise est de moins de 200 salariés. Cette situation résulte d'une décision unilatérale, non pas d'un accord. On parle alors de délégation unique, et la mesure veut avoir une vertu simplificatrice: elle réduit les coûts supportés par l'entreprise [art. L. 431-1-1 (art. L. 2326-1 C. trav.) résultant de la loi du 20 décembre 1993].

Section III - Comité d'hygiène, de sécurité et des conditions de travail

558. Fonctions – Le CHSCT a des attributions limitées aux questions d'hygiène, de sécurité et plus généralement des conditions de travail. Elles se résument en un droit d'alerter le chef d'entreprise en cas de danger, en coopération avec l'inspecteur du travail, la fermeture d'un atelier ou d'un chantier exigeant une décision du juge des référés. Moins visible est son droit permanent d'étude et de conseil en matière de sécurité du travail : il doit par exemple être consulté avant l'introduction d'un règlement intérieur ; le CHSCT exerce enfin une mission de contrôle, qui peut le conduire à diligenter des enquêtes régulières – par exemple sur les risques d'accidents –, enquêtes au cours desquelles il peut se faire assister d'un expert. Cette mission a été précisée et étendue à la protection de la santé mentale du salarié [art. L. 236-2 (art. L. 4612-1 C. trav.)].

Section IV - Implication des salariés dans la société européenne

Une loi du 26 juillet 2005 (loi pour la confiance et la modernisation de l'économie) a transposé en droit interne le statut de la société européenne qu'organisaient le règlement et la directive du 8 octobre 2001. Cette forme sociétaire était attendue pour simplifier la gestion des activités économiques à l'échelle communautaire. Son fonctionnement suppose l'implication des salariés sous la forme d'une information, d'une consultation et, le cas échéant, d'une participation. Ces différentes modalités d'implication sont arrêtées par accord conclu entre les dirigeants des sociétés participantes et les représentants des salariés ; à défaut d'accord, elles répondent au régime juridique des articles L. 439-4 à L. 439-42 (L. 2334-1 à L. 2353-32 C. trav.), notamment à l'obligation d'instituer un comité de la société européenne.

559. à 569. - Réservés

ITRE III – Négociation collective

610. Fonctions – *La négociation collective est l'élaboration de la norme par les interlocuteurs syndicaux et patronaux en complément de la loi, en matière de conditions de travail, d'emploi et de garanties sociales. Elle traduit un certain désengagement de l'État. Mais l'autonomie des partenaires sociaux n'est pas complète et reste subordonnée à un cadre légal.*

La fonction de la négociation collective a toujours été à la fois économique et sociale. Pour les entreprises, la négociation collective permet en effet l'organisation loyale de la concurrence entre elles par la détermination uniforme des salaires dans une branche d'activité. En outre, favorisant le dialogue, elle évite les conflits. Traditionnellement pour les salariés, la négociation collective permettait d'obtenir des avantages que la loi n'accordait pas (ainsi le préavis de licenciement a été à l'origine créé par convention collective), ou des avantages supérieurs à ceux de la loi (ainsi une indemnité de licenciement supérieure au minimum légal).

Ces deux fonctions sont actuellement, avec la crise et l'avènement du marché mondial, partiellement remises en cause. Le développement de la négociation collective «dérogatoire» qui permet à l'inverse, d'obtenir la diminution des droits des travailleurs, conduit à écarter l'idée que la convention ne fait qu'améliorer la loi. C'est notamment avec l'aménagement du temps de travail qu'on trouve les exemples les plus significatifs d'une négociation «d'échanges» aboutissant à la conclusion en matière d'emploi d'accords dits «donnant-donnant». Leur philosophie est celle du «partage du travail» pour résorber le chômage. Ce sont de véritables accords contraignants permettant aux entreprises d'obtenir des concessions salariales – une réduction de la durée du travail et du salaire – en échange du maintien de l'emploi, l'entreprise s'engageant à ne pas licencier ou à embaucher. Les résultats de ces accords en matière d'emploi sont peu concluants. (V. infra Les engagements sur l'emploi).

Un tournant a été opéré avec la loi du 4 mai 2004, ouvrant une nouvelle brèche dans le socle de l'ordre public social: il est possible désormais de déroger par voie d'accord collectif d'entreprise aux dispositions d'une convention collective de branche, dès lors que les partenaires sociaux n'ont pas interdit au niveau de la branche une telle dérogation. (V. infra L'articulation des niveaux de convention collective). Ce qui conduit à penser que les conditions de travail pourront être très différentes d'une entreprise à l'autre. Dans un contexte

de concurrence exacerbée, la négociation collective devient un instrument d'adaptation des entreprises à la compétitivité.
Ces évolutions bouleversent le rapport traditionnel en France de la loi et de la convention collective dans la hiérarchie des sources du Droit, mettant au cœur du débat ce que le MEDEF a appelé la «refondation sociale»: moins de loi, plus de liberté contractuelle pour les interlocuteurs sociaux (V. infra Le degré de liberté de la négociation collective au regard de la loi). Il s'agit en réalité d'une très vieille question, celle de la limitation de la liberté contractuelle par l'ordre public. Or on ne peut une fois pour toutes et à l'avance énoncer ce qui relève de l'ordre public. Dans les relations du travail, sa portée n'est pas exactement celle du Droit civil. Et les matières d'ordre public évoluent dans le temps. Mais laisser plus de marge au contrat au détriment de la loi impliquerait des négociateurs d'égale force, ce que la faiblesse actuelle du syndicalisme ne laisse pas augurer.

611. Évolution historique – *Dès 1919, la loi a affirmé la supériorité de la convention collective sur le contrat individuel: les clauses du contrat contraires à celles de la convention collective sont réputées non écrites et remplacées de plein droit par les dispositions correspondantes de la convention collective. Cette supériorité de la convention collective sur le contrat individuel est restée un pilier de notre système de négociation.*

En 1936, la loi a prévu l'extension de la convention collective par arrêté ministériel dès lors qu'elle est signée par les syndicats représentatifs. Toutes les entreprises d'une branche professionnelle doivent respecter la convention collective dans leurs rapports avec leur personnel.

En 1950 s'effectue le retour à la libre négociation des conditions de travail, y compris du montant des salaires, suspendue pendant la guerre. Le cadre naturel de la négociation est la «branche», mais la loi mentionne déjà l'existence d'«accords d'établissement».

En 1982, pour favoriser l'essor de la «politique contractuelle», est instituée l'obligation de négocier dans la branche et l'entreprise sur les salaires effectifs et la durée effective du travail. Par ailleurs se sont développés les accords nationaux interprofessionnels, éclaireurs de toute loi nouvelle. Les syndicats s'affirment comme les partenaires obligés du gouvernement et du parlement.
Cependant en 1996 est ouverte à titre expérimental la possibilité de négocier des conventions collectives avec d'autres – délégués du personnel, comités d'entreprises – que les syndicats représentatifs.

En 1998 et 2000 les deux lois Aubry, dans le seul domaine de la réduction de la durée du travail, prévoient des modalités nouvelles de conclusion – dont le mandatement de salariés ordinaires – à raison de l'absence des syndicats dans beaucoup d'entreprises, et un renforcement de la «légitimité» des négociateurs (idée majoritaire).
L'année 2004 a été marquée par la généralisation du critère majoritaire à tous les niveaux de négociation. Mais il ne faut nullement en exagérer la portée. La signature d'un syndicat représentatif peut toujours suffire à valider un accord. C'est le droit d'opposition qui a été généralisé de manière à légitimer les conventions collectives. Les partenaires sociaux ont seulement la possibilité d'écarter ce dispositif en subordonnant la validité des accords à une adhésion majoritaire. Dans la réalité, ce système reposant sur une «majorité d'engagement» a été très peu utilisé, les partenaires sociaux préférant en rester au système de la «majorité d'opposition».
612. Définition – *La convention collective de travail est un accord conclu entre un employeur ou un groupement d'employeurs et sauf exceptions, une ou plusieurs organisations syndicales représentatives de salariés, en vue de fixer les conditions d'emploi et de travail ainsi que les garanties sociales. La convention collective a vocation à traiter de l'ensemble des conditions d'emploi, le simple accord collectif ne traite qu'un ou plusieurs sujets déterminés (durée du travail par exemple).*
Lors de sa conclusion, la convention collective est traitée comme un contrat (chapitre 1), sa spécificité étant que les parties signataires sont le plus souvent des groupements. Elle se négocie à différents niveaux et comporte comme tout contrat des obligations civiles. Lors de son application, la convention collective est traitée comme un règlement de travail (chapitre 2). Elle crée des normes juridiques – comme le ferait une loi – et s'applique à l'ensemble des contrats de travail compris dans son champ d'application.

Chapitre 1

La convention collective comme contrat

Quelles sont les parties contractantes ? (section I). Quels sont l'objet et les modalités de la négociation ? (section II). Quels sont les engagements pris par les parties et la sanction de leur inexécution ? (section III).

Section I - Parties à la négociation

La négociation n'est ouverte, du côté salarié (§ 1), qu'aux syndicats représentatifs. La représentation des employeurs (§ 2) est en revanche plus souple, la convention collective pouvant être signée par une ou plusieurs personnes physiques ou par un ou plusieurs groupements d'employeurs.

§ 1. *La partie salariée*

Historiquement chargés de défendre les intérêts des salariés (A), les syndicats représentatifs disposent du pouvoir de représenter la partie salariée dans la négociation collective; en tant que personne morale, ils ne peuvent agir que par l'intermédiaire de négociateurs personnes physiques qu'ils doivent mandater à cet effet (B).

A. La représentation des salariés dans la négociation collective

Les syndicats représentatifs disposent d'un monopole de négociation et de conclusion des conventions collectives (1); toutefois, ce monopole ne fait pas obstacle à l'ouverture des négociations avec les élus du personnel (2) dans les entreprises où les syndicats ne parviennent pas à s'implanter.

1. Le monopole syndical de négociation des conventions collectives

613. Articulation des fonctions entre syndicats et élus du personnel – Ce monopole repose sur l'application combinée des art. L. 132-2 (art. L. 2231-1 C. trav.) et L. 411-17 (art. L. 2132-2 C. trav.); il s'exprime à tous les niveaux de négociation et réserve aux seuls groupements syndicaux le droit de participer aux négociations. En conséquence, les "textes" approuvés directement par la majorité des salariés ou conclus par des associations de salariés ne peuvent avoir valeur de convention collective. Échappent également à cette qualification les accords que l'employeur négocie parfois avec les élus – notamment ceux des comités d'entreprise – pour contourner la présence syndicale: sans être nuls, ces accords, qualifiés d'atypiques, peuvent engager l'employeur auprès des personnels; leur force obligatoire est fondée sur la théorie de l'engagement unilatéral. En revanche, ils ne peuvent créer des obligations à la charge des salariés, les élus signataires n'ayant pas juridiquement le pouvoir d'engager l'ensemble des salariés.
Toutefois, dans l'entreprise, ce monopole de négociation attribué aux syndicats représentatifs doit être mis en œuvre dans le respect des prérogatives de la représentation élue, notamment des comités d'entreprise à chaque fois que la négociation porte sur l'un des nombreux domaines où le comité d'entreprise doit être consulté. La jurisprudence considère à ce sujet [1] que la «*décision du chef d'entreprise doit être précédée par la consultation du comité, sans qu'il y ait lieu de distinguer selon que la décision en cause est une décision unilatérale ou prend la forme d'une négociation d'un accord d'entreprise portant sur l'un des objets soumis légalement à l'avis du comité d'entreprise*». Se pose alors la question du moment de la consultation: la Cour de cassation indique que «*cette consultation doit avoir lieu concomitamment à l'ouverture de la négociation, et au plus tard avant la signature de l'accord*».

614. Exigence tirée de la représentativité – Pour être admis au rang des négociateurs, le groupement syndical doit aussi pouvoir faire état d'une représentativité. L'exigence n'est guère contraignante, le droit français pouvant se satisfaire d'une représentativité présumée. Cette conception extrêmement extensive de la représentativité a fait l'objet de critiques anciennes et répétées, une organisation minoritaire pouvant valablement conclure une convention collective. Des correctifs successifs ont été apportés pour pallier la faiblesse de représentativité des syndicats.

1. Cass. soc. 5 mai 1998.

Dans un premier temps (1982), le législateur a permis aux syndicats représentatifs majoritaires de s'opposer à l'application des accords dérogatoires – ceux qui proposent un aménagement de certains dispositifs légaux dans un sens qui n'apparaît pas nécessairement plus favorable pour les salariés –; il en allait ainsi en matière de modulation du temps de travail. Mais le législateur avait posé un seuil majoritaire trop élevé – calculé à partir de la majorité des voix des électeurs inscrits –, ce qui eut pour effet de bloquer le développement de ce droit de veto. Par la suite, le droit d'opposition fut élargi au domaine de la négociation de révision; après l'adoption de la loi du 31 déc. 1992, une convention collective pouvait être valablement révisée par un seul des signataires syndicaux initiaux. Mais les groupements non-signataires de l'accord de révision, qui avaient «recueilli les voix de plus de la moitié des électeurs inscrits lors des dernières élections au comité d'entreprise ou, à défaut, des délégués du personnel», pouvaient s'opposer à l'application du nouveau texte. Le droit d'opposition existait également au niveau professionnel et interprofessionnel: en l'absence d'élections à ce niveau, la majorité que devaient réunir les organisations opposantes se calculait à partir du nombre d'organisations syndicales représentatives «signataires ou adhérentes» de la convention ou de l'accord initial.

L'étape suivante a été marquée par la technique dite de la majorité d'engagement ou, à défaut, par celle du référendum dans la négociation de la réduction du temps de travail. Dans la loi du 19 janvier 2000, l'accord de réduction du temps de travail n'ouvrait droit à allégement de cotisations que s'il avait été signé par des syndicats dotés d'une représentativité renforcée (art. 19 V), calculée à partir de la majorité des voix exprimés lors des dernières élections professionnelles (comité d'entreprise ou, à défaut, délégués du personnel). À défaut d'accord majoritaire, un référendum pouvait être organisé à la demande d'une ou plusieurs organisations syndicales signataires: l'accord ouvrait droit à l'allégement s'il était approuvé par les salariés à la majorité des suffrages exprimés. Il en allait de même lorsque le projet définitif d'un accord collectif, préalablement à sa signature, avait été soumis à la consultation du personnel à l'initiative du ou des syndicats qui avaient l'intention de conclure le texte.

Ces différents aménagements n'avaient pas pour autant modifié l'ossature de notre système de négociation, le principe demeurant qu'un accord signé par une seule organisation représentative, fût-elle minoritaire, restait valide. Les critiques opposées à notre système de représentativité reprirent le dessus; les partenaires sociaux tentèrent au moyen d'une lettre paritaire d'élaborer de nouvelles règles qui, finalement, préfigurèrent la loi du 4 mai 2004: il a été institué un système de majorité d'opposition à tous les niveaux, mais les partenaires sociaux peuvent opter pour un système de validation majoritaire dans le cadre de la branche ou de l'entreprise:

a. au niveau interprofessionnel, les accords peuvent résulter de la signature d'une seule organisation syndicale représentative; leur validité est seulement subordonnée à l'absence d'opposition de la majorité des organisations syndicales de salariés représentatives dans le champ d'application de l'accord [art. L. 132-2-2, art. L. 132-2-2, I (art. L. 2232-2 C. trav.)].

b. Au niveau de la branche, les accords naissent aussi de la signature d'une seule organisation syndicale, leur validité étant, là encore, subordonnée à l'absence d'opposition de la majorité des organisations syndicales représentatives des salariés. Mais les partenaires sociaux peuvent aussi, par voie de convention collective ou d'accord professionnel étendu, préférer le système de la majorité d'engagement en subordonnant la validité des accords «*à leur signa-*

ture par une ou des organisations syndicales représentant une majorité de salariés de la branche» [art. L. 132-2-2, II (art. L. 2232-6 C. trav.]). L'appréciation de cette majorité peut se faire selon l'un de ces deux modes qu'il revient aux partenaires sociaux de choisir: soit il est prévu, pour mesurer la représentativité des organisations syndicales majoritaires, une consultation périodique des salariés de la branche, soit il est prévu de se référer aux résultats des dernières élections des comités d'entreprise ou, à défaut, des délégués du personnel.

c. Enfin, au niveau de l'entreprise, le système de la majorité d'opposition est également retenu à titre de principe et de manière généralisée, sans être réservé à la négociation des accords dérogatoires et des avenants de révision. La majorité dont il est question dans ce cadre se calcule à partir des voix «exprimés» au premier tour des élections; il n'est donc plus fait référence à une majorité calculée à partir des voix des électeurs «inscrits», comme le faisait le législateur dans le cadre de la négociation dérogatoire ou de révision. Mais il est possible d'instituer par accord de branche un système de majorité d'engagement, la convention ou l'accord d'entreprise devant alors être signé par une ou des organisations syndicales de salariés ayant recueilli au moins la moitié des suffrages exprimés au premier tour des dernières élections [art. L. 132-2-2, III (art. L. 2232-12 C. trav.)].

2. L'ouverture de la négociation aux élus du personnel

615. Premières brèches – Le monopole syndical de négociation fut mis en cause la première fois avec l'accord national interprofessionnel du 31 oct. 1995; ce texte institua deux nouveaux modes de négociation pour faciliter le dialogue social dans les entreprises dépourvues de délégués syndicaux: il rendit possible d'une part la négociation avec les élus, et d'autre part la négociation avec un salarié ordinaire, qui devait être mandaté par une organisation syndicale représentative. À l'origine, les critiques se firent nombreuses à l'égard du mode de négociation avec les élus, dont on dénonça l'illicéité au regard du monopole syndical reconnu par la loi. C'est pourquoi une intervention législative fut nécessaire pour le pérenniser: la loi du 12 nov. 1996 permit son développement à titre expérimental avec l'appui du Conseil constitutionnel, le monopole syndical de négociation des conventions collectives n'ayant pas valeur constitutionnelle. Cette loi autorisa la conclusion d'accords de branche investissant les représentants élus du personnel du pouvoir de négocier dans l'entreprise. Les élus ainsi habilités étaient amenés à «négocier la mise en œuvre de mesures dont l'application est légalement subordonnée à un accord collectif». Pour être qualifiés de conventions collectives, les textes négociés devaient ensuite être validés par une commission paritaire de branche instituée par l'accord de branche.

616. Évolutions – La négociation avec les élus fut peu utilisée, les syndicats craignant d'être dessaisis de leur pouvoir au profit d'élus isolés, mal renseignés, livrés à eux-mêmes ou sous influence patronale. C'est pourquoi la loi du 13 juin 1998 mis fin à cette expérience, préférant promouvoir le mode de négociation avec les salariés mandatés. Mais la loi du 19 janv. 2000 prit le parti de le relancer, en le réservant uniquement aux délégués du personnel dans des conditions restrictives: ces élus ne pouvaient intervenir pour négocier un accord de réduction du temps de travail que dans les entreprises de moins de 50 salariés, en l'absence de délégués syndicaux, faute d'accord de branche étendu ou agréé et à défaut de salariés mandatés. Était ainsi marqué le caractère subsidiaire de cette ouverture de la négociation aux élus du personnel. Par ailleurs, l'accord conclu avec les élus n'était pas directement applicable. Il devait être approuvé par la majorité du personnel et validé, dans les trois mois suivant cette approbation, par une commission nationale de branche ou par une commission paritaire locale.

617. Aujourd'hui – Depuis la loi du 4 mai 2004, le mode de négociation avec les élus peut être généralisé à tous les domaines de négociation, dès lors qu'un accord l'autorise, et a été même préféré à la technique du mandatement.

B. L'habilitation des négociateurs

618. Mode d'habilitation général – D'une manière générale, l'al. 1 de l'art. L. 132-3 (art. L. 2231-2 C. trav.) dispose que les représentants des organisations syndicales de salariés contractent «au nom de l'organisation qu'ils représentent» en vertu:
– soit d'une stipulation statutaire de cette organisation;
– soit d'une délibération spéciale de cette organisation;
– soit de mandats spéciaux et écrits qui leurs sont donnés individuellement par tous les adhérents de cette organisation.
En revanche les groupement d'employeurs déterminent eux-mêmes leur mode de délibération.

619. Délégué syndical – Dans l'entreprise, le syndicat est présent par l'intermédiaire de son délégué syndical. Cette personne est investie par la loi [art. L. 412-11 al. 1 (art. L. 2143-3 C. trav.)] d'une mission générale de représentation du syndicat qui l'a désigné auprès du chef d'entreprise. Il ne peut donc être écarté de la négociation. Du seul fait de sa désignation, il dispose du pouvoir de conclure les conventions collectives.

620. Mandatement – Dans les entreprises ne connaissant pas de délégation syndicale, on s'est demandé s'il était possible qu'une organisation syndicale extérieure à l'entreprise – mais représentative de ses personnels par l'effet d'une affiliation auprès de l'une des cinq confédérations – mandate un salarié ordinaire auprès de l'employeur pour engager la négociation. Le juge [1] et les partenaires sociaux [2] y furent favorables. Cette technique dite du «mandatement» reçut également l'aval du Conseil constitutionnel, lorsqu'il fut amené à connaître de la loi du 12 nov. 1996. Le législateur de 1998 facilita sa mise en œuvre dans le cadre de la négociation de réduction du temps de travail – en supprimant l'exigence préalable d'un accord de branche qu'avait posée la loi du 12 nov. 1996 – et dota de droit les mandatés d'une protection contre le licenciement. La loi du 19 janvier 2000 ne se démarqua pas de cette ligne de conduite: elle prit le parti d'améliorer le statut des salariés mandatés, en en faisant également un instrument au service de la réduction négociée du temps de travail.
Avec la loi du 4 mai 2004, le mandatement fait son entrée dans le Code du travail, mais ne peut être mis en œuvre qu'à défaut d'élus du personnel dûment constaté par un constat de carence: est ainsi consacré le caractère subsidiaire de ce mode de négociation [art. L. 132-26 (art. L. 2232-5 C. trav.)]. L'employeur qui souhaite engager des négociations avec un salarié mandaté doit en informer

1. Arrêt Charre du 25 janvier 1995.
2. ANI du 31 oct. 1995.

les organisations syndicales au niveau départemental ou local, chacune d'entre elles ne pouvant mandater qu'un salarié ; ce dernier doit être membre de l'entreprise et bénéficie d'une protection contre le licenciement pendant une période de 12 mois à compter de la date à laquelle le mandat prendra fin ; les salariés qui, en raison des pouvoirs qu'ils détiennent, peuvent être assimilés au chef d'entreprise et ceux qui lui sont apparentés ne peuvent recevoir un tel mandatement. L'accord signé par le ou les salariés mandatés doit ensuite avoir été approuvé par les salariés à la majorité des suffrages exprimés, sous peine d'être considéré comme non écrit. Il doit enfin faire l'objet d'un dépôt auprès de l'administration.

§ 2. *La partie patronale*

621. Convention collective ordinaire – Les groupements patronaux n'adoptent pas nécessairement la forme syndicale et n'ont pas à prouver leur représentativité. En effet, les conventions collectives ordinaires s'appliquent aux employeurs qui les signent ou y adhèrent [art. L. 132-25 (art. L. 2261-6 C. trav.)] ; elles deviennent également obligatoires pour les membres des organisations signataires et pour les membres des organisations adhérentes. Encore faut-il que les entreprises concernées soient comprises dans le champ d'application territorial et professionnel du texte. Si tel n'est pas le cas, un employeur peut tout de même décider d'appliquer volontairement la convention collective.

622. Convention collective étendue – La négociation des conventions susceptibles d'extension nécessite en revanche la présence d'organisations patronales représentatives. L'exigence de représentativité s'explique ici par la généralisation du texte, par l'effet de l'extension, à l'ensemble des entreprises comprises dans le champ considéré, sans qu'il soit fait de distinction entre les signataires et les non-signataires, entre les entreprises des groupements signataires ou adhérents et celles qui n'en font pas partie. Les accords nationaux interprofessionnels, les conventions et accords de branche professionnelle doivent, pour être étendus, avoir été négociés et conclus en commissions paritaires composées de représentants des organisations d'employeurs et de salariés représentatifs dans le champ d'application considéré [art. L. 133-1 al. 1 (art. L. 2261-19 C. trav.)].

623. Convention collective d'entreprise – Dans l'entreprise, le chef d'entreprise n'est pas toujours disposé à négocier et conclure en personne une convention collective. Il se fait le plus souvent représenter par un de ses collaborateurs. Ce représentant n'est pas tenu de faire état d'un mandat spécial : une délégation générale du chef d'entreprise suffit à fonder son pouvoir.

Section II - Objet et modalités de la négociation

Il existe dans le Code du travail plusieurs obligations de négocier dont il faut relever le caractère obligatoire (§ 1) ; ce qui signifie que la partie patronale est tenue d'engager la négociation sur des thèmes que fixe le législateur ; mais ces obligations restent de moyens, les employeurs n'étant nullement obligés de conclure. Pour être valable et opposable aux salariés, la convention collective doit respecter des formes et modalités particulières (§ 2) ; la négociation des conventions collectives susceptibles d'extension obéit enfin à des particularités qu'il convient de présenter (§ 3).

§ 1. *Négociation obligatoire et facultative*

624. Fondements – En 1982 fut consacré dans le Code du travail un droit à la négociation collective, droit qui était déjà formulé en termes généraux dans le Préambule de la Constitution. La loi en a tiré la conséquence que pesait sur les parties une obligation périodique de négocier, pénalement sanctionnée. Celle-ci existe dans la branche et l'entreprise.

625. Niveaux interprofessionnel et professionnel – Au niveau interprofessionnel et professionnel, les sujets abordés par les négociateurs ne sont pas limités; toutefois, les conventions et accords conclus à ces niveaux doivent nécessairement contenir certaines clauses concernant les modalités de la négociation, l'institution de commissions paritaires d'interprétation [L. 132-17 al. 2 (art. L. 2232-4 C. trav.)] et d'observatoires paritaires de la négociation [art. L. 132-17-1 (art. L. 2232-10 C. trav.)]. En vue d'assurer une périodicité de la négociation et une adaptation des accords aux conditions économiques et sociales, la loi du 13 nov. 1982 a mis en place, au niveau des branches professionnelles, une obligation annuelle de négocier les salaires et une obligation quinquennale de négocier la révision des classifications. L'art. L. 934-2 (art. L. 2241-6 C. trav.) oblige également à négocier tous les trois ans les objectifs et les moyens de la formation professionnelle des salariés; s'y ajoute l'obligation de négocier tous les 3 ans sur l'égalité professionnelle entre hommes et femmes [art. L. 132-12 al. 3 (art. L. 2241-3 C. trav.)], sur les conditions de travail et la gestion prévisionnelle des emplois et des compétences des salariés âgés et sur la pénibilité du travail (loi du 31 août 2003), ou encore sur l'accès à l'emploi, les conditions d'emploi et la formation des travailleurs handicapés (loi du 11 fév. 2005). Enfin l'obligation de négocier au moins tous les 5 ans, en l'absence d'accord sur le sujet, sur les plans d'épargne salariale interentreprises a été consacrée par la loi du 21 août 2003.

626. Entreprise – Dans l'entreprise, le législateur a institué en 1982 une obligation annuelle de négocier en matière de salaires effectifs, de durée effective et d'organisation du temps de travail. Depuis lors, les thèmes de négociations obligatoires n'ont pas cessé de se multiplier: tous les trois ans, il y a lieu de négocier, dans les entreprises d'au moins 300 salariés, les modalités d'information et de consultation du comité d'entreprise sur la stratégie globale de l'entreprise et sur la gestion prévisionnelle de l'emploi et des compétences ainsi que les mesures d'accompagnement (loi du 18 janvier 2005); doivent aussi être négociés tous les 3 ans, dans les mêmes entreprises, l'accès et le maintien dans l'emploi et l'accès à la formation des salariés âgés (loi du 18 janvier 2005). Il existe enfin une obligation de négocier annuellement sur l'insertion professionnelle, l'emploi et les conditions de travail des travailleurs handicapés (loi du 11 février 2005), de même que sur les objectifs en matière d'égalité professionnelle entre les femmes et les hommes dans l'entreprise et sur les mesures permettant de les atteindre (loi du 9 mai 2001).

L'initiative de la négociation revient en principe à l'employeur qui, chaque année, doit convoquer les délégués syndicaux. À défaut d'initiative patronale «depuis plus de 12 mois depuis la dernière négociation», un syndicat peut obliger l'employeur à ouvrir la négociation. À l'issue de la négociation, si aucun accord n'aboutit, l'employeur établit un procès-verbal de désaccord dans lequel sont consignées les propositions respectives des parties et les mesures que l'employeur entend appliquer unilatéralement [art. L. 132-29 al. 2 (art. L. 2242-4 C. trav.)]. L'employeur qui n'engage pas la négociation ou qui viole les obligations mises à charge dans le cadre de la négociation (refus de fournir des informations, décisions unilatérales pendant le cours de la négociation) engagera sa responsabilité pénale, voire sa responsabilité civile délictuelle à l'égard des salariés et de leurs syndicats. Il est possible d'obtenir du juge des référés la cessation du trouble manifestement illicite résultant du refus de négocier et du refus de fournir les informations nécessaires au dialogue, ou encore de la prise de décisions unilatérales pendant le cours de la négociation.

627. Obligation de négocier de bonne foi – Les négociations doivent être conduites loyalement : tous les syndicats représentatifs doivent être appelés à la négociation et tant qu'elle est en cours, l'employeur ne peut prendre de décision unilatérale. Mais négocier n'est pas conclure : seul l'échange des signatures fait naître la convention. Obligatoire ou facultative, la négociation peut échouer.

§ 2. *Formes et publicité de la convention conclue*

628. Exigence d'un écrit – La convention collective doit être passée, à peine de nullité, par écrit ; y figure la signature des parties qui ont pu se faire représenter par une personne physique habilitée à cet effet. La langue française doit être utilisée : le non-respect de cette obligation conduit à l'inopposabilité du texte conclu aux salariés à qui il ferait grief.

629. Exigence d'un dépôt – La convention doit faire l'objet d'un dépôt par la partie la plus diligente auprès de la Direction départementale du Travail, de l'Emploi et de la Formation Professionnelle (DDTEFP), en 5 exemplaires, et du secrétariat-greffe du conseil de prud'hommes, en un seul exemplaire. Celle-ci entrera en vigueur le jour qui suit le dépôt, à moins que les parties n'aient décidé de différer son application [art. L. 132-10 al. 4 (art. L. 2262-8 C. trav.)]. Le non-respect de cette formalité de dépôt est sanctionné par l'inopposabilité de la convention.

630. Exigence d'un avertissement – L'employeur doit ensuite avertir les salariés au moyen d'un affichage de l'existence des conventions collectives applicables [art. L. 135-7 (art. L. 2262-5 C. trav.)], sauf si un accord professionnel ou une convention de branche en dispose autrement. Un exemplaire des textes doit être mis à la disposition du personnel. L'avis indiquant cette possibilité de mise à disposition doit préciser l'intitulé des textes, le lieu où ils sont à la disposition du personnel ainsi que les modalités propres à permettre à tout salarié de l'établissement de les consulter, pendant son temps de présence sur le lieu du travail. Le non-respect de cette obligation d'affichage peut conduire à rendre la convention inopposable aux salariés.

631. Exigence d'une mention sur le bulletin de paie – La convention collective applicable doit enfin figurer sur le bulletin de paie (art. R. 143-2, 3e C. trav.), sous peine d'amende (art. R. 153-1 C. trav.) et de dommages-intérêts. Si l'employeur se trompe dans le rattachement de son personnel à telle ou telle convention collective, le salarié pourra se prévaloir de la convention figurant sur son bulletin de paie, même si elle ne correspond pas à l'activité principale de l'entreprise – sauf en matière de relations collectives, pour lesquelles seule la convention collective déterminée par l'activité principale de l'entreprise est applicable –. Par ailleurs, «*l'indication de la convention collective dans le contrat de travail ne saurait interdire au salarié d'exiger l'application de la convention à laquelle l'employeur est assujetti compte tenu de son activité principale, dès lors que celle-ci lui est plus favorable*» (Cass. soc. 18 juil. 2000).

§ 3. *Extension et élargissement des conventions et accords collectifs*

632. Extension – Le ministre du travail peut étendre l'application d'une convention collective à toutes les entreprises d'un même secteur géographique et professionnel [art. L. 133-8 al. 1 (art. L. 2261-15 C. trav.)]. Cette extension n'est possible qu'à l'égard des conventions négociées au sein de commissions paritaires, composées des représentants des organisations syndicales et patronales représentatives dans le champ d'application considéré. La convention appelée à être étendue peut aussi être négociée au sein d'une commission mixte paritaire, composée des représentants des organisations syndicales et patronales et présidée par un représentant de l'État. Les textes susceptibles d'être étendus contiennent nécessairement les clauses désignées à l'art. L. 133-5 (art. L. 2261-22 C. trav.), éventuellement celles de l'art. L. 133-7 (art. R. 2261-3 C. trav.).

La procédure d'extension est engagée à l'initiative d'une des organisations syndicales ou patronales représentatives ou à l'initiative du ministre chargé du travail, après avis motivé d'une commission particulière, la commission nationale de la négociation collective.

À la suite de l'extension, le texte sera applicable à toutes les entreprises du secteur professionnel et géographique, même à celles qui ne sont pas affiliées aux organisations signataires. Même étendue, la convention collective peut faire l'objet d'une dénonciation, laquelle aura pour effet de rendre l'arrêté d'extension caduc [art. L. 133-15 (art. L. 2261-28 C. trav.)].

633. Élargissement – Comparable à l'extension, l'élargissement a pour effet d'étendre l'application d'une convention collective. Il s'en distingue toutefois en opérant une modification du champ territorial et professionnel de la convention: la convention élargie devient en effet applicable dans une région ou un secteur d'activité où il n'existait aucune couverture conventionnelle.

Section III - Engagements des parties et sanctions de leur inexécution

En tant que contrat, la convention ou l'accord collectif est le support d'engagements qui, parfois, s'inscrivent dans un cadre synallagmatique (§ 1). Des sanctions civiles et pénales viennent garantir l'effectivité de ces engagements (§ 2).

§ 1. *Engagements pris*

634. Application au profit des salariés – Traditionnellement, les engagements pris dans un accord collectif pèsent essentiellement sur la partie patronale:

l'employeur s'engage auprès des syndicats à appliquer l'accord collectif aux contrats individuels. Ce qui signifie également que, dans les rapports entre l'employeur et les salariés, on sort d'un cadre purement contractuel pour expliquer différemment les effets de l'accord collectif : à l'égard des salariés, l'accord collectif développe, pour tout ce qui a trait à la réglementation du travail et aux garanties sociales, des effets de caractère normatif. On l'explique en indiquant que l'accord collectif s'applique aux salariés de manière impérative, immédiate et automatique :

1. l'effet impératif conduit à empêcher qu'un salarié puisse échapper à l'application de la convention collective dès son entrée en vigueur.

2. L'effet immédiat se traduit par l'absence de différence entre les salariés présents avant l'entrée en vigueur du texte et ceux qui sont arrivés postérieurement; ce qui signifie que l'accord collectif s'applique même aux contrats de travail en cours, pas seulement à ceux qui seront ultérieurement conclus.

3. L'effet automatique implique que le texte vaille pour tous les contrats de travail, sans que son application nécessite ou entraîne la modification des contrats de travail [1].

635. Engagements entre l'employeur et les syndicats – L'effet normatif de la convention collective à l'égard des salariés ne doit pas masquer la dimension contractuelle de la convention : elle est avant tout un contrat obligeant les parties signataires – la partie patronale et les organisations syndicales de salariés – et développe à ce titre des effets contractuels. Les clauses qui n'engagent que les signataires ont trait, par exemple, à l'administration de l'accord (renouvellement des conventions à durée déterminée, révision ou dénonciation des accords) ou à la mise en place d'institutions paritaires nouvelles intervenant en matière de formation professionnelle, en matière disciplinaire, etc…

Mais certaines clauses peuvent aussi servir à renforcer les moyens mis à la disposition des syndicats ou à améliorer les institutions représentatives du personnel; dans ce cas particulier, on rencontre une exception à l'effet contractuel de l'accord: les clauses venant améliorer des droits existants sont applicables de plein droit à tous, sans qu'il soit fait de distinction entre les signataires et les non-signataires de la convention collective [2].

Les conventions collectives contiennent aussi parfois des clauses dites de paix sociale, dont l'objet est de garantir un bon climat social (l'absence de grève) pendant la durée de l'exécution de l'accord ; mais ces clauses ne lient que les syndicats signataires, et sont inopossables aux salariés dont le droit constitutionnel de grève ne peut être limité que par la loi (Soc. 7 juin 1995). En toute hypothèse, même en l'absence de clause de ce type, les parties signataires sont tenues de ne rien faire qui soit de nature à compromettre l'exécution loyale de la convention. Elles ne sont toutefois garantes de cette exécution que dans la mesure déterminée par la convention ou l'accord.

636. Engagements sur l'emploi – La situation de l'emploi a quelque peu transformé le contenu de la convention collective, en brouillant la frontière traditionnellement établie entre le «normatif» et le «contractuel». De nouveaux types d'engagements sont apparus dans le cadre d'accords sur l'emploi: ces derniers donnent

1. V. *infra* Chap II : la convention collective comme règlement.
2. Cass. soc. 20 nov. 1991 ; 29 mai 2001.

naissance à des obligations nouvelles de l'employeur en échange de renonciations ou concessions des salariés. Les articles 1134 et 1147 du Code civil sont appelés en renfort pour assurer l'exécution de ces accords. Cette situation nouvelle intéresse d'abord le salaire et la durée du travail: en contrepartie d'un engagement sur l'emploi, la partie salariale abandonnera une prime, un 13e mois, renoncera à toute augmentation de salaire pendant une certaine période ou se verra imposer une réduction de la durée du travail sans compensation. Cette configuration peut aussi concerner l'organisation du travail: en contrepartie d'un maintien ou d'une création d'emploi, la partie salariale admettra qu'une équipe pourra travailler le vendredi, le samedi, le dimanche, ou consentira à l'annualisation du temps de travail. En échange, la partie patronale promet de recruter, renonce à un licenciement projeté ou à la fermeture d'un site. Elle peut s'engager à maintenir l'emploi pendant un an, deux ans. Les lois de Robien et Aubry ont stimulé ce type d'accords (généralement conclu au niveau d'une entreprise ou d'un groupe). Des problèmes juridiques nombreux sont posés par ces accords. Quelle est – en effet – la portée pratique des engagements de l'employeur ?

§ 2. *Sanctions de l'inexécution*

637. Actions civiles des salariés – Aux termes de l'art. L. 135-6 (art. L. 2262-11 C. trav.), les personnes liées par la convention collective peuvent «intenter toute action visant à obtenir l'exécution des engagements contractés et, le cas échéant, des dommages-intérêts» contre les personnes et groupements, liés par la convention, qui «violeraient à leur égard ces engagements». De caractère individuel, cette action doit être exercée devant le conseil de prud'hommes si le salarié se contente d'invoquer à son profit un droit particulier issu de la convention. Mais si la demande du salarié tend à obtenir l'application générale de la convention collective, il devra saisir le tribunal de grande instance, seul compétent en matière de litiges collectifs.

Le législateur met également à la disposition des syndicats de salariés une action dite de substitution, leur permettant d'agir en faveur de leurs membres, sans mandat de leur part, pour faire valoir leurs droits nés de la convention collective [art. L. 135-4 al. 1 (art. L. 2262-9 C. trav.)]. Dans le cadre de cette action, les syndicats se contentent de demander le respect des droits individuels d'un salarié clairement identifié: cela revient à exercer l'action individuelle du salarié en ses lieux et place.

638. Actions civiles des syndicats – Les organisations syndicales peuvent d'abord, sans commettre de faute, refuser d'exécuter les dispositions conventionnelles les concernant, si l'employeur manque à ses propres obligations; elles mettent alors en œuvre le procédé de l'exception d'inexécution: un syndicat de salariés peut ne pas respecter une «clause de paix sociale» (de toute façon inopposable aux salariés) et appeler à la grève, si l'employeur ne respecte pas lui-même la convention.

Les organisations syndicales peuvent également agir en exécution de l'engagement violé devant le tribunal de grande instance: aux termes de l'article L. 135-5 (art. L. 2262-11 C. trav.), «*Les organisations ou groupements ayant la capacité d'ester en justice, liés par une convention ou un accord collectif de travail, peuvent en leur nom propre intenter contre les autres organisations ou groupements, leurs propres membres ou toute personne liée par la convention ou l'accord, toute action visant à obtenir l'exécution des engagements contractés et, le cas échéant, des dommages-intérêts*». En principe, l'action ouverte sur le fondement de l'art. 135-5 (art. L.

2262-11 C. trav.) ne peut être exercée que par les syndicats signataires de la convention collective inappliquée. Toutefois, dans un arrêt rendu le 12 juin 2001, il était question d'obtenir en justice une convention collective ayant fait l'objet d'un arrêté d'extension, dont l'effet principal était de rendre l'acte conventionnel applicable à tous les salariés et employeurs compris dans son champ d'application. L'accord collectif étendu devant bénéficier à un ensemble d'employeurs qui dépassait le cercle des seules entreprises signataires ou membres des organisations signataires, ne fallait-il pas également élargir le cercle des groupements habilités à agir en exécution, en l'ouvrant à des syndicats non-signataires de l'accord? Adoptant une logique reposant sur le caractère réglementaire de l'accord litigieux et sur le droit de tout syndicat légalement formé d'agir en justice pour obtenir réparation du préjudice causé à l'intérêt collectif de la profession, la Cour de cassation n'a pas hésité à le faire: «*Indépendamment des actions réservées aux syndicats par les art. L. 135-4 (art. L. 2262-9 et 2262-10 C. trav.) et L. 135-5 (art. L. 2262-11 C. trav.), en cas d'extension d'une convention ou d'un accord collectif qui a pour effet de rendre les dispositions étendues applicables à tous les salariés et employeurs compris dans leur champ d'application, les syndicats professionnels sont recevables à en demander l'exécution sur le fondement de l'art. L. 411-11 (art. L. 2132-3 C. trav.), leur non-respect étant de nature à causer nécessairement un préjudice à l'intérêt collectif de l'ensemble de la profession*». Est apparue dans un premier temps une distinction entre les actions en exécution que peuvent exercer les syndicats: à côté des actions réservées, sur le fondement de textes particuliers, à certains syndicats – notamment celles de l'art. L. 135-5 (art. L. 2262-11 C. trav.) –, il devenait nécessaire d'ouvrir à tout syndicat l'action consistant à demander l'exécution d'une convention ou d'un accord collectif étendu. Mais cet arrêt posait le problème de savoir si, à terme, cette nouvelle conception de l'action en justice ne méritait pas d'être élargie au domaine de l'exécution des conventions collectives « ordinaires » (non étendues) et des conventions collectives d'entreprise. C'est chose faite depuis l'arrêt du 3 mai 2007 qu'a rendu la chambre sociale de la Cour de cassation.

Les syndicats signataires peuvent aussi se limiter à demander réparation sur le fondement des dispositions relatives à la responsabilité contractuelle (art. 1147 C. civ.). On ne saurait également écarter l'hypothèse d'une action en résolution d'un accord pour inexécution. Les syndicats peuvent enfin demander l'annulation de telle clause ou de la convention elle-même.

Enfin, lorsqu'une action née de la convention collective est intentée par une personne, les syndicats dont les membres sont liés par le texte litigieux peuvent, par ailleurs, «*intervenir à l'instance engagée, à raison de l'intérêt collectif que la solution du litige peut présenter pour ses membres*» [art. L. 135-4 al. 2 (art. L. 2262-10 C. trav.)] : il s'agit alors ici d'une action en forme d'intervention permettant de demander réparation du préjudice porté à l'intérêt collectif des seuls membres du syndicat intéressé, non pas de la profession dans son ensemble.

639. Actions pénales des salariés – Le non-respect d'une convention collective par l'employeur n'est puni pénalement qu'en ce qui concerne les dispositions sur les salaires issues d'un accord de branche (art. R. 153-2 C. trav.) et les infractions aux accords dérogatoires (art. L. 153-1 C. trav.); peut également être poursuivi pénalement l'employeur qui méconnaît l'obligation annuelle de négocier dans l'entreprise dans les conditions de l'art. L. 153-2 (art. L. 2243-1 et L. 2243-2 C. trav.).

640. Action de l'employeur – Lorsque le manquement est imputable aux syndicats de salariés, l'employeur n'est pas autorisé à faire jouer l'exception d'inexécution ou à demander la résolution de la convention collective, car le personnel – qui n'est pour rien dans ces manquements – serait indirectement sanctionné; la faute des syndicats ne doit pas affecter la situation personnelle des salariés.

L'employeur peut toutefois exercer une action judiciaire en exécution contre les syndicats fautifs; il pourrait également suspendre l'exécution des seuls engagements qu'il a pris à leur égard (participation à une institution paritaire par exemple).

641. Particularités des engagements sur l'emploi – À la question de savoir ce que vaut l'engagement de ne pas licencier, le juge a d'abord apporté une réponse nuancée. Dans une affaire Potain [1], malgré l'engagement pris par l'employeur de ne pas licencier pendant un certain délai, les licenciements ont été reconnus valables, les circonstances économiques s'étant modifiées. Que vaut dans ces conditions une promesse de ne pas licencier? Elle n'a de valeur que si elle procède d'un engagement précis, inscrit dans une durée déterminée (l'employeur ne pouvant renoncer définitivement au droit de résilier les contrats de travail). Dans l'arrêt Géophysique [2], l'ancienne convention prévoyait une prime d'un montant donné; une nouvelle convention prévoyait une prime moindre, mais assurait en échange le maintien des salariés dans leur emploi menacé. Les salariés demandaient l'application de la première convention, plus favorable selon eux. Mais la Cour de cassation ayant estimé que le maintien des emplois était plus favorable que le maintien de la prime, la nouvelle convention prévoyant sa réduction devait être appliquée.
Le problème s'est également posé de savoir qui était bénéficiaire d'un engagement sur l'emploi. Dans la plupart des cas, la rédaction de ces accords ne permet pas d'identifier des bénéficiaires précis. Il n'empêche que l'engagement a été pris à l'égard non pas seulement des syndicats, mais également des salariés individus; c'est pourquoi la jurisprudence les autorise à demander réparation du manquement patronal et l'exécution de l'accord sur le fondement des articles 1134 et 1147 C. civ. Dans l'arrêt Case- France [3], il était question d'un licenciement pris en violation d'un accord de ne pas licencier; le juge a caractérisé un manquement à l'obligation d'exécuter de bonne foi les accords (art. 1134 al. 3 C. civ.). Une deuxième affaire jugée le 22 janvier 1998 [4] a montré que l'employeur devait réparation du préjudice collectivement ou individuellement éprouvé: il était question dans cette espèce d'une réduction de salaires en échange du maintien d'un site industriel. L'employeur avait pourtant procédé à la fermeture du site; les victimes obtinrent réparation du préjudice par application de l'article 1147 C. civ. (responsabilité contractuelle).

642. à 649. - Réservés

1. Cass. soc. 13 déc. 1995.
2. Cass. soc. 19 fév. 1997.
3. Cass. soc. 1er avril 1997.
4. Arrêt Briou du 22 janv. 1998.

chapitre 2 La convention collective comme règlement

La convention collective est destinée à régir les contrats individuels et s'applique comme le ferait une norme réglementaire (section II) ; mais à la différence d'un règlement *stricto sensu*, son champ d'application («niveau») est variable, et la convention collective n'a pas nécessairement un caractère permanent («durée») (section I).

Section I - Niveau et durée

Les conventions collectives se distinguent par leur niveau de négociation (§ 1). Leur durée d'application est fonction du choix initial des parties – les partenaires pouvant lui donner une durée déterminée ou une durée indéterminée – et, lorsqu'elle est conclue à durée indéterminée, des évènements – révision, dénonciation, mise en cause – peuvent affecter son application (§ 2).

§ 1. *Niveaux*

La pluralité des niveaux de négociation collective (A) pose le problème de l'articulation des accords obtenus à chacun de ces niveaux (B).

A. Typologie des niveaux de négociation

650. Niveau national et interprofessionnel – À ce niveau sont négociés des accords nationaux interprofessionnels – ANI – sur des questions générales mettant en œuvre une solidarité entre toutes les entreprises de France: tel est le cas des accords qui ont créé le régime d'assurance chômage et les régimes complémentaires de retraite et de prévoyance des cadres et des salariés. L'institution créée a été ensuite gérée paritairement. L'ANI du 6 septembre 1995, dit «préretraites contre embauches» (ARPE) constitue un exemple du même type.
L'ANI peut également être à l'origine de stratégies permettant d'orienter les négociations de branche professionnelle (accords-cadres). Il n'est pas rare également qu'un ANI permette de préparer une réforme législative: tel a été le cas de la loi du 12 novembre 1996 – qui a été précédée d'un ANI du 31 oct. 1995, – et de la loi du 4 mai 2004 – qui a été précédée d'un ANI du 20 septembre 2003 sur la formation professionnelle. L'ANI joue alors le rôle de critique et de stimulation du travail législatif ou de la négociation de branche.

651. Niveau international – La négociation engagée au niveau international est du même type que celle s'établissant au niveau national et interprofessionnel: il s'agit également d'une négociation de principes, plus que de réglementation. Depuis le traité de Maastricht (1992), la négociation collective européenne est encouragée sous forme soit d'un accord-cadre repris ensuite par les négociateurs nationaux, soit d'un accord soumis au conseil des ministres de l'UE qui le transforme en directive; a notamment suivi ce cheminement l'accord sur le comité d'entreprise européen.

652. Niveau professionnel – À ce niveau sont conclus des accords permettant d'offrir aux salariés concernés des garanties minimales; les accords professionnels ont longtemps joué un rôle de régulation économique et sociale entre les entreprises de la branche. Mais la loi du 4 août 2004 leur a fait perdre cette importance, la convention ou l'accord d'entreprise pouvant comporter des dispositions dérogeant en tout ou partie à celles qui lui sont applicables en vertu d'une convention ou d'un accord couvrant un champ territorial ou professionnel plus large; on notera toutefois que la dérogation aux accords professionnels reste impossible en matière de salaires minima, de classifications, de garanties collectives et de mutualisation des fonds recueillis au titre du livre IX (devenu partie VI C. trav.).

653. Niveau du groupe – Pendant longtemps, la jurisprudence a minimisé l'importance de ce niveau de négociation en empêchant qu'un accord de groupe puisse faire échec à l'application des conventions collectives de branche correspondant à l'activité principale de chaque entreprise. Depuis lors, la loi du 4 mai 2004 a consacré l'existence du groupe comme niveau de négociation: le législateur reconnaît que des conventions ou des accords collectifs puissent être négociés à ce niveau entre, d'une part, l'employeur de l'entreprise dominante ou un ou plusieurs représentants, mandatés à cet effet, des employeurs des entreprises concernées par le champ de la convention ou de l'accord et, d'autre part, les organisations syndicales de salariés représentatives, au sens de l'art. L. 132-2 (art. L. 2231-3 C. trav.), dans le groupe ou dans l'ensemble des entreprises concernées par le champ de la convention ou de l'accord [art. L. 132-19-1 (art. L. 2232-30 C. trav.)]. Il peut être question, à travers ce type de négociation, d'unifier les conditions de travail entre les entreprises du groupe, mais l'accord de groupe ne pourra toutefois déroger aux conventions de branche applicables à ces entreprises, sauf si ces conventions l'autorisent.

654. Niveau de l'entreprise et de l'établissement – À ce niveau – situé au plus près des salariés – sont conclus de très nombreux accords et conventions permettant de répondre aux préoccupations de chacun; aucun sujet n'est écarté; déjà en plein essor, ce niveau de négociation est appelé à se développer davantage, en raison notamment des dérogations que les partenaires sociaux peuvent instituer au regard du statut collectif élaboré au niveau professionnel et interprofessionnel. On s'est demandé si l'employeur était libre de choisir le niveau de l'entreprise ou celui de l'établissement. Pour la Chambre sociale de la Cour de cassation [1], l'art. L. 132-27 (art. L. 2242-8 et s. C. trav.) prévoit en principe l'engagement de la négociation obligatoire au niveau de l'entreprise; mais l'employeur peut aussi choisir le niveau de l'établissement si aucune organisation syndicale représentative au niveau de l'entreprise ne s'y oppose. Pour la chambre criminelle [2], cette décentralisation de la négociation n'est possible que si elle s'organise dans tous les établissements, avec pour seuls interlocuteurs les représentants des organisations syndicales.

B. Articulation des niveaux de négociation

655. Hier – Avant la loi du 4 mai 2004, les partenaires sociaux devaient toujours veiller à ne pas contredire une disposition contenue dans une convention collective conclue à un niveau supérieur. On expliquait cette hiérarchie par le principe de l'ordre public social que l'on trouve à l'art. L. 132-4 (art. L. 2251-1 C. trav.) – dit également principe de faveur – et qui conduisait, en vertu des anciens art. L. 132-13 C. trav. et L. 132-23 (dans leur rédaction antérieure à la loi du 4 mai 2004), à adapter les accords et conventions collectifs aux dispositions conventionnelles couvrant un champ territorial ou professionnel plus large.

656. Aujourd'hui – Désormais, le législateur autorise les partenaires sociaux à conclure des accords et conventions dérogeant aux textes conventionnels couvrant un champ territorial ou professionnel plus large. Alors qu'elle était l'exception, cette possibilité de dérogation a été érigée en principe.

En vertu de l'art. L. 132-13 (art. L. 2252-1 C. trav.), il est possible de déroger à un accord national et interprofessionnel lorsque les signataires de ce texte ne s'y sont pas opposés; en conséquence, lorsque l'ANI ne dit rien sur son caractère impératif, ses clauses acquièrent automatiquement un caractère supplétif et les accords de niveau inférieur peuvent librement y déroger.

Les rapports entre un accord d'entreprise et un accord de branche s'organisent, en vertu du nouvel art. L. 132-23 (art. L. 2253-1 et s. C. trav.), sur le même mode: l'accord d'entreprise ou d'établissement peut lui-même s'écarter des dispositions conventionnelles d'un niveau supérieur; la convention de branche

1. Cass. soc. 21 mars 1990.
2. Cass. crim. 4 déc. 1990.

ne conserve un caractère irréductiblement impératif qu'en matière de salaire minima, de classifications, de garantie collective en matière de prévoyance et de mutualisation des fonds de la formation professionnelle.

657. Comparaison de conventions collectives – Il n'en demeure pas moins que la possibilité de déroger peut être fermée par les partenaires sociaux; il s'ensuit qu'une comparaison entre les conventions collectives devra être opérée dans cette hypothèse pour déterminer la clause considérée comme plus favorable; les principes en la matière demeurent inchangés: lorsque deux dispositions portent sur un même objet ou sur une même cause, il faut appliquer à la relation de travail une seule clause, celle qui est la plus avantageuse pour les salariés. Il n'est donc pas possible de cumuler, sur une même question, les avantages de chaque convention collective. Par ailleurs, l'appréciation de la clause la plus avantageuse est faite globalement vis-à-vis de l'ensemble du personnel et non pas vis-à-vis d'un salarié pris individuellement.

Il faut toutefois remarquer que dans les «accords donnant-donnant», (accords sur l'emploi, venant garantir le maintien des emplois en contrepartie d'une baisse de rémunération), la Cour de cassation n'a pas hésité à considérer le nouvel accord comme «globalement» plus favorable (arrêt Compagnie Générale de Géophysique de 1997).

§ 2. *Durée de la convention*

Il convient ici de distinguer la question de la périodicité de la négociation (A) de celle relative à la durée de la convention (B).

A. Périodicité de la négociation

658. Dans la branche – La loi fait obligation aux organisations liées par une convention de branche de négocier chaque année sur les salaires (minima), et au moins une fois tous les cinq ans sur les classifications (coefficients).

659. Dans l'entreprise – La loi fait obligation de négocier chaque année dans l'entreprise sur les salaires effectifs, la durée effective et l'organisation du temps de travail; l'employeur doit non pas seulement négocier avec les organisations représentatives, mais aussi prendre l'initiative de la négociation, sous peine d'être poursuivi pénalement s'il fait obstacle à cette négociation.

B. Durée d'application

660. Distinction – La durée d'application dépend de savoir si la convention est à durée déterminée ou à durée indéterminée.

661. Durée déterminée – Lorsqu'elle est conclue à durée déterminée, elle ne peut être supérieure à cinq ans. La convention collective ou l'accord à durée déterminée qui arrive à expiration continue à produire ses effets comme une convention ou un accord à durée indéterminée.

662. Durée indéterminée – Lorsqu'elle est conclue à durée indéterminée, la convention prend fin dans trois hypothèses différentes: sa révision, sa dénonciation, sa mise en cause.

663. Révision – La révision des conventions collectives est régie par l'art. L. 132-7 (art. L. 2222-5 et L. 2222-6 C. trav.), issu de la loi du 31 déc. 1992 et remanié

par la loi du 4 mai 2004. Le régime de la révision avait été modifié par le législateur pour réagir contre la jurisprudence Basirico [1] : la Cour de cassation estimait en effet que les salariés pouvaient continuer à se voir appliquer la convention collective d'origine, si cette dernière était jugée plus favorable et si la révision n'avait pas été décidée, du côté salarié, par tous les signataires initiaux.
Désormais, le législateur donne plein effet à la convention ou à l'accord révisé, dès lors qu'il recueille la signature d'au moins une des organisations signataires du texte initial. Toutefois, ce dernier ne rentrera en vigueur qu'en l'absence d'opposition de la part des organisations syndicales majoritaires qui n'en sont pas signataires. Sous l'empire de la loi du 31 déc. 1992, il était nécessaire que l'avenant de révision réduise ou supprime «*un ou plusieurs avantages individuels ou collectifs dont bénéficient les salariés en application de la convention ou de l'accord qui les fondent*» pour qu'il puisse justifier une opposition. Cette condition a disparu avec la loi du 4 mai 2004.

664. Dénonciation – La convention collective à durée indéterminée peut faire l'objet d'une dénonciation par l'une ou l'autre des parties signataires. Cette dénonciation doit émaner de la totalité des organisations ou employeurs signataires d'un côté ou de l'autre. Si la dénonciation n'est voulue que par une partie des signataires, la convention continue de produire ses effets entre les autres parties signataires. La dénonciation n'est possible que si elle porte sur la totalité du texte, sauf si la convention dénoncée prévoit elle-même la possibilité d'une dénonciation partielle. Elle doit enfin être notifiée aux autres signataires, ou aux personnes ayant autorité pour les représenter.
La convention régulièrement dénoncée continuera de produire provisoirement ses effets; à l'issue d'un délai d'un an, augmenté d'une durée de préavis de 3 mois, la convention disparaît si aucune négociation engagée en vue de la remplacer n'aboutit; les salariés ont toutefois droit au maintien des avantages individuels acquis qui, à l'issue du délai de 15 mois, s'intègrent aux contrats de travail. L'employeur qui souhaite revenir par la suite sur ces avantages doit engager une négociation auprès de chaque salarié pour obtenir la modification des contrats de travail; cette perspective de conservation des avantages individuels acquis constitue une forte incitation à négocier et à conclure, dans le délai de 15 mois, une convention ou un accord de remplacement.
Le législateur n'ayant pas défini la notion d'avantage individuel acquis, il est revenu au juge de statuer sur ce point; le caractère individuel de l'avantage individuel renvoie à l'objet de l'avantage: est individuel l'avantage qui s'offre à chaque salarié, indépendamment du reste de la collectivité de travail - il en va ainsi d'une prime ou de tout autre avantage salarial –, alors qu'est collectif l'avantage qui s'adresse à la collectivité du personnel en tant que telle et qui n'existe qu'en fonction de cette collectivité; de cette distinction il ressort par exemple qu'un niveau de rémunération représente un avantage individuel, alors qu'un mode de rémunération constitue un avantage collectif [2]. Concernant le caractère acquis, il faut également s'en remettre à la jurisprudence pour en comprendre le sens; elle en a adopté une conception restrictive: est considéré comme acquis l'avantage dont le salarié a déjà bénéficié dans le passé; si l'acquisition est évidente pour le droit à caractère continu – rémunération – ou

1. Ass. plen. 20 mars 1992.
2. Cass. soc. 12 fév. 1991.

cyclique – primes de 13e mois, d'ancienneté, de vacances –, elle est beaucoup plus difficile à admettre pour le droit éventuel – lié à un événement ponctuel ou accidentel –, tel une indemnité de licenciement, la contrepartie financière de la clause de non-concurrence… et tous droits qui ne naissent qu'à la rupture du contrat de travail. L'avantage acquis n'est donc pas celui qui serait simplement ouvert ou éventuel; par contre, il devient acquis si les conditions d'ouverture de ce droit se sont déjà réalisées avant la date déclenchant la conservation des avantages individuels acquis [1]: ainsi est acquis un avantage de maternité pour une salariée en ayant déjà bénéficié, ou un avantage de retraite pour un salarié déjà mis à la retraite.

665. Mise en cause – La mise en cause d'une convention collective, qui est prévue à l'art. L. 132-8 al. 7 (art. L. 2261-14 C. trav.), entraîne des effets comparables à ceux résultant de la dénonciation d'une convention collective, lorsqu'aucune convention nouvelle ne se substitue à l'ancienne. La différence tient à l'évènement qui entraîne le maintien provisoire de la convention collective et sa disparition éventuelle: ici, c'est la restructuration de l'entreprise – notamment une fusion, une scission ou un changement d'activité – qui provoque la mise en cause de la convention collective.

Lorsqu'une convention est mise en cause, une nouvelle négociation doit s'engager dans l'entreprise concernée, soit pour l'adaptation aux nouvelles dispositions conventionnelles applicables, soit pour l'élaboration de nouvelles dispositions, selon le cas. Il a été jugé que «la convention ou l'accord substitué visé par l'art. L. 132-8 (art. L. 2261-14 C. trav.) est celui résultant de la négociation qui doit s'engager dans l'entreprise» [2]. Si aucune convention collective n'est conclue pendant l'année qui suit le changement de chef d'entreprise, les salariés conservent les avantages individuels acquis. Ainsi il convient en cas de transfert d'imposer le maintien de l'emploi assuré par l'effet de l'article L. 122-12 C. trav. et le changement des conditions collectives de travail à peine atténué par l'article L. 132-8 C. trav.

Section II - Rapports de la convention collective avec la loi et le contrat individuel

La convention collective étant aujourd'hui considérée comme une norme, se pose alors le problème de son articulation avec la loi (§ 1) et le contrat de travail (§ 2).

§ 1. *Degré de la liberté de la négociation collective au regard de la loi*

666. Autonomie des partenaires sociaux – La convention collective est-elle subordonnée à la loi ou peut-elle s'en affranchir? Cette question, qui renvoie à la notion devenue très complexe de l'ordre public social, appelle une réponse nuancée.

1. Cass. soc. 31 mars 1998.
2. Cass. soc. 31 janv. 1995.

667. Règles d'ordre public absolu – Il existe en droit du travail, comme en droit civil, un ensemble de dispositions d'ordre public auquel on ne peut déroger par convention. On les rattache, en droit du travail, à un ordre public absolu. Ainsi la convention collective ne peut créer de nouvelles sanctions pénales; elle ne peut pas modifier la compétence des juridictions (conseil de prud'hommes, tribunal de grande instance). La convention collective doit respecter l'ordre public économique (exemple: la prohibition de l'indexation des salaires sur le coût de la vie).

668. Règles d'odre public social – La convention collective peut parfois déroger à la loi, mais seulement dans un sens favorable aux salariés: elle peut par exemple fixer un délai de préavis plus long que celui prévu par le Code du travail, une indemnité conventionnelle de licenciement plus élevée. Même concernant les institutions collectives, elle peut accorder des heures de délégation plus nombreuses, créer des délégués là où la loi ne les rend pas obligatoires, ou accroître le nombre de délégués.
Mais il faut alors déterminer la signification de la formule: «*dans un sens favorable*». Cette règle, dite de faveur, doit fonctionner pour l'ensemble des salariés concernés – elle ne peut être revendiquée par un seul en fonction de ses caractéristiques personnelles. La comparaison loi convention – comme pour la comparaison entre deux conventions collectives – doit être effectuée pour un ensemble d'avantages ayant le même objet ou la même cause (droits en cas de licenciement; droits en cas de maladie).

669. Règles d'ordre simple – Dans certains domaines identifiés par le législateur, notamment dans le domaine de l'aménagement du temps de travail, la règle légale reste d'ordre public au regard du contrat individuel de travail, mais elle ne l'est plus au regard de la convention collective. On parle improprement d'ordre public « dérogatoire »; dans cette hypothèse, la loi qui demeure impérative pour les parties du contrat de travail [1], devient dispositive pour les partenaires sociaux. Elle les autorise en effet à négocier de nouvelles conditions de travail dans un sens qui n'est pas nécessairement plus favorable pour les salariés. Ainsi, comme on l'a vu, concernant l'aménagement du temps de travail, la mise en place d'une annualisation du temps de travail entraînera pendant certaines semaines un dépassement du seuil de 35 heures, sans que l'employeur ait à payer des heures supplémentaires.

§ 2. *Force obligatoire de la convention collective sur le contrat individuel*

L'analyse des effets produits par la convention collective sur les contrats individuels est une des difficultés majeures du droit collectif du travail. C'est ce qui a, dès l'origine, le plus frappé les civilistes étudiant la convention collective: elle s'impose aux parties à un autre contrat – le contrat de travail –, contrairement à l'article 1165 C. civ.
Deux questions retiendront notre attention: celle de savoir à quels employeurs et à quels salariés la convention collective s'applique (A); celle de connaître ses incidences sur le contrat individuel (B).

---

1. Sauf à y déroger de façon plus favorable au salarié : v. *supra* règles d'ordre public social et principe de faveur.

A. Applicabilité

670. Entreprises concernées – Une convention ordinaire ne s'applique qu'aux entreprises membres du groupement patronal signataire. L'employeur ne peut se libérer de son obligation d'appliquer la convention collective par sa démission du syndicat signataire. En revanche, un employeur non adhérent peut appliquer volontairement la convention.
Encore faut-il que l'entreprise concernée relève par son activité de la branche considérée (c'est l'activité réelle de l'entreprise qui est prise en compte pour déterminer la convention collective applicable). Si l'entreprise a plusieurs activités, plusieurs conventions sont susceptibles de s'appliquer distributivement dans chacun des établissements.
Il est enfin nécessaire que l'entreprise susceptible d'être concernée par la convention collective soit située dans un espace géographique que la convention collective entend couvrir.

671. Salariés bénéficiaires – Tous les salariés qui travaillent pour l'employeur tenu d'appliquer la convention collective sont concernés. L'affiliation syndicale du salarié est indifférente, de même que son activité.

672. Cas particulier des conventions étendues – Le procédé de l'extension permet de généraliser l'applicabilité de la convention collective. Dans le cadre délimité par les parties contractantes, un arrêté ministériel étend la portée de la convention. L'extension a pour fin d'obliger tous les employeurs exerçant une activité dans le champ d'application professionnel et géographique de se plier à la convention signée. Ils doivent respecter les dispositions contenues dans la convention collective ou l'accord, qu'ils soient membres ou non des organisations patronales signataires. L'extension a donc pour effet de rendre tous les salariés travaillant dans le secteur professionnel – tel la métallurgie – et géographique concerné – tel un département – bénéficiaires des dispositions de la convention collective ou de l'accord. La procédure d'extension appartient au ministre chargé du travail. Il peut ainsi étendre par arrêté une convention collective ou un accord collectif, soit à la demande d'une organisation syndicale représentative, soit de sa propre initiative.
L'extension ne transforme pas la convention collective en règlement administratif. Elle demeure un acte de droit privé. Elle peut donc être révisée, dénoncée; son interprétation reste de la compétence des tribunaux judiciaires; à l'occasion d'un recours dirigé contre un arrêté d'extension, le juge administratif doit alors surseoir à statuer s'il est question de contrôler la validité de l'acte conventionnel.

673. Cas particulier des conventions élargies – L'élargissement ressemble à l'extension. Mais si l'arrêté d'extension ne modifie pas le champ d'application territorial et professionnel de la convention collective, l'arrêté d'élargissement rend la convention applicable dans une région ou dans un secteur d'activité initialement non prévus.

B. Effet sur le contrat individuel

674. Effet normatif – La convention collective opère comme une loi ou un règlement: elle a un effet impératif sur les contrats individuels de travail en cours, sauf clause plus favorable. Il en résulte que le salarié peut invoquer une disposition contractuelle plus favorable pour écarter l'application de la convention collective, mais ne peut renoncer dans son contrat de travail, par exemple au moment de son embauche, à un droit prévu par la convention collective. Cet effet est immédiat : il s'observe non seulement sur les contrats conclus postérieurement à l'entrée en vigueur de la convention collective, mais sur tous les contrats en cours d'exécution. Il est également automatique : les clauses non conformes du contrat individuel sont remplacées par les clauses correspondantes de la convention collective, sans qu'il y ait nullité ou modification du contrat individuel. Néanmoins, il n'y a pas incorporation de la convention collective dans le contrat : le salarié ne peut se réclamer de la convention collective qui a cessé de produire effet.

675. à 679. - Réservés

ITRE IV – Conflits collectifs du travail et droit de grève

Le préambule de la Constitution de 1946 consacre un droit de grève parmi d'autres droits sociaux «particulièrement nécessaires à notre temps». La Cour de cassation a tiré toutes les conséquences juridiques du droit constitutionnel de grève tant sur le plan du contrat individuel que sur celui de la convention collective. Il n'est pas un droit collectif dont le titulaire serait le syndicat. En France, les droits économiques et sociaux sont des droits de l'individu, même si certains d'entre eux, tel le droit de grève, sont exercés collectivement. Il s'agit par ailleurs d'un droit généralisé à l'ensemble des travailleurs; tous les salariés, les fonctionnaires et les agents de l'État (sauf exceptions) bénéficient du droit de grève. Il intéresse également les travailleurs indépendants, même si la jurisprudence l'a refusé à certains d'entre eux (médecins).

Selon la Constitution, le droit de grève "s'exerce dans le cadre des lois qui le réglementent". En réalité, il existe sur le sujet une réglementation lacunaire, présente surtout dans le secteur public [loi du 31 juillet 1963, art. L. 521-2 (art. L. 2512-1 C. trav.)] : un préavis de 5 jours est imposé; certaines formes de grève – telles la grève tournante et la grève perlée – sont prohibées. Mais il n'existe pas de loi réglementant la grève dans le secteur privé. La convention collective ne pourrait pas imposer d'obligations, telles un préavis, venant restreindre l'exercice par les salariés d'un droit qui leur est constitutionnellement reconnu [1].

C'est donc à la jurisprudence qu'il est revenu d'encadrer l'usage du droit de grève; soucieuse d'en garantir l'exercice, elle en a donné une définition très large (chapitre 1) et contrôle étroitement les moyens de riposte de l'employeur (chapitre 3). Elle s'est attachée également à préciser les effets du droit de grève sur le contrat de travail (chapitre 2).

1. Cass. soc. 7 juin 1995.

chapitre 1 Définition jurisprudentielle de la grève

chapitre 2 Effet de la grève sur le contrat de travail

chapitre 3 Ripostes patronales à la grève abusive

apitre 1

Définition jurisprudentielle de la grève

En vue de concilier le droit de grève avec d'autres droits de même valeur, la jurisprudence use de deux méthodes:

– partant de la notion de la grève (section I), elle est parfois conduite à «disqualifier» certains mouvements, qui, échappant à la qualification de grève, sont analysés comme des actes illicites et exposent leurs auteurs au pouvoir disciplinaire de l'employeur.

– Elle peut aussi préférer se placer sur le terrain non pas de la définition, mais de l'exercice du droit de grève, pour dénoncer des formes abusives ou anormales de grève (section II).

Section I - Notion de grève

Selon la jurisprudence, constitue une grève un arrêt collectif de travail (§ 1) à l'appui de revendications professionnelles (§ 2).

§ 1. *Arrêt collectif de travail*

570. Cessation franche du travail – Une grève se caractérise par un véritable arrêt de travail; en conséquence, la grève perlée échappe à la qualification de grève: il n'y a pas arrêt du travail lorsque le travail est exécuté au ralenti ou dans des conditions volontairement défectueuses; ce que la jurisprudence exprime en indiquant que «*la réduction voulue et concertée du rendement constitue l'exécution défectueuse de ses obligations par le salarié*».

Pour des raisons comparables, «l'autosatisfaction» des revendications – lorsque par exemple, les salariés ne voulant plus travailler le samedi décident unilatéralement de faire grève tous les samedis – ne répond pas à la qualification de grève. Selon la jurisprudence, il s'agit d'un acte d'indiscipline.

Mais dès lors qu'il y a cessation franche du travail, la grève est caractérisée, peu important ses modalités:

1. le moment de la grève reste indifférent: il n'est pas nécessaire d'attendre le résultat d'une procédure de conciliation pour déclencher une grève. Il n'y a pas – sauf dans le secteur public – de préavis à respecter. (Une procédure conventionnelle valable entre la direction et les syndicats signataires, est sans effet à l'égard des salariés). Il n'est pas nécessaire de consulter le personnel par référendum. Ce qui importe, c'est que les revendications soient portées à la connaissance de l'employeur, la grève pouvant au demeurant précéder le rejet des revendications.

2. L'initiative et les modes d'alternance de l'arrêt de travail restent indifférents: la grève peut être spontanée (sauvage); sauf dans le secteur public, il n'est pas nécessaire qu'elle émane d'un syndicat. La grève tournante affectant une catégorie puis une autre, ou un atelier à la suite d'un autre, est (sauf dans le secteur public) licite; le débrayage également, même répété, sauf à devenir abusif s'il aboutit à une désorganisation complète de l'entreprise.

3. La durée de la grève importe peu: la grève peut avoir une durée prédéterminée – une journée – ou être déclenchée pour une durée indéterminée – jusqu'à satisfaction.

4. L'étendue ou l'ampleur de la grève ne sont pas pris en considération: la grève minoritaire est licite, de même que la poursuite d'une grève par une minorité, alors que la majorité du personnel a repris le travail. Dans le même ordre d'idées, on admet la licéité de la grève partielle, limitée à une catégorie du personnel, à un atelier, à un service, même si elle perturbe l'organisation de la production, sauf à devenir abusive.

5. Le lieu de grève est également indifférent: les grévistes peuvent rentrer à leur domicile, mais la grève peut aussi avoir lieu «sur le tas» – les travailleurs restant sur les lieux de travail pendant la journée. L'occupation des lieux de travail jour et nuit soulève en revanche des difficultés, notamment lorsqu'elle s'accompagne de piquets de grève.

§ 2. *Existence de revendications professionnelles*

571. Revendications d'ordre professionnel – La jurisprudence exige qu'il existe des revendications professionnelles non satisfaites. Sont considérées comme répondant à cette exigence, les grèves pour de meilleurs salaires, ou conditions de travail ; pour s'opposer au licenciement d'un représentant du personnel ou à un licenciement collectif ; celles également qui se proposent de défendre l'emploi en général. En revanche, il est exclu qu'une grève soit déclenchée pour des motifs purement politiques.

572. «Grève» de solidarité – Concernant ce qu'il convient d'appeler la grève de solidarité – celle qui est effectuée non pas à l'appui de revendications propres aux grévistes, mais pour défendre d'autres travailleurs –, des distinctions s'imposent: la grève de solidarité – interne à une entreprise – est illicite si elle a pour objet la défense d'un camarade de travail, sans revendication propre aux grévistes; mais elle est licite lorsqu'elle repose sur des revendications communes à l'ensemble des grévistes: la grève de solidarité avec les victimes d'un licenciement économique est motivée par la défense de l'emploi en général. La grève de solidarité externe – grève générale d'une journée, pour l'emploi, le pouvoir d'achat, la défense du droit syndical… – est licite, car chaque gréviste est directement concerné par les revendications générales motivant le conflit. Le boycott d'une entreprise dont le personnel est en grève n'entre pas nécessairement dans la définition de la grève, même sous forme d'un arrêt de travail par solidarité.

573. Légitimité des revendications – La question s'est également posée de savoir si le juge pouvait évaluer lui-même la pertinence des revendications. La Cour de cassation a tranché le problème en 1992: le juge ne peut pas interdire à l'avance une grève dont il jugerait les revendications déraisonnables. Il ne peut substituer son appréciation à celle des grévistes sur la légitimité ou le bien-fondé des revendications.
Finalement, s'ils se placent dans le cadre d'une grève, les salariés sont protégés contre toute sanction; à l'inverse, s'ils adoptent un comportement illicite, exclusif de la qualification de grève, les salariés relèveront d'une mesure disciplinaire.

Section II - Abus ou exercice anormal du droit de grève

Il importe de distinguer selon que la grève elle-même est jugée abusive (§ 1), ou seulement certains actes des grévistes (§ 2).

§ 1. *Abus du droit de grève*

574. Distinction – On le rencontre dans le secteur privé sous la forme d'une désorganisation volontaire de l'entreprise; dans le secteur public, il est caractérisé par l'atteinte excessive à la continuité du service public:

1. la désorganisation volontaire de l'entreprise. Des débrayages répétés, et exécutés en relais – grèves tournantes – sont en eux-mêmes des formes de grèves licites, mais peuvent devenir abusifs s'ils manifestent la volonté, non de désorganiser la production – c'est la conséquence de toute grève –, mais l'entreprise elle-même. En réalité, c'est l'idée de proportionnalité qui rend le mieux compte de cette jurisprudence: il ne faut pas que la grève cause à d'autres droits et libertés une atteinte disproportionnée à son enjeu.

2. La paralysie du service public. Le droit constitutionnel de grève peut entrer en conflit avec un autre principe constitutionnel: la continuité nécessaire du service public. Comment les concilier? Faute de loi générale sur le service minimum, c'est l'autorité hiérarchique, responsable du service, qui va assurer la conciliation des droits en conflit sous le contrôle du juge. La loi n'y a pourvu qu'exceptionnellement (hôpitaux, audiovisuel). Il n'existe rien sur le sujet à l'éducation nationale. Dans le domaine des transports, les partenaires sociaux ont parfois pris l'initiative d'élaborer une réglementation conventionnelle. Une loi du 21 août 2007 sur la grève dans les transports publics de voyageurs (SNCF, RATP et autres sociétés de transport locales), vient de confirmer le

renvoi à la négociation collective, de la prévention des conflits comme de l'organisation du service en cas de grève dans ces entreprises. Mais elle fixe aussi de nouvelles règles. Parmi celles-ci, la durée du préavis et l'interdiction des préavis successifs d'une part ; l'obligation de se déclarer gréviste et la consultation des salariés après 8 jours de grève d'autre part. Le Conseil Constitutionnel a validé ces deux dernières disposition estimée de constitutionnalité plus douteuse par la plupart des constitutionnalistes.

§ 2. *Actes illicites individuels commis à l'occasion des grèves*

575. *Initiative individuelle* – Des actes illicites peuvent être commis au cours de la grève : vols, violences, séquestrations… Il y aura mise en cause de la responsabilité personnelle de ceux qui les commettent : responsabilité disciplinaire, responsabilité civile, éventuellement responsabilité pénale pour entrave à la liberté du travail ou destruction du matériel d'autrui.

576. à 579. - Réservés

2 Effets de la grève sur le contrat de travail

Étant l'exercice d'un droit, la grève n'entraîne pas pour le salarié perte de son emploi (section I). Mais le salarié qui n'a pas fourni sa prestation de travail sera privé de son salaire (section II).

Section I - Grève et emploi

Aux termes de l'art. L. 521-1 (art. L. 2511-1 C. trav.), la grève «*ne rompt pas le contrat de travail sauf faute lourde imputable au salarié*» (§ 1). En l'absence d'une telle faute lourde (§ 3), le licenciement du gréviste est nul (§ 2).

§ 1. *La grève ne met pas fin au contrat de travail*

580. Suspension du contrat – Pendant la grève le contrat n'est que suspendu. Il reprend à la fin de la grève. En conséquence, l'employeur doit conserver les emplois des grévistes avec leur ancienneté, sans pouvoir modifier ces emplois ni rétrograder les intéressés. En revanche, la grève ne suspend pas le mandat des représentants du personnel, qui peuvent jouer un rôle utile de négociateurs. À la reprise du travail, l'employeur doit provoquer l'éviction du personnel de remplacement.

Le mécanisme de la suspension joue aussi à l'encontre du gréviste. Comme il n'y a plus de lien de subordination pendant la grève, l'accident dont le salarié a pu être victime n'est pas un accident du travail ni de trajet. Il peut y avoir interférence avec la suspension pour maladie : si le salarié tombe malade au cours de la grève, il n'a pas le bénéfice du régime conventionnel de plein salaire, prévu par la convention collective. Une suspension l'emporte sur l'autre. Il en va différemment si le salarié tombe malade avant la grève.

§ 2. *Le licenciement du gréviste est nul*

581. Réintégration – Si la grève est régulière, l'employeur qui met fin au contrat de travail d'un gréviste prononce un licenciement illégal, non pas seulement injustifié. Anciennement, les juges n'octroyaient que des dommages-intérêts et refusaient d'ordonner la réintégration du gréviste en référé. Dorénavant, le licenciement du gréviste est nul, parce qu'accompli en violation d'un droit constitutionnel. Le juge des référés peut ordonner à bon droit la poursuite du contrat de travail qui n'a pu être valablement rompu [1]. La nullité du licenciement est expressément prévue à l'al. 3 de l'art. L. 521-1 (art. L. 2511-1 C. trav.) et au dernier alinéa de l'art. L. 122-45 (art. L. 1132-4 C. trav.).
On notera que les garanties du droit de grève sont purement civiles. Il n'existe pas ici de protection pénale. Le licenciement pour exercice du droit de grève n'est pas une infraction pénale, sauf s'il y a, au surplus, une atteinte au libre exercice du droit syndical.

§ 3. *La faute lourde justifie le licenciement*

582. Limite de l'immunité disciplinaire – Le chef d'entreprise peut toutefois mettre fin régulièrement au contrat si le gréviste a commis une faute lourde : sont considérés comme telle les actes de dégradation de matériel, la séquestration d'un dirigeant, les blocages d'accès à l'usine. La seule participation à un mouvement collectif illicite peut aussi justifier la rupture du contrat, car le salarié se trouve hors du champ de protection de l'art. L. 521-1 (art. L. 2511 C. trav.).

Section II - Grève et salaire

Les conséquences de la grève sur le salaire diffèrent selon qu'elle s'exerce dans le secteur privé (§ 1) ou le secteur public (§ 2).

§ 1. *Secteur privé*

583. Retenue proportionnelle – La suspension de la fourniture du travail entraîne la suspension corrélative de l'obligation de payer le salaire. Cette mesure n'est pas une sanction, mais un effet de la suspension. Elle s'applique même en cas de grève licite. La retenue doit être strictement proportionnelle à la durée de l'interruption de travail. Une réduction proportionnelle est opérée même si le salarié est payé au mois. Le salaire n'est versé que si un accord de fin de grève précise que les journées de grève seront payées, ou encore lorsque la grève est provoquée par un manquement grave et délibéré de l'employeur à ses obligations (la grève pouvant être analysée dans cette hypothèse comme une exception d'inexécution).

1. Cass. soc. 26 sept. 1990.

584. Statut des non-grévistes – Concernant les non-grévistes, l'employeur doit faire tout son possible pour leur procurer le travail promis. Le salaire reste dû. Seule la force majeure libère l'employeur de son obligation de payer; ou plus précisément des «circonstances contraignantes» (occupation avec piquets de grève).

585. Primes d'assiduité – Certaines primes dites d'assiduité (ou primes antigrève) ont donné lieu à des différends en cas de grève. Cette prime d'assiduité est caractérisée par une disproportion voulue entre l'abattement effectué et la durée de l'absence, une seule absence entraînant la perte de la totalité de la prime. Or la grève est une absence; la prime d'assiduité est un moyen de dissuasion utilisé contre la grève. Est-elle licite? La jurisprudence exige pour que la prime d'assiduité soit licite que toute absence (maternité, maladie, accident du travail...) entraîne la même conséquence sans discrimination. Si les primes sont supprimées seulement en cas de grève, elles deviennent l'instrument d'une discrimination illicite.

§ 2. *Secteur public*

586. Particularisme – La retenue sur la rémunération obéit à des règles différentes. La règle de proportionnalité entre la perte de rémunération par rapport à la durée de la grève, est traditionnellement écartée dans les services publics au profit de la règle dite du trentième indivisible: perte d'une journée de salaire même pour un arrêt de travail d'une heure ou deux. Le traitement n'est pas la contrepartie du travail, c'est un avantage lié à la fonction au service de l'État, lequel applique ici une règle de la comptabilité publique. Mais celle-ci n'est applicable qu'aux personnels de l'État et des EPA, pas à ceux des collectivités territoriales, ni au personnel hospitalier, ni au personnel des EPIC.

587. à 589. - Réservés

chapitre 3 Ripostes patronales à la grève abusive

Lorsque le fait de grève devient abusif, l'employeur n'est pas dénué de moyens de riposte: il va pouvoir exercer dans certaines hypothèses son pouvoir disciplinaire (section I) ; le cas échéant son pouvoir de direction pour protéger son entreprise (section II); il décidera parfois de recourir au juge (section III).

Section I - Exercice du pouvoir disciplinaire

Le pouvoir disciplinaire est restreint par le droit de grève, mais ne disparaît pas. La faute lourde du gréviste (§ 1) autorise le licenciement [art. L. 521-1 (art. L. 2511-1 C. trav.)]. Le pouvoir disciplinaire qui est paralysé en deçà de la faute lourde, garde toute sa vigueur au-delà car il ne s'agit plus alors de l'exercice d'un droit mais d'actes détachables de celui-ci. *A fortiori* peuvent être prononcées des sanctions moins graves que le licenciement, mais la commission d'une faute lourde en reste l'indispensable condition (§ 2).

§ 1. *Qu'est-ce qu'une faute lourde?*

590. Recherche d'une définition – Il n'en existe pas de définition légale. La jurisprudence a défini la faute lourde dans les relations de travail habituelles – son critère étant «l'intention de nuire à l'employeur ou à l'entreprise» –, mais cette définition est inadaptée dans le droit de la grève.

591. Exemples – La jurisprudence nous offre des exemples de faute lourde: il s'agit d'actes détachables du droit de grève qui portent atteinte à l'intégrité physique des personnes – brutalités, violence sur un non-gréviste, abandon des services de sécurité –, à leur liberté d'aller et de venir – séquestrations –, à leur liberté de travailler – grévistes s'opposant à ce que des cadres, ou d'autres salariés, les remplacent. Il peut également s'agir d'actes de dégradation volontaire de matériel ou de marchandises. Ces actes sont le plus souvent constitutifs d'infractions pénales. Mais ont été considérées parfois comme fautes lourdes également le refus de restituer les clefs d'un véhicule ou la prolongation de la grève au-delà de la signature d'un accord. La faute lourde ne peut qu'être individuelle. C'est à l'employeur d'en rapporter la preuve, puisque la grève est l'exercice d'un droit. Ce sera normalement un acte individuel illicite. Mais la participation à une grève abusive a été considérée comme faute lourde alors que chacun n'est responsable que de ses propres actes.

§ 2. *Conséquences de la faute lourde*

592. Possibilité de rupture – La faute lourde n'entraîne pas par elle-même la rupture du contrat de travail: elle est seulement un motif de résiliation du contrat. L'employeur doit donc respecter la procédure de licenciement et la procédure disciplinaire. Le gréviste lourdement fautif perd tous ses droits aux indemnités de rupture: il ne perçoit ni indemnité de préavis, ni indemnité de licenciement, ni indemnité compensatrice de congés payés.

593. Individualisation des sanctions – L'employeur a le pouvoir d'individualiser les sanctions. Parmi les grévistes également coupables de faute lourde, il pourra sanctionner les uns et non les autres sans s'exposer au grief de discrimination.

Section II - Exercice du pouvoir de direction

En présence d'une grève, le chef d'entreprise peut prendre certaines mesures d'organisation du travail permettant la poursuite de l'activité de l'entreprise (§ 1) ; exceptionnellement il pourra fermer certains services ou ateliers, ou même l'ensemble de l'entreprise afin de ne pas avoir à rémunérer les non-grévistes (lock-out) (§ 2).

§ 1. *Mesures d'organisation du travail*

594. Redéploiement des non-grévistes – Ces mesures ont pour objet de faire perdre à la grève tout ou partie de sa nuisance. L'employeur peut d'abord utiliser le travail des non-grévistes. Il a en effet l'obligation contractuelle de fournir du travail aux non-grévistes. Il peut faire travailler ceux-ci à leur poste habituel de travail; mais il peut aussi leur demander d'accomplir des tâches différentes. Les non-grévistes ont le droit de refuser cette demande, dès lors qu'elle entraîne une modification de leur contrat de travail; mais le plus souvent, ils acceptent – notamment les cadres qui n'hésitent pas à accomplir des tâches d'exécution –. Dans ce cas, les grévistes ne peuvent pas s'opposer à ce que leur tâche soit exécutée par d'autres salariés.

595. *Personnel de remplacement* – L'employeur peut aussi faire appel à du personnel de remplacement. Mais il lui est interdit de recourir à des contrats à durée déterminée [art. L. 122-3 (art. L. 1242-6 C. trav.)] ou à des contrats de travail précaires [art. L. 124-2-3 (art. L. 1251-10 C. trav.)] pour «briser» la grève, sauf dans les services publics. Le chef d'entreprise peut seulement embaucher des salariés par contrats à durée indéterminée: mais cette formule manque de souplesse, car la fin de la grève n'est pas en soi un motif permettant de justifier leur licenciement à l'issue du conflit. L'employeur peut également faire appel à des entreprises de sous-traitance pour effectuer le travail habituellement accompli par les grévistes. Il ne pourra en revanche mettre en œuvre le régime de la «récupération» des heures de travail perdues en cas de grève ou de lock-out [art. L. 212-2-2 al. 3 (art. L. 3122-27 C. trav.)], même avec l'accord des syndicats dans le protocole de fin de grève, la règle étant d'ordre public.

§ 2. *Fermeture de l'entreprise: lock-out*

L'employeur peut être tenté d'utiliser le «lock-out» pour contrer une grève: il s'agit de la fermeture de l'entreprise, d'un établissement, d'un atelier ou d'un service à l'occasion d'une grève. Le lock-out n'est pas un droit en soi: il s'analyse en une inexécution des obligations contractuelles de l'employeur tenu de fournir du travail (A). Cependant il peut arriver que la fermeture de l'entreprise s'impose à l'employeur lorsqu'il n'est plus en mesure de poursuivre l'exécution des contrats de travail (B).

A. Le lock-out, faute contractuelle

596. *Principe* – Lorsque l'employeur met en œuvre le «lock-out», les salaires correspondants aux heures ou journées perdues du fait de la fermeture de l'entreprise doivent être payés au personnel: il en va ainsi en cas de lock-out défensif – organisé en réponse à une grève partielle – ; de lock-out préventif ou d'intimidation – organisé pour prévenir une grève – ; de lock-out de rétorsion (sauf en vue de la remise en ordre des locaux pour une brève durée).

B. Le lock-out justifié par une situation contraignante

597. *Exception* – Si la fermeture est une contrainte pour l'employeur, il sera alors dispensé du paiement des heures ou des journées non travaillées. L'abus du droit de grève – désorganisation concertée de l'entreprise, grèves tournantes ou débrayages répétés – ne suffit pas à justifier l'inexécution de ses obligations par l'employeur. La jurisprudence exige de ce dernier qu'il apporte la preuve d'une situation contraignante le libérant de son obligation de fournir du travail à ses salariés, soit qu'il y ait impossibilité absolue de fournir le travail – situation proche de la force majeure –, soit que le maintien de l'ordre et de la sécurité dans l'entreprise ne soit plus possible.

Section III - Recours au juge

L'employeur fait parfois appel au juge, soit pour demander l'expulsion des grévistes occupant les locaux (§ 1), soit pour engager la responsabilité civile et éventuellement pénale [1] des fautifs (§ 2).

§ 1. *Demande tendant à l'expulsion*

598. Conditions de l'expulsion – La demande d'expulsion des grévistes occupant les lieux de travail est portée devant le président du tribunal de grande instance en référé. Constituant une atteinte au droit de propriété, à la liberté du commerce et de l'industrie, et à la liberté du travail des non grévistes, la Cour de cassation approuve les juges qui ordonnent l'expulsion globale pure et simple de tous les occupants. L'occupation étant une modalité abusive du droit de grève, elle constitue un trouble manifestement illicite justifiant l'expulsion (remise en l'état).

Mais de nombreuses décisions, tentant de concilier droit de propriété, liberté du travail, droit de grève et droit à la négociation collective, préfèrent rechercher les causes du différend ayant conduit à l'occupation. Elles subordonnent ensuite la décision d'expulsion à l'ouverture ou à la reprise d'une négociation.

Lorsque les preuves du trouble manifestement illicite sont réunies, l'employeur devrait être amené à assigner contradictoirement chaque gréviste concerné; mais il est parfois difficile de les identifier; c'est pourquoi la jurisprudence a admis que l'employeur agisse par voie de requête gracieuse, voie qui n'exige pas le respect du contradictoire [2].

§ 2. *Action en responsabilité pour dommages de grève*

Une grève régulière ne saurait constituer le fondement d'une condamnation civile, si dommageable soit-elle. Il est en effet dans la nature d'une grève d'entraîner des dommages industriels (arrêt d'une chaîne de production entraînant, par exemple, la désertion de la clientèle). Mais certains mouvements collectifs illicites échappant à la qualification de grève peuvent justifier l'engagement de la responsabilité sur le fondement de l'article 1382 du Code civil. Pour être mise en œuvre, cette dernière requiert la réunion de trois conditions: la preuve d'une faute – acte en soi illicite ou abus du droit de grève –, l'existence d'un dommage – autre que celui résultant du simple exercice du droit de grève – et la preuve d'un lien de causalité entre celui-ci et celui-là. La réunion de ces trois éléments rend alors possible l'engagement de la responsabilité du syndicat (A), des délégués syndicaux (B) ou des grévistes pris individuellement (C).

A. Responsabilité civile du syndicat

599. Exercice individuel du droit de grève – En droit français, chaque gréviste exerce individuellement son droit; le syndicat n'est pas le commettant des grévistes. Il n'y a donc pas de faute du syndicat. Par ailleurs, il manque le plus souvent un lien de causalité en le fait syndical et le dommage: l'appel à la grève n'est pas la cause des dommages subis, car la cause de ceux-ci réside en général

1. Au cas d'infraction pénale : séquestration, détérioration de marchandises, coups et blessures volontaires…
2. Cass. soc. 17 mai 1977.

dans les actes illicites commis par les grévistes – dégradations, violences… –. Aussi n'y aura-t-il qu'exceptionnellement engagement de la responsabilité civile du syndicat, sauf s'il a appelé à participer à un mouvement collectif illicite ou s'il a encouragé les grévistes à commettre des actes illicites.

B. Responsabilité civile des délégués syndicaux

600. Exigence d'un fait personnel – Les délégués syndicaux ne répondent que de leurs propres actes; ils ne sont ni les organes, ni les préposés, ni les mandataires du syndicat; ils ne sont pas non plus les commettants des grévistes. Les décisions qui retiennent leur responsabilité sont anciennes.

C. Responsabilité civile des grévistes pris individuellement

601. Discussion sur l'existence d'une responsabilité collective – Une jurisprudence déjà ancienne avait affirmé que des grévistes occupant les lieux de travail et interdisant l'accès de ceux-ci aux non grévistes pouvaient être responsables de la perte de salaire de leurs camarades; et même qu'ils étaient responsables solidairement. Cette jurisprudence est discutable. La responsabilité individuelle des grévistes ne saurait être retenue hors le cas de faute lourde. Une responsabilité *in solidum* n'est pas conforme aux principes généraux qui récusent toute forme de responsabilité collective.
Actuellement, la Cour de cassation impose aux juges du fond de vérifier pour chaque salarié à quel fait fautif précis il a participé, et de déterminer le seul dommage résultant du comportement fautif de ce salarié.

Section IV - Avenir de l'action collective

602. Un «privilège» du secteur public? – La situation actuelle est paradoxale. Un régime juridique achevé de la grève existe, alors que le droit de grève est rarement exercé là où il est hautement légitime (dans l'entreprise privée). La grève s'exerce à plein dans le secteur public où sa légitimité est contestée; en effet, son objet est de gêner l'employeur or, dans le secteur public, elle gêne surtout les tiers – les usagers – qui devraient au contraire pouvoir bénéficier de la continuité du service public.

603. Grève et mondialisation – La grève a été privilégiée au 19e siècle comme mode d'action collective; elle était très efficace dans la grande entreprise industrielle assurant la totalité du processus de production; aujourd'hui son efficacité est remise en cause en raison de la mondialisation de l'économie: si les ouvriers d'une entreprise font grève sur un territoire donné, l'employeur sera tenté de délocaliser son entreprise à l'étranger. Par ailleurs, la grève n'est pas accessible aux travailleurs précaires en dépit du principe d'égalité des droits. Or l'action collective demeure la matrice du droit du travail et plus généralement, de la transformation du droit.
Un début de contentieux se développe devant la Cour de justice des communautés européennes (CJCE). Elle a émis le 23 mai 2007 un avis favorable au syndicat suédois dans l'affaire Vaxholm, emblématique de la concurrence salariale exercée par les travailleurs des nouveaux pays membres de l'Union européenne sur les anciens: une entreprise lettone avait obtenu grâce à des salaires peu élevés un marché public, mais les syndicats suédois s'y étaient opposés en déclenchant une grève devant le refus de l'entreprise de signer les accords

collectifs qui, en Suède, établissent le salaire minimum. L'avis énonce que "les syndicats peuvent, par des actions collectives motivées par des objectifs d'intérêt général et proportionnées, contraindre un prestataire de service d'un autre Etat membre à souscrire à un taux de salaire prévu par une convention collective".

604. Vers une nouvelle action collective – Les nouvelles formes de l'action collective seront probablement d'une part la redécouverte d'anciens moyens d'action, tels que le *boycott*, d'autre part l'invention d'autres moyens, tels que l'information du public sur les conditions dangereuses de fabrication des produits, l'action sur la demande en liaison avec les consommateurs ou les sous-traitants, la liaison avec les épargnants et les actionnaires pour favoriser «les placements éthiques».

À ces nouveaux moyens correspondront de nouveaux acteurs de l'action collective. Au demeurant la revendication d'un changement du droit n'est pas réservée aux seuls salariés. C'est un droit des citoyens. Ce que l'article 28 de la Charte des droits fondamentaux de l'Union européenne reconnaît déjà: «*les travailleurs et les employeurs ont le droit… de recourir en cas de conflit d'intérêts à des actions collectives pour la défense de leurs intérêts*».

605. à 609. - Réservés

Lexique

Accident de trajet: comparable en de nombreux aspects à un accident de travail, l'accident de trajet est celui qu'un salarié subit pendant le trajet d'aller et retour entre, d'une part, le lieu de sa résidence ou le lieu où il prend habituellement ses repas et, d'autre part, son lieu de travail.

Accident du travail: l'accident qu'un salarié subit par le fait ou à l'occasion du travail.

Accord atypique: accord que l'employeur a passé avec des représentants élus du personnel dans le but de réglementer les conditions de travail. Les élus n'ayant pas le pouvoir d'engager la collectivité de travail, cet accord n'est applicable que dans ses éléments plus favorables à la loi, le règlement ou la convention collective.

Accord collectif: conclu entre, d'une part, un ou plusieurs syndicats représentatifs de salariés et, d'autre part, un employeur, plusieurs employeurs pris individuellement, un groupement d'employeurs ou plusieurs groupements d'employeurs, l'accord collectif a vocation à traiter de certaines conditions de travail (conditions d'emploi, de formation professionnelle ou garanties sociales).

Accord de méthode: accord collectif dérogatoire fixant les modalités d'information et de consultation du comité d'entreprise applicables lorsque l'employeur projette de prononcer le licenciement économique d'au moins dix salariés sur une même période de trente jours; plus précisément, cet accord fixe les conditions dans lesquelles le comité d'entreprise est réuni et informé de la situation économique et financière de l'entreprise, et peut formuler des propositions alternatives au projet économique à l'origine d'une restructuration ayant des incidences sur l'emploi et obtenir une réponse motivée de l'employeur à ses propositions. Il peut organiser la mise en œuvre d'actions de mobilité professionnelle et géographique au sein de l'entreprise et du groupe. Il peut aussi déterminer les conditions dans lesquelles l'établissement du plan de sauvegarde de l'emploi fait l'objet d'un accord, et anticiper le contenu de celui-ci.

Accord dérogatoire: accord collectif qui déroge aux règles étatiques et professionnelles dans un sens qui n'est pas nécessairement plus favorable pour les salariés.

Actes positifs et répétés de recherche d'emploi: actes qu'un demandeur d'emploi doit effectuer en vue de retrouver un emploi (candidature en réponse à une offre d'emploi, candidature spontanée, démarche en vue d'une création ou reprise d'entreprise...).

Action de substitution: action en justice qu'un syndicat va engager pour défendre les intérêts individuels d'un salarié sans mandat de sa part (sauf en matière de harcèlement moral et sexuel). Il existe 11 types d'actions de substitution: sont d'abord apparues les actions engagées dans le but d'obtenir l'exécution d'une convention collective ou en faveur des travailleurs à domicile; l'action de substitution a ensuite été ouverte en matière d'égalité professionnelle, de discrimination, de harcèlement sexuel et moral, d'emploi des étrangers, de travail temporaire, de marchandage et de licenciement pour motif économique; elle bénéficie enfin aux salariés liés à un groupement d'employeurs.

Action en défense de l'intérêt collectif de la profession: action en justice qu'exerce un syndicat pour demander réparation «relativement aux faits portant un préjudice direct ou indirect à l'intérêt collectif de la profession qu'ils représentent».

Activités sociales et culturelles: il s'agit d'activités à finalité sociale (institutions sociales de prévoyance et d'entraide, cantine…) ou culturelle (bibliothèque, activités théâtrales…) dont la gestion incombe au comité d'entreprise.

ACCRE: Aide financière en faveur des créateurs et repreneurs d'entreprise

Allocation d'assurance chômage: allocation d'assurance versée aux chômeurs ayant involontairement perdu leur emploi, pour une durée limitée qui tient compte de l'âge des intéressés et d'une condition d'activité professionnelle antérieure.

Allocation spécifique de solidarité: allocation versée aux travailleurs privés d'emploi qui ont épuisé leurs droits à l'allocation d'assurance ou à l'allocation de fin de formation et qui satisfont à des conditions d'activité antérieure et de ressources.

Aménagement du temps de travail: ensemble de techniques mises en place par convention collective ou par décision unilatérale de l'employeur qui permettent d'adapter la force de travail aux variations de la production (travail de nuit, horaires individualisés, annualisation du temps de travail, réduction du temps de travail par attribution de jours de repos…).

Annualisation du temps de travail: mode d'aménagement du temps de travail, obtenu par voie d'accord collectif, qui permet de faire varier les horaires hebdomadaires de travail en fonction des variations d'activités des entreprises, les périodes de basse activité venant compenser les périodes d'activité intense, sans qu'il soit nécessaire de recourir dans le premier cas au chômage technique, dans le second cas au régime des heures supplémentaires.

ASSEDIC (Association pour l'emploi dans l'industrie et le commerce): organisme de droit privé chargé de gérer les fonds versés aux travailleurs privés involontairement d'emploi

Association intermédiaire: association conventionnée par l'État ayant pour objet l'embauche de personnes sans emploi, rencontrant des difficultés sociales et professionnelles particulières, en vue de faciliter leur insertion professionnelle en les mettant à titre onéreux à disposition de personnes physiques ou de personnes morales. Cette association assure l'accueil des personnes ainsi que le suivi et l'accompagnement de ses salariés en vue de faciliter leur insertion sociale et de rechercher les conditions d'une insertion professionnelle durable.

Astreinte: période pendant laquelle, sans être à la disposition permanente et immédiate de son employeur, le salarié a l'obligation de rester à son domicile ou à proximité en vue de répondre à un appel de son employeur pour effectuer un travail au service de l'entreprise, tout en pouvant vaquer à ses occupations personnelles.

Atelier ou chantier d'insertion: atelier ou chantier mis en place par des employeurs conventionnés pour, d'une part, assurer l'accueil, l'embauche et la mise au travail sur des actions collectives des personnes sans emploi rencontrant des difficultés sociales et professionnelles particulières et, d'autre part, organiser le suivi, l'accompagnement, l'encadrement technique et la formation de leurs salariés en vue de faciliter leur insertion sociale et de rechercher les conditions d'une insertion professionnelle durable.

Avantage individuel acquis: avantage de nature individuel que le salarié conserve lorsque la convention collective qui le prévoit n'est pas remplacée, à la suite de sa dénonciation ou de sa mise en cause, par une nouvelle convention collective.

Bilan social: document unique que l'employeur doit présenter au comité d'entreprise dans lequel sont récapitulées les principales données chiffrées permettant d'apprécier la situation de l'entreprise dans le domaine social, d'enregistrer les réalisations effectuées et de mesurer les changements intervenus au cours de l'année écoulée et des deux années précédentes. Le bilan social comporte des informations sur l'emploi, les rémunérations et charges accessoires, les conditions de santé et de sécurité, les autres conditions de travail, la formation, les relations professionnelles ainsi que sur les conditions de vie des salariés et de leurs familles dans la mesure où ces conditions dépendent de l'entreprise.

Bon de délégation: écrit permettant d'informer l'employeur du départ en mission d'un représentant du personnel.

Branche professionnelle: la branche professionnelle à laquelle appartient une entreprise détermine la convention collective qui lui est applicable; elle correspond à l'activité principale de l'entreprise. Il existe environ 300 branches professionnelles en France.

Bulletin de paie: pièce justificative informant le salarié de certaines conditions de travail (convention collective applicable, classification, temps de travail, etc.), ainsi que du paiement et du mode de calcul de son salaire.

Cadres dirigeants: cadres «auxquels sont confiés des responsabilités dont l'importance implique une grande indépendance dans l'organisation de leur emploi du temps, qui sont habilités à prendre des décisions de façon largement autonome et qui perçoivent une rémunération se situant dans les niveaux les plus élevés des systèmes de rémunération pratiqués dans leur entreprise ou établissement».

Cadres autonomes: cadres, au sens des conventions collectives de branche et du 1er alinéa de l'art. 4 de la convention collective nationale de retraite et de prévoyance des cadres du 14 mars 1947, exerçant une fonction qui «ne les conduit pas à suivre l'horaire collectif applicable au sein de l'atelier, du service ou de l'équipe auquel ils sont intégrés».

Cadres intégrés: cadres, au sens des conventions collectives de branche et du 1er alinéa de l'art. 4 de la convention collective nationale de retraite et de prévoyance des cadres du 14 mars 1947, exerçant une fonction qui «les conduit à suivre l'horaire collectif au sein de l'atelier, du service et de l'équipe auquel ils sont intégrés».

Cause réelle et sérieuse: pour être justifié, un licenciement doit reposer sur une cause à la fois réelle et sérieuse; est réelle la cause tirée de l'existence de faits tangibles, objectifs, quantifiables qui viennent perturber le bon fonctionnement de l'entreprise; est sérieuse la cause «revêtant une certaine gravité qui rend impossible sans dommage pour l'entreprise la continuation du travail et qui rend nécessaire le licenciement».

Centre de formation des apprentis: centre de formation dispensant aux apprentis une formation générale associée à une formation technologique et pratique qui complète la formation reçue en entreprise et s'articule avec elle.

Certificat de travail: document remis par l'employeur au salarié à l'issue de son contrat de travail, dans lequel sont indiquées la date de l'entrée du salarié dans l'entreprise, celle de sa sortie, la nature de l'emploi ou des emplois occupés ainsi que les périodes d'exercice.

Changement des conditions de travail: il correspond à une simple évolution des conditions de travail, rendant fautive le refus du salarié à l'accepter.

Chantier d'insertion: v. atelier d'insertion.

CESU (chèque emploi-service universel): Mode de paiement sous forme de chèque en vue de rémunérer un «service à la personne»; ce mode simplifié de paiement comprend simultanément une déclaration en vue du paiement des cotisations et contributions sociales d'origine légale ou conventionnelle.

Chômage technique: v. mise à pied économique

Clause d'attente avant-grève: clause d'un accord collectif imposant aux syndicats signataires le respect d'un préavis avant le déclenchement d'une grève.

Clause de dédit-formation: clause imposant au salarié qui démissionne avant l'expiration d'une durée préalablement déterminée dans son contrat de travail le remboursement à l'employeur de tout ou partie des sommes que ce dernier a déboursées pour le former.

Clause de domicile: clause imposant à un salarié un domicile.

Clause de garantie d'emploi: clause garantissant à son bénéficiaire un maintien de son emploi pendant une durée déterminée dans le contrat, sauf faute grave du salarié ou cas de force majeure.

Clause de mobilité géographique: clause par laquelle le salarié accepte, à l'avance, d'être mutée sur une zone géographique préalablement définie dans le contrat de travail lui-même.

Clause de modification du contrat de travail: clause par laquelle le salarié accepte à l'avance la modification de certains éléments de son contrat de travail, aux conditions qu'elle détermine (par ex. clause de modification de la répartition hebdomadaire ou mensuelle du temps de travail d'un salarié à temps partiel)

Clause de non-concurrence: clause par laquelle un salarié s'interdit, à l'issue de son contrat de travail, de faire concurrence à son ancien employeur pendant une certaine durée et dans un secteur géographique déterminé.

Clause de préavis de grève: v. clause d'attente avant-grève.

Clause de réembauchage: clause offrant au salarié qui quitte son entreprise une possibilité de retrouver un emploi correspondant à sa qualification, si la société procède à une nouvelle embauche.

Clause d'exclusivité: clause obligeant le salarié à consacrer l'ensemble de ses activités professionnelles au profit de l'employeur qui en ait le créancier.

Clause d'objectifs: clause par laquelle l'employeur fixe au salarié des objectifs à atteindre. Son non-respect n'entraîne pas en lui-même le licenciement du salarié, le juge conservant le pouvoir d'apprécier le caractère raisonnable des objectifs fixés.

CNITAT (Cour nationale de l'incapacité et de la tarification) : juridiction judiciaire chargée de connaître, en appel, du contentieux de l'inaptitude au travail d'ordre médical.

Comité central d'entreprise : instauré dans les entreprises à établissement multiples, le comité central d'entreprise est chargé d'assurer la coordination des activités des comités d'établissement.

Comité de groupe : institution représentative du personnel implantée dans les groupes de sociétés et dotée d'un pouvoir essentiellement informatif.

Comité de la société européenne : institution représentative du personnel dotée d'une compétence consultative en matière économique, qui peut être instaurée dans la société européenne.

Comité d'entreprise : institution représentative du personnel chargée, d'une part, de la gestion des activités sociales et culturelles et, d'autre part, d'assurer «l'expression collective des salariés, permettant la prise en compte permanente de leurs intérêts» dans les décisions patronales.

Comité d'entreprise européen : institution représentative du personnel chargée de défendre les intérêts des salariés dans les groupes de sociétés implantés sur le territoire communautaire.

Comité d'établissement : institution représentative du personnel remplissant les missions d'un comité d'entreprise, qui est mise en place dans les entreprises à établissements multiples.

Comité d'hygiène, de sécurité et des conditions de travail (CHSCT) : institution représentative du personnel, dotée de la personnalité juridique, qui est chargée de contrôler le respect des prescriptions en matière d'hygiène et de sécurité.

Comité supérieur de l'emploi : organisme à caractère consultatif où sont représentés les administrations intéressées, les organisations professionnelles d'employeurs, les syndicats de salariés et les collectivités territoriales. Il est chargé d'émettre un avis sur les projets de loi, d'ordonnance et de décret relatifs à l'emploi.

Commission nationale de la négociation collective : commission composée de représentants de l'État, du Conseil d'État, des organisations professionnelles d'employeurs et des syndicats de salariés, qui est consultée sur plusieurs domaines concernant les relations individuelles et collectives du travail, notamment sur le déroulement de certaines négociations collectives.

Compte épargne temps : mécanisme permettant au salarié d'épargner des congés pour les accumuler en vue d'une utilisation postérieure.

Conciliation : phase préliminaire du procès prud'homal pendant laquelle les parties vont essayer de s'accorder pour mettre fin au litige qui les oppose.

Congé : 1) terme générique désignant l'acte par lequel le salarié ou l'employeur fait connaître à l'autre son intention de rompre la relation contractuelle ; 2) situation de suspension du contrat de travail, au terme de laquelle le salarié est en droit de retrouver son emploi (par exemple, à l'issue des congés payés)

Congé de mobilité : congé qui peut être proposé au salarié, en remplacement d'un congé de reclassement, par l'entreprise de plus de 1000 salariés qui a conclu un accord collectif relatif à la gestion prévisionnelle des emplois et des compétences, avant d'avoir engagé une procédure de licenciement pour motif économique; ce congé a pour objet de favoriser le retour à un emploi stable par des mesures d'accompagnement, des actions de formation et des périodes de travail. L'acceptation par le salarié de la proposition de congé de mobilité emporte rupture du contrat de travail d'un commun accord des parties à l'issue du congé

Congé de reclassement: Dans les entreprises de mille salariés et plus, l'employeur est tenu de proposer à chaque salarié dont il envisage de prononcer le licenciement pour motif économique un congé de reclassement qui a pour objet de permettre au salarié de bénéficier d'actions de formation et des prestations d'une cellule d'accompagnement des démarches de recherche d'emploi. La durée du congé de reclassement ne peut excéder neuf mois. Ce congé, financé par l'employeur, débute, si nécessaire, par un bilan de compétences qui a vocation à permettre au salarié de définir un projet professionnel et, le cas échéant, de déterminer les actions de formation nécessaires à son reclassement.

Conseil de prud'hommes: juridiction spécialisée qui est compétente pour connaître des différends nés, entre un employeur et un salarié, de la conclusion, de l'exécution et de la rupture d'un contrat de travail.

Conseil national de la formation professionnelle tout au long de la vie: organisme composé de représentants élus des conseils régionaux, de représentants de l'État, de membres du Parlement et de représentants des organisations professionnelles d'employeurs et des syndicats de salariés, qui est chargé de favoriser, au plan national, la concertation entre l'État, les régions, les partenaires sociaux et les autres acteurs pour la conception des politiques de formation professionnelle et le suivi de leur mise en œuvre, d'évaluer les politiques régionales d'apprentissage et de formation professionnelle tout au long de la vie, ainsi que d'émettre un avis sur les projets de lois, d'ordonnances et de dispositions réglementaires en matière de formation professionnelle tout au long de la vie.

Conseil supérieur de la prud'homie: organisme consultatif, composé de représentants de l'État et de représentants, en nombre égal, des organisations syndicales et des organisations professionnelles représentatives au plan national, qui siège auprès du garde des sceaux, ministre de la justice, et du ministre chargé du travail. Il est appelé à formuler des avis et des suggestions ainsi qu'à effectuer des études sur l'organisation et le fonctionnement des conseils de prud'hommes.

Contrat d'accompagnement dans l'emploi: contrat de travail de type particulier qui a pour objet de faciliter l'insertion professionnelle des personnes sans emploi rencontrant des difficultés sociales et professionnelles particulières d'accès à l'emploi; conclu avec un employeur du secteur non-marchand, ce contrat nécessite la conclusion préalable d'une convention entre l'État et l'employeur et donne lieu au bénéfice d'une aide financière et d'exonérations de charges sociales.

Contrat d'apprentissage: contrat de travail de type particulier qui permet à l'apprenti de bénéficier d'une «formation professionnelle méthodique et complète, dispensée pour partie en entreprise et pour partie en centre de formation d'apprentis».

Contrat d'avenir: contrat de travail de type particulier qui a pour objet de faciliter l'insertion sociale et professionnelle des personnes bénéficiant du revenu minimum d'insertion, de l'allocation de solidarité spécifique, de l'allocation de parent isolé ou de l'allocation aux adultes handicapés. Conclu avec un employeur du secteur non-marchand, il porte sur des emplois visant à satisfaire des besoins collectifs non satisfaits; il nécessite la conclusion de conventions administratives préalables et donne lieu au bénéfice d'une aide financière et d'exonérations de charges sociales.

Contrat de travail intermittent: contrat de travail de type particulier permettant de pourvoir des emplois qui «par nature comportent une alternance de périodes travaillées et de périodes non travaillées».

Contrat de professionnalisation: contrat de travail de type particulier qui a pour objet de permettre l'acquisition d'une qualification professionnelle et de favoriser l'insertion ou la réinsertion professionnelle.

Contrat de travail temporaire: contrat de travail conclu entre une entreprise de travail temporaire et un salarié mis à disposition d'une entreprise utilisatrice.

Contrat d'insertion – revenu minimum d'activité: contrat de travail de type particulier qui a pour objet de faciliter l'insertion sociale et professionnelle des personnes rencontrant des difficultés particulières d'accès à l'emploi et bénéficiant du revenu minimum d'insertion, de l'allocation de solidarité spécifique, de l'allocation de parent isolé ou de l'allocation aux adultes handicapés. Conclu avec un employeur du secteur marchand, il nécessite la signature préalable de conventions administratives et donne lieu à l'attribution d'une aide financière.

Contrat initiative-emploi: contrat de travail de type particulier qui a pour objet de faciliter l'insertion professionnelle des personnes sans emploi rencontrant des difficultés sociales et professionnelles d'accès à l'emploi. Conclu avec un employeur du secteur marchand, il donne lieu à la signature préalable d'une convention avec l'État et au bénéfice d'une aide financière.

Contrat jeune en entreprise: contrat de travail à durée indéterminée qui a pour objet de favoriser l'accès des jeunes à l'emploi et à la qualification professionnelle. Conclu avec un employeur du secteur marchand, il donne lieu à l'attribution d'une aide de l'État.

Contrat «nouvelles embauches»: contrat de travail à durée indéterminée qui peut être conclu avec des entreprises du secteur marchand employant au plus vingt salariés. Il présente la particularité de pouvoir être rompu librement par l'employeur (sans cause réelle et sérieuse) pendant les deux premières années.

Contingent d'heures supplémentaires: quotas d'heures supplémentaires (220 heures par an et par salarié) que l'employeur peut imposer à un salarié sans avoir à recueillir l'autorisation de l'inspecteur du travail.

Convention collective: conclue entre, d'une part, un ou plusieurs syndicats représentatifs de salariés et, d'autre part, un employeur, plusieurs employeurs pris individuellement, un groupement d'employeurs ou plusieurs groupements d'employeurs, la convention collective a vocation à traiter de l'ensemble des conditions de travail (conditions d'emploi, de formation professionnelle et garanties sociales).

Convention de forfait: convention individuelle conclue entre un salarié et l'employeur dans le but de fixer une rémunération permanente tenant compte de l'accomplissement d'un certain nombre d'heures supplémentaires déterminé à l'avance.

Convention de reclassement personnalisé: l'entreprise non soumise à l'obligation de proposer un congé de reclassement doit proposer à chaque salarié dont elle envisage de prononcer le licenciement pour motif économique une convention de reclassement personnalisé. Cette convention lui permet de bénéficier, après la rupture de son contrat de travail, d'actions de soutien psychologique, d'orientation, d'accompagnement, d'évaluation des compétences professionnelles et de formation destinées à favoriser son reclassement.

Crédit d'heures de délégation: quotas d'heures que le salarié prend sur le temps de travail pour exercer une fonction représentative.

Déclaration préalable à l'embauche: déclaration nominative par laquelle l'employeur fait connaître aux organismes de sécurité sociale l'engagement d'un salarié.

Délai-congé: v. préavis

Délégation de pouvoirs: procédure de transmission des pouvoirs patronaux à un délégataire ayant pour effet de déplacer sur sa tête la responsabilité pénale incombant habituellement au chef d'entreprise.

Délégation unique: institution représentative des personnels des entreprises de moins de 200 salariés dans laquelle «les délégués du personnel constituent la délégation du personnel au comité d'entreprise».

Délégués du personnel: élus du personnel chargés de présenter à l'employeur ou à son représentant les réclamations individuelles et collectives relatives «aux salaires, à l'application du Code du travail et des autres lois et règlements concernant la protection sociale, l'hygiène et la sécurité, ainsi que des conventions et accords collectifs de travail applicables dans l'entreprise».

Délégué syndical: représentant du syndicat dans l'entreprise auprès du chef d'entreprise, chargé notamment de conclure les conventions collectives.

Démission: acte unilatéral du salarié manifestant la volonté claire et non équivoque de renoncer à son emploi.

Départage: mode de résolution des conflits du travail qui appelle, en cas d'égalité de voix entre les différents conseillers prud'homaux, l'intervention d'un juge professionnel.

Départ à la retraite: acte unilatéral du salarié manifestant la volonté de renoncer à son emploi pour faire valoir son droit à une pension de retraite.

Droit d'alerte économique: droit du comité d'entreprise de demander à l'employeur de lui fournir des explications lorsqu'il a connaissance de faits de nature à affecter de manière préoccupante la situation économique de l'entreprise. Cette demande est inscrite de droit à l'ordre du jour de la prochaine séance du comité d'entreprise. Si le comité d'entreprise n'a pu obtenir de réponse suffisante de l'employeur ou si celle-ci confirme le caractère préoccupant de la situation, il établit un rapport qui est transmis à l'employeur et au commissaire aux comptes.

Droit d'alerte sociale: prérogative du comité d'hygiène, de sécurité et des conditions de travail lui permettant d'avertir l'employeur et l'inspecteur du travail de l'existence d'un «danger grave et imminent».

Droit de retrait: droit pour le salarié de se retirer d'une «situation de travail dont il a un motif raisonnable de penser qu'elle présente un danger grave et imminent pour sa vie ou sa santé».

Droit d'opposition: droit des syndicats représentatifs «majoritaires» de s'opposer à l'application d'une convention ou d'un accord collectif.

Entreprise de travail à temps partagé: entreprise dont l'activité exclusive est de mettre à disposition d'entreprises utilisatrices du personnel qualifié qu'elles ne peuvent recruter elles-mêmes en raison de leur taille ou de leurs moyens.

Entreprise de travail temporaire: entreprise dont l'activité exclusive est de mettre à la disposition temporaire d'entreprises utilisatrices des salariés qu'en fonction d'une qualification convenue elle recrute et rémunère à cet effet.

Entreprise de travail temporaire d'insertion: entreprise dont l'activité exclusive consiste à faciliter l'insertion professionnelle des personnes sans emploi rencontrant des difficultés sociales et professionnelles particulières par la voie de contrats de travail temporaire.

Engagement unilatéral: engagement de l'employeur d'accorder aux salariés un avantage particulier.

Essai professionnel: période probatoire qui court à compter du jour de la conclusion du contrat de travail, pendant laquelle les parties peuvent rompre le contrat sans formalité, sans préavis et sans motif.

Faute disciplinaire: agissement du salarié considéré par l'employeur comme fautif et justifiant, le cas échéant, une sanction disciplinaire.

Faute grave: faute du salarié constituant une «violation des obligations découlant du contrat de travail d'une importance telle qu'elle rend impossible le maintien du salarié dans l'entreprise pendant la durée du préavis» (par exemple, un abandon de poste).

Faute inexcusable: faute commise par un employeur qui avait ou aurait dû avoir conscience du danger auquel était exposé son salarié, alors qu'il n'a pas pris les mesures de prévention ou de protection nécessaires pour l'en préserver.

Faute intentionnelle: faute d'une particulière gravité qui suppose un acte volontaire révélant l'intention de son auteur de causer des lésions corporelles à autrui ou de se les causer à soi-même.

Faute lourde: faute du salarié caractérisée par «l'intention de nuire à son employeur ou à son entreprise» (par exemple, séquestration d'un dirigeant, destruction du matériel de l'employeur, occupation violente des lieux du travail, etc.).

Force majeure: évènement imprévisible, irrésistible et extérieur à la partie qui l'invoque pour justifier la rupture du contrat de travail.

Gestion prévisionnelle des emplois: mode de gestion du personnel consistant à faire correspondre les compétences aux besoins de l'entreprise dans la perspective d'une évolution de l'emploi.

Grève: cessation franche et collective du travail en vue de satisfaire des revendications professionnelles.

Grève bouchon: grève consistant à bloquer certains services ou certains postes de travail en vue de paralyser toute la chaîne de production. Elle est tolérée dans les entreprises privées – dès lors qu'elle ne dégénère pas en abus -, mais elle est proscrite dans le secteur public.

Grève d'autosatisfaction: mouvement collectif illicite consistant à imposer à l'employeur une modification unilatérale des conditions de travail (par exemple, cesser le travail le samedi en vue d'obtenir la suppression du travail le samedi).

Grève du zèle: v. grève perlée.

Grève perlée: mouvement collectif illicite consistant en un ralentissement des cadences ou une exécution partielle du travail.

Grève thrombose: v. grève bouchon.

Grève tournante: grève consistant à faire succéder des arrêts de travail d'un service à l'autre, de telle manière à minimiser la perte de salaire de chaque gréviste.

Groupement d'employeurs: groupement constitué dans le but de mettre à la disposition de ses membres, à but non lucratif, des salariés liés à ce groupement par un contrat de travail. Il peut également apporter à ses membres une aide ou un conseil en matière d'emploi ou de gestion des ressources humaines.

Harcèlement moral: agissements répétés qui ont pour objet ou pour effet une dégradation des conditions de travail susceptible de porter atteinte aux droits et à la dignité du salarié, d'altérer sa santé physique ou mentale ou de compromettre son avenir professionnel.

Harcèlement sexuel: agissements dans le but d'obtenir des faveurs de nature sexuelle à son profit ou au profit d'un tiers.

Heures complémentaires: heures de travail effectuées par un salarié à temps partiel en dépassement de la durée hebdomadaire ou mensuelle de travail prévue dans son contrat.

Heures d'équivalence: périodes de travail qui, pour certains métiers entraînant des temps d'inaction (tels que celui de veilleurs de nuit), sont considérées comme équivalentes à la durée légale du travail, même si elles la dépassent.

Heures supplémentaires: heures effectuées, à la demande de l'employeur, au-delà de la durée légale du travail.

Horaires collectifs: horaires de travail déterminés collectivement et s'imposant de manière uniforme à l'ensemble des salariés.

Horaires individualisés: horaires de travail que le salarié peut déterminer librement, sous réserve de respecter des plages horaires fixes s'imposant à tous.

Intéressement: mode d'association des salariés aux résultats ou aux performances de l'entreprise; de caractère facultatif, l'intéressement présente un caractère aléatoire et résulte d'une formule de calcul liée à ces résultats ou performances.

Journée de solidarité: journée supplémentaire de travail non rémunérée pour les salariés (éventuellement remplacée par la contribution prévue au 1° de l'article 11 de la loi n°2004-626 du 30 juin 2004 relative à la solidarité pour l'autonomie des personnes âgées et des personnes handicapées) instituée en vue d'assurer le financement des actions en faveur de l'autonomie des personnes âgées ou handicapées.

Lettre de licenciement: lettre notifiée au salarié licencié dans laquelle doit être indiqué le motif précis du licenciement, sous peine de licenciement sans cause réelle et sérieuse.

Licenciement: acte unilatéral par lequel un employeur décide de rompre le contrat de travail.

Licenciement illicite : licenciement reposant sur un motif illicite (par ex. un licenciement reposant sur un motif discriminatoire) et justifiant, par sa nullité, la réintégration du salarié s'il la demande auprès du juge.

Licenciement injustifié : licenciement dépourvu d'une cause réelle et sérieuse et ouvrant droit à une indemnisation.

Licenciement pour motif économique : licenciement effectué pour un motif non-inhérent à la personne du salarié résultant «d'une suppression ou transformation d'emploi ou d'une modification, refusée par le salarié, d'un élément essentiel de son contrat de travail, consécutives notamment à des difficultés économiques ou à des mutations technologiques».

Licenciement pour motif personnel : licenciement tiré d'un motif inhérent à la personne du salarié (faute disciplinaire, absence pour maladie, insuffisance professionnelle, etc.).

Livret : document de police administrative que tout ouvrier devait remettre à son employeur à la suite de son embauche.

Lock out : fermeture provisoire de l'entreprise que décide un employeur pour prévenir ou pour arrêter une grève.

Maison de l'emploi : organisme implanté au niveau d'une région qui contribue à la coordination des actions menées dans le cadre du service public de l'emploi et exerce des actions en matière de prévision des besoins de main-d'œuvre et de reconversion des territoires, notamment en cas de restructurations. La maison de l'emploi participe également à l'accueil et à l'orientation des demandeurs d'emploi, à l'insertion, à l'orientation en formation, à l'accompagnement des demandeurs d'emploi et des salariés et à l'aide à la création d'entreprise.

Maître d'apprentissage : personne directement responsable de la formation de l'apprenti et assumant la fonction de tuteur; il a pour mission de contribuer à l'acquisition par l'apprenti dans l'entreprise des compétences correspondant à la qualification recherchée et au titre ou diplôme préparés, en liaison avec le centre de formation d'apprentis.

Mandatement : habilitation à négocier et à conclure un accord collectif qu'un syndicat représentatif donne à un simple salarié dans une entreprise dépourvue de délégués syndicaux.

Marchandage : opération à but lucratif de fourniture de main-d'œuvre qui a pour effet de causer un préjudice au salarié qu'elle concerne ou d'éluder l'application de dispositions légales ou de stipulations d'une convention ou d'un accord collectif de travail.

Médecin du travail : médecin poursuivant dans l'entreprise une mission préventive, qui consiste à éviter toute altération de la santé des travailleurs du fait de leur travail, notamment en surveillant leurs conditions d'hygiène au travail, les risques de contagion et leur état de santé.

Mensualisation : paiement mensuel du salaire, indépendant du nombre de jours travaillés dans le mois, qui a pour effet de neutraliser les conséquences de la répartition inégale des jours entre les douze mois de l'année.

Mise à la retraite : acte unilatéral par lequel un employeur se sépare d'un salarié pouvant prétendre à une pension de retraite à taux plein.

Mise à pied conservatoire : mesure préalable à une sanction définitive, qui se traduit par la suspension provisoire du contrat de travail.

Mise à pied disciplinaire : mesure disciplinaire se traduisant par la suspension provisoire du contrat de travail en vue de sanctionner un comportement fautif.

Mise à pied économique : mesure de chômage partiel, dite également chômage technique.

Mission locale : association ou groupement d'intérêt public constitué entre l'État, des collectivités territoriales, des établissements publics, des organisations professionnelles et syndicales et des associations, en vue d'aider les jeunes de seize à vingt-cinq ans révolus à résoudre l'ensemble des problèmes que pose leur insertion professionnelle et sociale en assurant des fonctions d'accueil, d'information, d'orientation et d'accompagnement. La mission locale favorise la concertation entre les différents partenaires en vue de renforcer ou compléter les actions conduites par ceux-ci, notamment pour les jeunes rencontrant des difficultés particulières d'insertion professionnelle et sociale. Elle contribue à l'élaboration et à la mise en œuvre, dans sa zone de compétence, d'une politique locale concertée d'insertion professionnelle et sociale des jeunes.

Modification dans la situation juridique de l'employeur : v. transfert d'entreprise.

Modification du contrat de travail : modification d'un élément essentiel du contrat de travail (rémunération, qualification, durée du travail, secteur géographique). Elle nécessite l'acceptation du salarié.

Modulation du temps de travail : forme d'aménagement du temps de travail qui consiste à faire fluctuer les horaires de travail en fonction des variations d'activités, les périodes d'activité intense devant être compensées par des périodes de basse activité.

Mouvement collectif illicite : perturbation collective du travail qui échappe à la qualification de grève.

Obligation de sécurité de résultat : obligation du chef d'entreprise de prendre les mesures nécessaires pour assurer la sécurité et protéger la santé physique et mentale des travailleurs ; la seule survenance d'un accident du travail fait présumer un manquement à cette obligation dite de résultat, manquement présentant les caractères d'une faute inexcusable.

Ordre des licenciements : critères que l'employeur doit suivre pour déterminer nominativement, dans une procédure de licenciement pour motif économique, les salariés touchés par les mesures de suppression d'emploi. Ces critères «prennent notamment en compte les charges de famille et en particulier celles de parents isolés, l'ancienneté de service dans l'établissement ou l'entreprise, la situation des salariés qui présentent des caractéristiques sociales rendant leur réinsertion professionnelle particulièrement difficile, notamment des personnes handicapées et des salariés âgés, les qualités professionnelles appréciées par catégorie».

Ordre public absolu (règles d') : ensemble des règles auxquelles il est impossible de déroger par convention (tant individuelle que collective), même dans un sens que l'on suppose plus favorable pour les salariés.

Ordre public social (règles d') : ensemble de règles auxquelles il n'est possible de déroger par convention (individuelle ou collective) que dans un sens plus favorable pour les salariés.

Ordre public simple – dit dérogatoire – (règles d') : ensemble des règles auxquelles les conventions collectives, mais non le contrat de travail, peuvent déroger même dans un sens défavorable aux salariés.

OPCA (Organisme collecteur paritaire agréé)**:** organisme habilité à recevoir les contributions des employeurs au titre de la formation professionnelle.

Paritarisme: principe gouvernant la composition et le fonctionnement d'un organisme, d'une commission ou d'une juridiction, selon lequel il y a lieu de placer en situation d'égalité de nombre les représentants des syndicats de salariés et les représentants des groupements patronaux.

Participation: mode obligatoire de participation aux résultats de l'entreprise. Il prend la forme d'une participation financière à effet différé, calculée en fonction du bénéfice net de l'entreprise, constituant la réserve spéciale de participation.

Placement: L'activité de placement consiste à fournir, à titre habituel, des services visant à rapprocher les offres et les demandes d'emploi, sans que la personne assurant cette activité ne devienne partie aux relations de travail susceptibles d'en découler.

Plan de sauvegarde de l'emploi: dans les entreprises employant au moins 50 salariés, l'employeur doit, lorsqu'il licencie au moins 10 salariés sur une même période de 30 jours, élaborer un acte unilatéral – dénommé plan de sauvegarde de l'emploi – en vue «d'éviter les licenciements ou en limiter le nombre et de faciliter le reclassement du personnel dont le licenciement pourrait être évité».

Plan social: v. Plan de sauvegarde de l'emploi.

PEE (Plan d'épargne entreprise)**:** système d'épargne collectif ouvrant aux salariés de l'entreprise la faculté de participer, avec l'aide de celle-ci, à la constitution d'un portefeuille de valeurs mobilières.

PERCO (Plan d'épargne retraite collectif)**:** produit d'épargne salariale venant en complément de la pension de retraite.

Portage salarial: convention par laquelle une société de portage salarial prend en charge la gestion administrative, comptable, fiscale et sociale de la prestation de travail exécutée par une personne physique – considéré comme son salarié – au profit d'une ou plusieurs entreprises clientes.

PPESV (Plan partenarial d'épargne salariale volontaire)**:** produit d'épargne salariale.

Préavis: délai d'attente, appelé également délai-congé, qui suspend pendant un temps déterminé les effets d'un licenciement ou d'une démission.

Prêt illicite de main-d'œuvre: Toute opération à but lucratif ayant pour objet exclusif le prêt de main-d'œuvre est interdite, sauf dans le cadre des dispositions de l'article L. 222-3 du code du sport relatives aux associations ou sociétés sportives et des dispositions relatives au travail temporaire, aux entreprises de travail à temps partagé et à l'exploitation d'une agence de mannequins lorsque celle-ci est exercée par une personne titulaire de la licence d'agence de mannequin.

Principes généraux du droit du travail: règles issues du Code du travail que le juge applique, même sans texte, aux agents publics titulaires et contractuels, ainsi qu'aux personnels des entreprises à statut de droit public.

Priorité d'embauche: droit reconnu à une personne présentant des caractéristiques particulières d'avoir la préférence sur d'autres candidats dans l'hypothèse où un poste correspondant à sa qualification est à pourvoir.

Priorité de réembauchage: droit reconnu à un salarié déterminé d'être réembauché dans l'hypothèse où un poste correspondant à sa qualification est à pourvoir.

Promesse d'embauche: engagement pris par un employeur de conclure un contrat de travail.

Protocole d'accord préélectoral: accord collectif conclu en vue de préparer les élections professionnelles dans l'entreprise; il sert notamment à répartir le personnel entre les différents collèges électoraux et les sièges entre les différentes catégories de salariés.

Reclassement (obligation de): obligation pesant sur l'employeur de rechercher un autre emploi au salarié menacé d'un licenciement pour motif économique ou inapte à occuper son emploi initial à la suite d'une maladie ou d'un accident.

Recommandation: décision prise par un groupement professionnel d'employeurs qui s'impose à ses adhérents.

Reçu pour solde de tout compte: document établi par l'employeur et signé par le salarié dans lequel ce dernier reconnaît avoir reçu les sommes que l'employeur lui devait à l'issue de son contrat de travail.

Référé: procédure judiciaire d'urgence tendant à obtenir toutes les mesures qui ne se heurtent à aucune contestation sérieuse ou que justifie l'existence d'un différend.

Règlement intérieur: acte réglementaire de droit privé que l'employeur établit dans l'entreprise pour fixer les règles générales et permanentes relatives à la discipline, pour déterminer les mesures d'application de la réglementation relative à l'hygiène et la sécurité dans l'entreprise, ainsi que pour rappeler les dispositions relatives au droit de la défense des salariés dans le cadre d'une procédure disciplinaire et les dispositions relatives au harcèlement moral et sexuel.

Repos compensateur: temps de repos qui est attribué au salarié effectuant un certain nombre d'heures supplémentaires. Il s'ajoute à la majoration de salaire.

Repos compensateur équivalent: temps de repos venant en remplacement des majorations de salaires dues au titre d'heures supplémentaires.

Repos dominical: repos qui doit être attribué à tout salarié le dimanche.

Repos quotidien: repos quotidien de onze heures consécutives qui doit être accordé à tout salarié.

Représentant syndical au comité d'entreprise: représentant que désigne un syndicat représentatif pour défendre ses intérêts au sein du comité d'entreprise

Représentativité syndicale: aptitude juridique d'un syndicat à s'exprimer, à agir et à décider pour l'ensemble des salariés et employeurs compris dans le cadre d'appréciation de sa représentativité.

Requalification: sanction consistant à requalifier un contrat à durée déterminée ou un contrat de travail temporaire en contrat à durée indéterminée en raison de certaines irrégularités de forme ou de fond considéré comme graves.

Résiliation: mode d'anéantissement d'un contrat à exécution successive voulue par une partie (résiliation unilatérale), souhaitée par les deux parties (résiliation conventionnelle) ou prononcée par le juge (résiliation judiciaire).

Résolution: v. résiliation.

Revenu minimum d'insertion: revenu minimal garanti par l'autorité publique au profit des plus démunis, destiné notamment à faciliter leur insertion ou réinsertion sociale et professionnelle.

Revitalisation des bassins d'emploi: les entreprises qui procèdent à un licenciement collectif affectant, par son ampleur, l'équilibre du ou des bassins d'emploi dans lesquels elles sont implantées, sont tenues de participer à la revitalisation des bassins d'emplois, c'est-à-dire de contribuer à la création d'activités et au développement des emplois et d'atténuer les effets du licenciement envisagé sur les autres entreprises dans le ou les bassins d'emploi.

Salaire: rémunération perçue par le salarié en contrepartie ou à l'occasion du travail.

Service organisé: indice jurisprudentiel concourant à la reconnaissance de la qualité de salariés de certains travailleurs, tels que les médecins exerçant dans les établissements privés, dont l'activité suppose une certaine indépendance ou une liberté d'expression.

Subordination (du salarié): situation de dépendance juridique dans laquelle se place le salarié à l'égard de l'employeur disposant du «pouvoir de donner des ordres et de directives, d'en contrôler l'exécution et de sanctionner les manquements de son subordonné».

Suspension (du contrat de travail): interruption provisoire de l'exécution du contrat, à l'issue de laquelle le salarié retrouve son emploi (par exemple, pendant les congés payés).

Syndicat: groupement professionnel, doté de la personnalité morale, qui a «exclusivement pour objet l'étude et la défense des droits ainsi que des intérêts matériels et moraux, tant collectifs qu'individuels, des personnes visées par leurs statuts».

Temps de travail effectif: temps pendant lequel «le salarié est à la disposition de l'employeur et doit se conformer à ses directives sans pouvoir vaquer librement à des occupations personnelles».

Transfert d'entreprise: le transfert d'entreprise, que l'on définit comme le «transfert d'une entité économique conservant son identité et dont l'activité est poursuivie ou reprise», entraîne le maintien des contrats de travail par le nouvel employeur.

Travail à temps partagé: le recours au travail à temps partagé a pour objet la mise à disposition d'un salarié par une entreprise de travail à temps partagé au bénéfice d'un client utilisateur pour l'exécution d'une mission.

Travailleur indépendant: travailleur qui exerce son activité professionnelle sans se placer sous la subordination juridique de son donneur d'ordre; il présente la particularité également de supporter les risques de son exploitation.

Travail temporaire: le recours au travail temporaire a «pour objet la mise à disposition temporaire d'un salarié par une entreprise de travail temporaire au bénéfice d'un client utilisateur pour l'exécution d'une mission».

TASS (Tribunal des affaires de sécurité sociale): juridiction de l'ordre judiciaire chargée de connaître des différends entre les assurés sociaux et les caisses de sécurité sociale (par exemple, contestation portant sur l'assujettissement, le calcul et le recouvrement des cotisations et des prestations sociales, le remboursement des frais médicaux, etc.); elle ne peut être saisie qu'après un recours amiable exercé devant la commission de la sécurité sociale.

TCI (Tribunal du contentieux de l'incapacité) **:** juridiction judiciaire chargée de connaître, en première instance, du contentieux de l'inaptitude au travail d'ordre médical.

UNEDIC (Union nationale pour l'emploi dans l'industrie et le commerce)**:** organisme national chargé de fédérer l'activité des ASSEDIC.

Unicité de l'instance: principe obligeant, en matière prud'homale, à grouper toutes les demandes dérivant d'un même contrat de travail en une seule instance.

Unité économique et sociale: l'unité économique et sociale est un regroupement d'entreprises en un seul ensemble dans le but d'y implanter des institutions représentatives du personnel communes qui, en raison des seuils d'effectifs, n'auraient jamais pu s'établir dans chaque entreprise appartenant à cette unité. Cette unité doit se reconnaître à la fois du point de vue économique (résultant par exemple d'une identité de capitaux ou d'une communauté de dirigeants) et d'un point de vue social (résultant par exemple de l'identité d'un statut collectif ou de l'interchangeabilité du personnel).

URSSAF (Union pour le recouvrement des cotisations de sécurité sociale et d'allocations familiales)**:** organisme chargé de recouvrer les cotisations et contributions sociales.

Usage d'entreprise: usage propre à une entreprise qui naît de la volonté d'un employeur d'accorder un avantage à tout ou partie du personnel. Un tel usage se reconnaît par sa constance (il se renouvelle d'une période à l'autre), par sa généralité (il est applicable à toutes les personnes remplissant les mêmes conditions) et sa fixité (il offre un avantage d'un même montant ou d'une même quotité).

Usage professionnel: usage propre à une profession et à une localité donnée, qui est devenue obligatoire par la force de l'habitude. Par exemple, en l'absence de dispositions légales, de convention ou accord collectif, l'existence et la durée du délai congé que doit respecter le salarié qui démissionne résultent des «usages pratiqués dans la localité et la profession».

Principales abréviations

AAH	: Allocation pour adulte handicapé
ACCRE	: Aide aux créateurs et repreneurs d'entreprise
AFPA	: Association pour la formation des adultes
Agefiph	: Fonds pour l'insertion des handicapés
AGIRC	: Association générale des institutions de retraites des cadres
AGS	: Association pour la Gestion du régime d'assurance des créances d'origine salariale
ALE	: Agence locale pour l'emploi
AMF	: Autorité des marchés financiers
ANI	: Accord National Interprofessionnel
ANPE	: Agence Nationale pour l'Emploi
Ass. plen.	: Assemblé Plénière de la Cour de cassation
APA	: Allocation personnalisée d'autonomie
APEC	: Agence pour l'emploi des cadres
API	: Allocation de parent isolé
ARE	: Allocation d'aide au retour à l'emploi
ARPE	: Allocation de remplacement pour l'emploi
ARRCO	: Association des régimes de retraites complémentaires
Art.	: Article
ASFNE	: Allocation Spéciale du Fond National pour l'Emploi
ASS	: Allocations de solidarité spécifique
ASSEDIC	: Association pour l'emploi dans l'industrie et le commerce
BIT	: Bureau International du Travail
Bull. I, II, III, IV ou V	: Bulletin des arrêts de la Cour de cassation, Chambres civiles (I, II, III), commerciale (IV) ou sociale (V)
Bull. crim.	: Bulletin des arrêts de la Cour de cassation, Chambre criminelle
CA	: Cour d'appel ou contrat d'avenir
CAE	: Contrat d'accompagnement dans l'emploi
CAF	: Caisse d'allocations familiales
Cass.	: Cour de cassation
Cass. crim.	: v. Crim.
Cass. soc.	: v. Soc.
CATS	: Cessation d'activité anticipée de certains travailleurs salariés
C.C.	: Conseil constitutionnel
CE	: Conseil d'État
CFA	: Centre de formation des apprentis
Ch. mixte	: Chambre mixte de la Cour de cassation
C. civ.	: Code civil
CDD	: Contrat à durée déterminée
CDI	: Contrat à durée indéterminée

CEC	: Contrat emploi-consolidé
CEDH	: Convention européenne de sauvegarde des droits de l'homme et des libertés fondamentales
CEJ	: Contrat emploi-jeunes
CES	: Confédération européenne des syndicats
CES	: Contrat emploi-solidarité
CFA	: Centre de formation des apprentis
CFDT	: Confédération française du travail
CFTC	: Confédération française des travailleurs chrétiens
CGC-CFE	: Confédération générale des cadres – Confédération française de l'encadrement
CGT	: Confédération générale du travail
CHSCT	: Comité d'hygiène, de sécurité et des conditions de travail
CIE	: Contrat initiative emploi
CI-RMA	: Contrat d'insertion-revenu minimum d'activité
Civ. 1re, 2e, 3e	: Arrêt de la 1re, 2e ou 3e Chambre civile de la Cour de cassation
CJCE	: Cour de Justice des Communautés européennes
CMU	: Couverture maladie universelle
CNAF	: Caisse nationale d'allocations familiales
CNAM	: Caisse nationale d'assurance-maladie
CNAV	: Caisse nationale d'assurance vieillesse
CNE	: Contrat "Nouvelles Embauches"
CNITAT	: Cour nationale de l'incapacité et de la tarification de l'assurance des accidents du travail
Concl.	: Conclusions
CPAM	: Caisse primaire d'assurance-maladie
C. pén.	: Code pénal
CPH	: Conseil de prud'hommes
CRDS	: Contribution au remboursement de la dette sociale
Crim.	: Arrêt de la Chambre criminelle de la Cour de cassation
CSI	: Confédération syndicale internationale
CSG	: Contribution sociale généralisée
CSP	: Code de santé publique
CSS	: Code de la sécurité sociale
C. trav.	: Code du travail
D.	: Décret
D.	: Recueil Dalloz
DDTEFP	: Direction du travail, de l'emploi et de la formation professionnelle
EPA	: Établissement public administratif
EPIC	: Établissement public industriel et commercial
FNE	: Fond National pour l'emploi
FO	: Force Ouvrière
HALDE	: Haute autorité de lutte contre les discriminations et pour l'égalité
JO	: Journal Officiel
INSEE	: Institut national de la statistique et des études économiques
L.	: Loi

L.G.D.J.	: Librairie Générale de Droit et de Jurisprudence
MSA	: Mutualité sociale agricole
OPA	: Offre publique d'achat
OPE	: Offre publique d'échange
PAJE	: prestation d'accueil au jeune enfant
PARE	: Plan d'aide au retour à l'emploi
PAP	: Plan d'action personnalisé (devenu le PPAE)
PERCO	: Plan d'épargne pour la retraite collective
PPAE	: Projet personnalisé d'accès à l'emploi
PPE	: Plan d'épargne d'entreprise
PPESV	: Plan partenarial d'épargne salariale volontaire
Rapp.	: Rapport
SAM	: Salaire annuel moyen
SEJE	: Dispositif de soutien à l'emploi des jeunes
SMIC	: Salaire Minimum Interprofessionnel de Croissance
SMIG	: Salaire Minimum Interprofessionnel Garanti
Soc.	: Arrêt de la Chambre sociale de la Cour de cassation
T. adm.	: Tribunal administratif
TASS	: Tribunal des affaires de sécurité sociale
TC	: Tribunal de commerce
TCI	: Tribunal du contentieux de l'incapacité
T. confl.	: Tribunal des conflits
TGI	: Tribunal de grande instance
TI	: Tribunal d'instance
UES	: Unité économique et sociale
UNEDIC	: Union nationale pour l'emploi dans l'industrie et le commerce
URSSAF	: Union pour le recouvrement des cotisations de sécurité sociale et d'allocations familiales
VRP	: Voyageurs, représentants et placiers

Bibliographie

1) Manuels

Droit du travail:

G. Aubin, J. Bouveresse, Introduction historique au droit du travail, PUF, Coll. droit fondamental, 1995.

B. Bossu, F. Dumont, P.-Y. Verkindt, Droit du travail, Tome 1, Introduction, relations individuelles du travail, Coll. cours, Montchrestien, 2006; Droit du travail, Tome 2, Relations collectives du travail, Réglementation du travail, Coll. cours, Montchrestien, 2006.

A. Cœuret, E. Fortis, Droit pénal du travail, 3e éd., Litec, 2004.

A. Cœuret, B. Gauriau, M. Miné, Droit du travail, Sirey, Coll. Université, 2006.

G. Couturier, droit du travail, PUF., Coll. Droit Fondamental, v. I: Les relations individuelles du travail, 3e éd. 1996, v. II: Les relations collectives du travail, 3e 2001.

Y. Delamotte, D. Marchand, Le droit du travail en pratique, Les éditions d'organisations, 2004.

E. Dockes, Droit du travail: relations individuelles, Dalloz, Hypercours, 2005.

F. Duquesne, Droit du travail, Coll. Manuels, Gualino, 2ème éd., 2007.

F. Favennec-Hery, P.-Y. Verkindt, Droit du travail, LGDJ, 2007.

F. Gaudu, Droit du travail, Dalloz, Les cours du droit, 2006.

J.-P. Le Crom (sous la dir.), Deux siècles de droit du travail. L'histoire par les lois, Éd. de l'Atelier, 1998.

J.-P. Le Crom (sous la dir.), Les acteurs de l'histoire du travail, Presses Universitaires de Rennes, 2004.

G. Lyon-Caen et A. Lyon-Caen, Droit social européen, Dalloz, 8e éd., 1993.

A. Mazeaud, Droit du travail, Montchrestien, 4e éd. Coll. Domat, 2004.

M.-A. Moreau, Normes sociales, droit du travail et mondialisation, Dalloz, Coll. A droit ouvert, 2006.

J. Pelissier, A. Lyon-Caen, A. Jeammaud, E. Dockes, Les grands arrêts du droit du travail, Dalloz, 3e éd., 2004.

J. Pelissier, A. Supiot, A. Jeammaud, Droit du travail, Dalloz, 2006.

F. Petit, Droit des relations individuelles du travail, Gualino 2007; Droit des relations collectives du travail, Gualino 2007.

B. Teyssie, Droit du travail, t. I: Les relations individuelles de travail, 3e éd., 2000, t. II: Les relations collectives du travail, 4e éd., 2005, LITEC.

B. Teyssie, Droit européen du travail, Litec, 2e éd. 2003.

J.E. Ray, Droit du travail, droit vivant, Éd. Liaisons, 15e éd. 2006.

J. Rivero et J. Savatier, Droit du travail, Thémis, 13e éd. 1993.

P. Rodiere, Droit social dans l'union européenne, 2e éd. LGDJ 2002.

Droit de la protection sociale:

M. Borgetto et R. Lafore, Droit de l'aide et de l'action sociales, Montchrestien, coll. Domat, 5e éd. 2004.

J.-P. CHAUCHARD, Droit de la sécurité sociale, Montchrestien, 3e éd. 2005.
Ph. COURSIER, Travaux dirigés de droit de la sécurité sociale, Litec, 3e éd. 2003.
J.-J. DUPEYROUX, R. RUELLAN, M. BORGETTO, R. LAFORE, Droit de la sécurité sociale, Dalloz, 15e éd., 2005.
F. KESSLER, Droit de la protection sociale, Dalloz 2005 2e éd.
F. KESSLER et J.-P. LHERNOULD, Droit social et politiques sociales communautaires, éd. Liaisons 2003.
J.-P. LABORDE, Droit de la sécurité sociale, Thémis, PUF, 2005.
P. MORVAN, Droit de la protection sociale, Litec, 2e éd. 2005.
R. PELLET, Leçons de droit social, Sirey, 2005.
X. PRETOT, Les grands arrêts du droit de la sécurité sociale, Dalloz, 1998, 2e éd.
X. PRETOT, Protection sociale, 6 ans de jurisprudence (1997-2002), Litec, 2003.
F. KESSLER, N. ALLOUCH, F. LABISSE, N. MARIGNIER de TREVILLE, I. POLITIS, C. SEBBAH, Droit de la protection sociale: travaux-dirigés, Montchrestien, 2002.

2) Traités

Droit du travail:

– F. GAUDU et R. VATINET, Les contrats du travail, Contrats individuels, conventions collectives et actes unilatéraux, Traité des contrats, sous la dir. de J. GHESTIN, LGDJ, 2001.

– Les éditions Dalloz ont également publié une série de traités sous la direction de M. le Professeur G.-H. CAMERLYNCK:
Tome 1: G.-H. CAMERLYNCK, Le contrat de travail, mis à jour par M.-A. MOREAU-BOURLES, 1988;
Tome 2: G. LYON-CAEN, Les salaires, 1981;
Tome 3: J. BLAISE, Réglementation du travail et de l'emploi, 1966;
Tome 4: N. CATALA, L'entreprise, 1980;
Tome 5: J.-M. VERDIER, Syndicats et droit syndical, 2 volumes: vol. I (1984) et vol. II (1987);
Tome 6: J.-C. JAVILLIER, H. SINAY, La grève, 1991;
Tome 7: M. DESPAX, Négociations, conventions et accords collectifs, 1989;
Tome 8: N. VALTICOS, Droit international du travail, 1983;
Tome 9: A. SUPIOT, Les juridictions du travail, 1987.

– J. LE GOFF,
Tome 1: Droit du travail et société – Relations individuelles, PU de Rennes 2001.
Tome 2: Droit du travail et société – Relations collectives, PU de Rennes 2002.
v. aussi: Du silence à la parole, Une histoire du droit du travail des années 1830 à nos jours, PU de Rennes, 2004.

– J. VILLEBRUN et G.-P. QUETANT, Traité de la juridiction prud'homale, LGDJ, 3e éd., 1998.

Droit de la sécurité sociale:

Y. SAINT-JOURS (sous la dir.), Traité de la sécurité sociale, LGDJ, 5 tomes:

Tome 1, Le droit de la sécurité sociale, 2e éd. 1984, par Y. SAINT-JOURS;
Tome 2, L'économie de la sécurité sociale, 1981, par C. MILLS;
Tome 3, Les accidents du travail, 1982, par Y. SAINT-JOURS, N. ALVAREZ et I. VACARIE;
Tome 4, La protection sociale agricole, 1984, par Yves SAINT-JOURS avec les caisses centrales de mutualité sociale agricole;
Tome 5, La mutualité, 1990, par Y. SAINT-JOURS, M. DREYFUS et D. DURAND.

3) Encyclopédies

DICTIONNAIRE PERMANENT SOCIAL (Éd. Législatives).
Répertoire DALLOZ, Droit du travail, 4 tomes.
JURISCLASSEUR Travail, 6 tomes et Protection sociale, 4 tomes.
LAMY Social.
LAMY Protection sociale.

4) Mélanges

H. BLAISE, Economica, 1995.
A. BRUN, Librairie sociale et économique, 1974.
G.-H. CAMERLYNCK, Dalloz 1978.
M. DESPAX, Presses de l'Université de Toulouse, 2002.
G. LYON-CAEN, Dalloz 1989.
P. ORTSCHEIDT, Presses de l'Université de Strasbourg, 2003.
J. PELISSIER, Dalloz, 2004.
J. SAVATIER, PUF., 1992.
H. SINAY, Éd. N. ALIPRANTIS et F. KESSLER, 1994.
J.-M. VERDIER, Dalloz, 2001.

5) Revues

Sept revues dominent la sphère du droit social : il s'agit de DROIT SOCIAL (Dr. Soc.), de la Revue de Droit du Travail (RDT), de la Revue de Droit Sanitaire et Social (RDSS), de la Revue de Jurisprudence Sociale (RJS), de la Semaine Juridique, éd. Sociale (JCP éd. Soc.), de la Semaine Sociale Lamy (SSL) et de Droit Ouvrier (Dr. Ouv.). Ces sept périodiques publient régulièrement des articles de doctrine, ainsi que des notes et commentaires de jurisprudence.

Autres revues :

– publiées par des centrales syndicales : Action juridique (CFDT, bimestriel), Cahiers prud'homaux (MEDEF, mensuel), InF.O. juridiques (FO, mensuel), Jurisprudence Sociale UIMM (mensuel), Revue pratique de droit social (CGT, mensuel). Droit ouvrier est également une revue syndicale (CGT).
– destinées principalement aux praticiens : Les Cahiers Sociaux du Barreau de Paris (mensuel), Légi-Social (mensuel), Liaisons Sociales (quotidien et mensuel), Jurisprudence sociale Lamy (mensuel)

6) Thèses publiées

P. ADAM, L'individualisation du droit du travail, Bibl. de droit social, LGDJ, 2005.

N. ALIPRANTIS, La place de la convention collective dans la hiérarchie des normes, Bibl. de droit social, LGDJ, 1980.
F. BARON, Marché intérieur et droit social dans l'Union européenne, PU Aix-Marseille, 1998.
P. BATHMANABANE, L'abus du droit syndical, Bibl. de droit social, LGDJ, 1993.
D. BOULMIER, Preuve et instance prud'homale, Bibl. de droit social, LGDJ, 2002.
A. BUGADA, L'avantage acquis en droit du travail, PU Aix-Marseille 1999.
L. CASAUX, La pluriactivité ou l'exercice par une même personne physique de plusieurs activités professionnelles, Bibl. de droit privé, LGDJ 1993.
J. CHORIN, Le particularisme des relations du travail dans les entreprises à statut, Bibl. de droit privé, LGDJ 1994.N. CAUSSE, La valeur juridique des chartes d'entreprises au regard du droit du travail français, PU Aix-Marseille 2000.
N. COLIN, Conventions et accords collectifs de droit social à l'épreuve du temps, l'Harmattan, Logiques juridiques 2000.
J. COLONNA, Le droit des relations du travail confronté au VIH/SIDA, PU Aix-Marseille, 2002.
I. CORIATT-ATTIA, Le statut de la pluriactivité en droit social, PU Aix-Marseille, 1999.
I. CORNESSE, La proportionnalité en droit du travail, coll. Bibliothèque de droit de l'entreprise, Litec, 2001.
Ph. COURSIER, Le conflit de lois en matière de contrat de travail, Bibl. de droit privé, LGDJ 1993.
E. COURTOIS-CHAMPENOIS, L'organisation du droit du licenciement aux États-Unis, Approche comparative des droits américain et français, PU Aix-Marseille, 1997.
L. Dauxerre, La représentativité syndicale, instrument de dialogue social, PU Aix-Marseille, 2005.
I. DESBARATS, L'entreprise à établissements multiples en droit du travail, Bibl. de droit social, LGDJ, 1996.
G. DOLE, Les ecclésiastiques et la sécurité sociale en droit comparé, Bibl. de droit social, LGDJ, 1976.
G. DOLE, Les professions ecclésiastiques, fiction juridique et réalité sociologique, Bibl. de droit social, LGDJ, 1987.
G. DOLE, La liberté d'opinion et de conscience en droit comparé du travail. Union européenne 1. Droit européen et droit français, Bibl. de droit social, LGDJ, 1997.
S. DOUAY, Travail et génétique, De la sélection préventive à la prévention sélective, L'Harmattan, 2003.
L. DRAI, Le droit du travail intellectuel, Bibl. de droit social, LGDJ, 2005.
L. Driguez, Droit social et droit de la concurrence, éd. Bruylant, 2006.
S. DROLLET, Le droit du travail en Polynésie française: entre autonomie et assimilation, PU Aix-Marseille, 2000.
C. Fourcade, L'autonomie collective des partenaires sociaux, Essai sur les rapports entre démocratie politique et démocratie sociale, Bibl. de droit social, LGDJ 2006.
S. FROSSARD, Les qualifications en droit du travail, Bibl. de droit social, LGDJ, 2000.

L. GAMET, Les contrats de travail conclus au titre des dispositifs publics de mise à l'emploi, Bibl. de droit privé, LGDJ 2002.
C. GARBAR, Le droit applicable au personnel des entreprises publiques, Bibl. de droit public, LGDJ, 1996.
P. GIRON, Protection sociale complémentaire par capitalisation: droit et fiscalité, collection d'études sur le droit des assurances, LGDJ, 1993.
M. GREVY, La sanction civile en droit du travail, Bibl. de droit social, LGDJ, 2002.
F. HEAS, Le reclassement du salarié en droit du travail, Bibl. de droit social, LGDJ, 2000.
D. HENNEBELLE, Essai sur la notion de salaire, PU Aix-Marseille, 2000.
A. Johanson, La détermination du temps de travail effectif, Bibl. de droit social, LGDJ, 2006.
T. KATZ, La négociation collective et l'emploi, Bibl. de droit social, LGDJ, 2007.
S. LEFEBVRE, Nouvelles technologies et protection de la vie privée en milieu de travail en France et au Québec, PU Aix-Marseille, 1998.
L. LEROUGE, La reconnaissance d'un droit à la protection de la santé mentale en droit du travail, Bibl. de droit social, LGDJ, 2005.
N. LOUIT-MARTINOD, L'évolution contemporaine du droit des contrats à durée limitée, Vers un régime harmonisé, PU d'Aix-Marseille, 2003.
N. MAGGI-GERMAIN, Négociation collective et transformations de l'entreprise publique à statut, Bibl. de droit social, LGDJ 1996.
A. MARTINON, Essai sur la stabilité du contrat de travail à durée indéterminée, coll. Nouvelle bibliothèque de thèse, Dalloz, 2005.
S. MICHAS-BEGUERIE, Régimes privés de retraites complémentaires. Perspectives comparative et européenne, Bibl. de droit privé, LGDJ 1998.
L. MILET, La protection juridique des victimes d'accidents de trajet, Bibl. de droit social, LGDJ, 2002.
C. MONIOLLE, Les agents non titulaires de la fonction publique de l'État, Bibl. de droit public, LGDJ, 1999.
M. MOREAU, Les litiges nés de l'interprétation des conventions collectives en droit québécois et français, Bibl. de droit social, LGDJ 1998.
M.L. MORIN, Le droit des salariés à la négociation collective, Bibl. de droit social, LGDJ 1994.
V. OGIER-BERNAUD, Les droits constitutionnels des travailleurs, Economica, PU Aix-Marseille, coll. Droit public positif, 2003.
I. OMARJEE, L'Outre-mer français et le droit social communautaire, Bibl. de droit international et communautaire, LGDJ, 2000.
F. PETIT, La notion de représentation dans les relations collectives du travail, Bibl. de droit privé, LGDJ 2000.
M. RABOTEAU-DUVAL, Le droit des contrats de travail à durée déterminée en droit espagnol et en droit français, PU Aix-Marseille, 2004.
C. RADE, Droit du travail et responsabilité civile, Bibl. de droit privé, LGDJ 1997.
J.E. RAY, Les pouvoirs de l'employeur à l'occasion de la grève, Litec, 1985.
G. RENECQ, La prescription médicale, PU Aix-Marseille, 1999.
V. RENAUX-PERSONNIC, L'avocat salarié: entre indépendance et subordination, PU Aix-Marseille, 1998.
T. REVET, La force de travail, LITEC, 1992.
C. RIOT, Le risque social, Université Montpellier I, 2005.

P. RODIERE, La convention collective en droit international privé, LITEC, 1987.

C. SACHS-DURAND, Les seuils d'effectif en droit du travail, Bibl. de droit social, LGDJ, 1985.

B. SIAU, Le travail temporaire en droit comparé, européen et international, Bibl. de droit social, LGDJ 1996.

B. SILHOL, Le chômage partiel, Bibl. de droit privé, LGDJ 1998.

A. SOBCZAK, Réseaux de sociétés et codes de conduite. Un nouveau modèle de régulation des relations de travail pour les entreprises européennes, Bibl. de droit social, LGDJ, 2002.

B. SOINNE, L'analyse juridique du règlement intérieur de l'entreprise, LGDJ 1970.

A. VIOTTOLO-LUDMANN, Égalité, liberté et relations contractuelles de travail, PU Aix-Marseille, 2004.

Ch. WILLMANN, L'identité juridique du chômeur, Bibl. de droit social, LGDJ, 1998.

C. Wolmark, La définition prétorienne, Étude en droit du travail, Coll. Nouvelle Bibl. de thèses, Dalloz, 2007.

S. YANNAKOUROU, L'État, l'autonomie collective et le travailleur: étude comparée du droit italien et du droit français de la représentativité syndicale, Bibl. de droit privé, LGDJ 1995.

7) Ouvrages complémentaires (ouvrages spécialisés, synthétiques ou pratiques)

AFFJ et EWLA, L'égalité entre femmes et hommes et la vie professionnelle, coll. Thèmes et comm., Dalloz 2003.

G. ADAM, J.-D. RAYNAUD, J.-M. VERDIER, La négociation collective en France, Éd. Ouvrières, 1972.

P.-H. ANTONMATTEI, A. CHEVILLARD, P. COURSIER et D. GATUMEL, Travaux-dirigés du droit du travail, Etudes de cas – Dissertations – Commentaires, 3e éd., LITEC, 1998.

E. AUBIN, Droit de l'aide et de l'action sociales, coll. Mémento, Gualino, 2006.

J. BARTHELEMY, Droit social, technique d'organisation de l'entreprise, Éd. Liaisons, 2003.

A. BENOIT, Droit de l'emploi, P.U. de Grenoble, 1995.

J. BICHOT, Les politiques sociales en France au XXe siècle, A. Colin, 1997.

J. BOISSONNAT, Le travail dans 20 ans, Odile Jacob, 1995.

M. BONNECHERE, Le droit du travail, La Découverte, 1998.

B. BONNICI, Politiques et protection sociales, Que sais-je, PUF, 1997.

G. BORENFREUND, A. LYON-CAEN, M.-A. SOURIAC et I. VACARIE, La négociation à l'heure des révisions, coll. Thèmes et comm., Dalloz 2005.

M. BORGETTO et R. LAFORE, La République sociale (Contribution à l'étude de la question démocratique en France), PUF, 2000.

H. CAPITANT et P. CUCHE, Précis de législation industrielle, Dalloz, 4e éd. 1936.

J.-Y. CARLIER et O. de SCHUTTER, La charte des droits fondamentaux de l'Union européenne, Bruylant, 2002.

J.-P. CHAUCHARD et A.C. HARDY-DUBERNET (sous la dir.), La subordination dans le travail, La doc. Française, 2003.

M. Cohen, Le droit des comités d'entreprise et des comités de groupe, 8e éd., LGDJ, 2005.
A. Cristau, Droit du travail, Hachette, 2005.
M. Del Sol, L'entreprise face aux risques professionnels, éd. Liaisons.
M. Despax et J. Pelissier, La gestion du personnel. Aspects juridiques, Éd. Cujas, (3 volumes), 1984.
J.-J. Dupeyroux et X. Pretot, Sécurité sociale, Cours élémentaire Droit, Sirey, 2000.
J.-J. Dupeyroux et X. Pretot, Droit de la sécurité sociale, 11e éd., Mémentos, Dalloz, 2005.
F. Duquesne, Droit du travail, Gualino, Coll. Mémento, 3e éd. 2005.
O. Dutheillet de Lamothe, Au carrefour de l'économique et du social: la politique de l'emploi, éd. Liaisons.
F. Favennec-Hery, Le travail à temps partiel, LITEC, 1997.
P.-J. Hesse et J.-P. Le Crom, La protection sociale sous le régime de Vichy, PU de Rennes, 2001.
M. Hirsch, Les enjeux de la protection sociale, Montchrestien, Coll. Clefs-Politique, 2e éd. 1994.
G. Huteau, Sécurité sociale et politiques sociales, A. Colin, 3e éd. 2001, 4e éd. Chez Sirey.
J.-C. Javillier, Les conflits du travail, Que sais-je?, PUF, 2e éd. 1978.
J.-C. Javillier, M. Moreau, Exercices pratiques, 5e éd., LGDJ, 2001.
A. Jeammaud (sous la dir.), Le droit du travail confronté à l'économie, coll. Thèmes et comm., Dalloz, 2005.
M.-T. Join-Lambert et alii, Politiques sociales, Presses de la Fondation nationale des sciences politiques, Dalloz, 2e éd. 1997.
J.-Y. Kerbourc'h, Le statut protecteur des représentants du personnel, coll. Pratique professionnelle, Litec 2003.
J. Laroque, Les élections professionnelles dans l'entreprise, Dalloz, 1983.
M. Laroque, Politiques sociales dans la France contemporaine (le social face à l'avenir), STH, 3e éd. 1990.
M. Laroque, Guide de la protection sociale, Dunod, 2001.
G. Lyon-Caen, Le droit du travail non salarié, Sirey, 1990.
G. Lyon-Caen, Les libertés publiques et l'emploi, rapport au ministère du travail publié en janv., La Documentation Française, 1992.
J.-L. Matt, La sécurité sociale: organisation et financement, coll. Systèmes, LGDJ 2001.
F. X. Merrien, L'État-Providence, Que sais-je?, PUF.
M. Meunier-Boffa, Droit social et politiques sociales, Litec, 1995.
M. Meunier-Boffa, Droit des relations sociales au travail, coll. Objectif droit, Litec, 4e éd. 2005.
M. Mine, Droit du temps de travail, LGDJ, 2004.
M. Mine, Négocier la réduction du temps de travail, 2e éd., Éd. de l'Atelier, 2000.
M. Mine, H. Rose, Y. Struillou, Droit du licenciement des salariés protégés, 2e éd., Economica, 2002.
M. Montalambert (sous la dir.), La protection sociale en France, La Documentation française, Coll. Les notices, 4e éd. 2004.
P. Morvan, Restructurations en droit social, Coll. Affaires finances, Litec, 2007.
J. Mouly, Droit du travail, 2e éd. Bréal, 2004.

S. G. NAGEL, Ch. TALAMY, Le droit international de la sécurité sociale, Que sais-je?, PUF, 1994.

F. NETTER, La sécurité sociale et ses principes, Dalloz, 2005.

J.-M. Olivier, F. Favennec-Hery, G. Couturier, A. Mazeaud, La négociation collective, Éd. Panthéon-Assas, 2004.

P. OLLIER, Le droit du travail, A. Colin, Coll. U, 1972.

N. OLSZAK, Histoire du droit du travail, Que sais-je, PUF, 1999.

B. PALIER, Gouverner la sécurité sociale, Le lien social, PUF, 2002.

F.-J. PANSIER, Les relations collectives du travail, Ellipses, 2002.

F.-J. PANSIER, Droit du travail, coll. Objectif droit, Litec, 4e éd. 2005.

J. PELISSIER (sous la direction), Droit de l'emploi, Dalloz Action, 1999.

F. PETIT, Droit de l'emploi, Étude juridique des politiques d'emploi, Montchrestien, 2005.

R. PELLET, Les finances sociales: économie, droit et politique, LGDJ, coll. Systèmes, 2001.

C. PIZZIO-DELAPORTE, Droit du travail, Les relations individuelles, 4e éd., 2001, Vuibert.

C. PIZZIO-DELAPORTE, Droit du travail, Les relations collectives, 2001, Vuibert.

X. PRETOT, Le droit social européen, Que sais-je, PUF, 2e éd. 1993.

C. PUIGELIER, La pratique de la cassation en matière sociale, Litec, 1996.

C. PUIGELIER, Droit du travail, Les relations individuelles, 3e éd., A. Colin, 2001.

C. PUIGELIER, Droit du travail, Les relations collectives, 2e éd., A. Colin, 1999.

C. RADE, Droit du travail, Coll. Focus, Montchrestien, 2e éd., 2002.

J.E. RAY, Aborder le droit du travail, Le Seuil, Mémo social, 1998.

P. ROSANVALLON, La question syndicale, Calmann Lévy, 1988.

P. ROSANVALLON, La crise de l'État-Providence, Coll. Points, Éd. du Seuil, 1992.

M. SPYROPOULOS, La liberté syndicale, LGDJ 1954.

A. SUPIOT, Critiques du droit du travail, Les voies du droit, PUF, 1994 (réédité en 2002, coll. Quadrige).

A. SUPIOT (sous la direction), Le travail en perspectives, LGDJ, 1998.

A. SUPIOT, Au-delà de l'emploi, Flammarion, 1999.

A. SUPIOT, Droit du travail, Que sais-je?, 2004, 2e éd. PUF.

B. TEYSSIE, Le comité d'entreprise européen, Economica, 1997.

B. TEYSSIE (sous la dir.), Les sources du droit du travail, PUF 1998.

B. TEYSSIE (sous la dir.), La personne en droit du travail, Éd. Panthéon-Assas, 1999.

B. TEYSSIE (sous la dir.), La négociation du contrat de travail, coll. Thèmes et comm., Dalloz 2004.

B. TEYSSIE (sous la dir.), Le nouveau droit de la négociation collective, Éd. Panthéon-Assas, 2004.

J.-M. VERDIER, A. COEURET, M.-A. SOURIAC-ROTSCHILD, Droit du travail: Vol. I, Rapports collectifs, 2005; Vol. II, Rapports individuels, 2005, 13e éd., Mémento Dalloz.

C. WILLMANN et J.-Y. KERBOURC'H (sous la dir.), Le licenciement pour motif économique après la loi de modernisation sociale, coll. Pratique professionnelle, Litec 2002.

Dans la collection “Pratique sociale”, Litec:
J. Amiel-Donat, Les clauses de non-concurrence en droit du travail, 1988.
J. Barthelemy, La durée et l’aménagement du temps de travail, 1998.
G. Briens, L’entreprise et le droit de la protection sociale complémentaire, 1990.
Y. Chalaron, Négociations et accords collectifs d’entreprise, 1990.
C. Delplanke, P. Laschon, Les départs négociés, 1993.
G. Poulain, Les contrats de travail à durée déterminée, 1988.

Dans la collection “Connaissance du droit”, Dalloz:
P.H. Antonmattei, Les conventions et accords collectifs du travail, 1996.
F. Gaudu, Le contrat de travail, 1996.
G. Lyon-Caen, Le droit du travail, une technique réversible, 1995.
P.-Y. Verkindt, Droit du travail, 2005.

Aux éditions Liaisons (coll. Dirigée par J.-E. RAY):
P.-H. Antonmattei, Les clauses du contrat de travail, 2005.
E. Benard et A. Cormier, Restructurations et droit du travail après la loi du 18 janv. 2005, 2005.
S. Bourgeot et M. Blatman, L’État de santé du salarié, 2005.
F. Favennec-Hery, Temps de travail des cadres, temps de travail de demain?, 2003.
J.-E. Ray, La gestion juridique du changement dans l’entreprise: Mutations de l’entreprise et modification du contrat de travail, 1999.
J.-E. Ray, L’employeur, le salarié et les TIC, 2006.
B. Reynaud et D. Labbe, La négociation collective en entreprise, 2001.
P. Waquet, L’entreprise et les libertés du salarié, 2003.

Index

L'index renvoie aux folios des pages et non aux numéros des paragraphes.

A

B

C

D

E

F

G

H

I

R

S

T

U

V

Table des matières

Notes

Notes

Notes

Notes

Notes

Notes

Notes

Notes

Notes

Notes

Notes

Notes

Notes

Notes

Notes

Notes

Notes

Notes

Notes

Notes

Composition : Exegraph
Éditions Foucher – Vanves – N° 95203 – octobre 2007 – 01 – MV/STM

Imprimé en France par Normandie Roto Impression S.A.S. – N° d'impression : 073124